■ 高等院校学前教育专业系列教材

幼儿园
探究式学习项目课程

纪艳红 主 编

康庆苗 刘 超 卢可伦 副主编

清華大學出版社

北京

内容简介

本书通过幼儿园一线教育实践案例阐述探究式学习项目课程在不同类型幼儿园的小班、中班、大班实践中的活动样态，并从这些实践案例中提炼出探究式学习项目课程设计与实施的五个基本原则：幼儿中心、问题驱动、高阶思维、表征思维、真实学习。用风车流程图形象地描述了探究式学习项目课程实施过程：提出问题阶段、探究与表征阶段、分享与展示阶段。

本书具有理论性、实践性和可操作性，可作为高等院校和各类师范专科、职业院校学前教育专业基础课程的教材，也可用于幼儿园教师在职岗位培训和自主学习的教材。

图书在版编目（CIP）数据

幼儿园探究式学习项目课程 / 纪艳红主编 .—北京：清华大学出版社，2022.9（2024.11 重印）
高等院校学前教育专业系列教材
ISBN 978-7-302-61745-7

Ⅰ.①幼…　Ⅱ.①纪…　Ⅲ.①学前教育－高等学校－教材　Ⅳ.① G61

中国版本图书馆 CIP 数据核字（2022）第 157292 号

责任编辑：王剑乔
封面设计：刘　键
责任校对：袁　芳
责任印制：刘海龙

出版发行：清华大学出版社
网　　址：https://www.tup.com.cn，https://www.wqxuetang.com
地　　址：北京清华大学学研大厦 A 座　　**邮　　编**：100084
社 总 机：010-83470000　　**邮　　购**：010-62786544
投稿与读者服务：010-62776969，c-service@tup.tsinghua.edu.cn
质量反馈：010-62772015，zhiliang@tup.tsinghua.edu.cn
印 装 者：天津安泰印刷有限公司
经　　销：全国新华书店
开　　本：185mm×260mm　　**印　张**：12.5　　**字　　数**：266千字
版　　次：2022年9月第1版　　**印　　次**：2024年11月第4次印刷
定　　价：42.00元

产品编号：095538-01

本书编写委员会

主　编：纪艳红

副主编：康庆苗　刘　超　卢可伦

编　委：朱葵花　班学存　董　蕊　王金花　甄瑞阳

赵丽萍　施　巍　周慧楠　孟惊涛　曹　洁

杨　英　王　欣　宋红梅　刘　爽　白一平

黄　培　于渊苹　王艳云　赵　晶　张伟利

吴　薇　王　琦　孙晓晖　蔡美辉　向小英

陈　芒　岳慧兰　康靖玉　张　佳　白立茹

苗　菁　邢书侠　姬　媛　黄　慧　王利华

前言

2019 年 6 月 23 日，中共中央办公厅、国务院办公厅印发的《关于深化教育教学改革全面提高义务教育质量的意见》中指出："要优化教学方式。……注重启发式、互动式、探究式教学，……开展研究型、项目化、合作式学习。" 2010 年 11 月国务院印发《关于当前发展学前教育的若干意见》指出："学前教育是终身学习的开端，是国民教育体系的重要组成部分，是重要的社会公益事业……公办学前教育关系亿万儿童的健康成长，关系千家万户的切身利益，关系国家和民族的未来。" 因此，教学方式的优化不仅是义务教育要深化教育教学改革，作为终身学习的开端的学前教育，其教学方式更要优化，要适合幼儿的学习特点。

《3～6 岁儿童学习与发展指南》（以下简称《指南》）中指出："实施《指南》时，应把握以下几方面。关注幼儿学习与发展的整体性。……尊重幼儿发展的个体差异。……幼儿的学习是以直接经验为基础，在游戏和日常生活中进行的。……重视幼儿的学习品质。" 幼儿园探究式学习项目课程恰恰能满足《指南》中提到的这些要求。

幼儿园探究式学习项目课程围绕着现实世界中的某个题目进行持续、深入的研究。幼儿通过各种感官进行一手活动，从而获得深入的理解和新的知识。幼儿园探究式学习项目课程的实施过程可以划分为三个阶段。这三个阶段分别为提出问题阶段、探究与表征阶段、分享与展示阶段。这三个阶段中的特征与探究式学习的主要特征相吻合。探究式学习的基本特征主要有：①提出科学型探究问题；②收集问题相应的证据；③根据证据解释；④评价解释；⑤交流和辩论自己的解释。

本书作为高等教育学前教育专业的特色教材，严格按照教育部关于"加强职业教育、突出应用能力培养" 教学改革的要求，既让学生了解幼儿园探究式学习项目课程相关的理论基础，又让学生了解幼儿园探究式学习项目课程在实施时所涉及的各方面的教学策略；既有教育教学方法的指导，又有案例再现该课程在实践中实施的样态；既有我国本土幼儿园实施时的样态，又有他国实施时的样态。

在编写本书的过程中，我们参阅了国内外关于项目课程、探究式学习等方面的最新书刊、网站以及国务院、教育部新近颁布的学前教育教学改革方面的相关规定，收集了北京市东城区向日葵玉河幼儿园、北京市朝阳区北辰福第幼儿园、北京市朝阳区启明东润双语幼儿园玫瑰分园、兵器工业机关服务中心幼儿园、北京电子城幼儿园、北京市朝阳区团结湖第一幼儿园、北京市朝阳区劲松第一幼儿园等幼教单位提供的具有参考和借鉴价值的项目案例，并得到了学前教育界有关专家、教授的具体指导，在此向有关专家及作者一并致谢。

因编者水平有限，书中难免存在疏漏和不足，恳请广大读者批评、指正。

编　者

2022 年 3 月

目录

绪论

早在20世纪80年代，许多西方企业就指出在大学教育中存在着研究与创造准备不足、过分强调理论教育而脱离实际、知识太通用，以及缺乏专业化和更新等问题。许多教育学者努力寻找正确的教学模式，以期培养的学生能满足不同行业的需求。这一过程先后经历了行为学派、认知学派和建构主义学派。建构主义学派强调教学应以学习者为中心，鼓励学习者积极参与。而项目化学习（project-based learning，PBL）正属于建构主义学派的一种方法，它认为探究问题是学生有效学习的本质，应通过让学生参与项目的方式来改善学生的学习效果，开发学生的相关技能。

2019年6月23日，中共中央办公厅、国务院办公厅印发《关于深化教育教学改革全面提高义务教育质量的意见》后，项目化学习在基础教育领域掀起了热潮。上海市教育委员会率先制定了《上海市义务教育项目化学习三年行动计划（2020—2022年）》，在义务教育阶段推广、普及项目化学习。《中国教育报》曾称项目化学习为2019年基础教育风向标。

受基础教育课程改革思潮的影响，在学前教育领域，一些幼儿园也率先尝试项目化学习的实践与摸索。最先尝试的是一些高端国际幼儿园。慢慢地，项目化学习走进了追求教育品质的幼儿园的视野，并融入本土幼儿园的文化中。

项目化学习的理论来源于西方国家，后逐渐延伸到不同的国家。目前，世界上不同的国家、不同的机构都在研究项目化学习。不同国家、不同机构研究的项目化学习既有相同的要素，也有不同的要素。我国学者及实践者了解最多的主要有两派：在中小学教育中，项目化学习研究比较多的是美国的巴克教育研究所；在幼教领域，项目化学习研究比较多的是前全美幼教协会主席丽莲·凯茨和加拿大亚伯达大学早期教育专业终身教授西尔维亚·查德。丽莲·凯茨和西尔维亚·查德研究的项目化学习较多地涉及了1.5～6岁的幼儿。本书的探究式学习项目课程是根据我国国情本土化的课程。

探究式学习项目课程的总目标是开发幼儿的心智活动。从完整的意义上来说，心智不仅包括知识和技能，而且包括社会、情感、道德、审美和精神方面的感知能力。具体来说，探究式学习项目课程的教育价值主要如下。

（1）有利于提高幼儿的科学探究能力。在探究式学习项目课程中，幼儿用类似或模拟科学探究的方式寻找问题的答案，并用多种表述策略表达、交流自己的发现。在这一探究的过程中，幼儿形成了探究的科学精神，获得了探究的方法，提高了探究的能力。

（2）有利于提高幼儿的问题解决能力。在探究式学习项目课程的“提出问题阶段”，幼儿常常会提出一连串的问题，然后讨论有哪些可能的策略可以解答问题。当他们不知道如何获得解答的方式，他们会寻找资源或寻求专家的帮助。随着幼儿解决广泛且多变的问题的经验越来越多，他们解决问题的能力也会越来越强。

（3）有利于提高幼儿的语言能力和数学技能。马康（Marcon）通过研究发现，有机会参加自我引发课程活动的幼儿，比处在以教师为主导的学习活动下的幼儿具备更强的阅读基本能力、语言能力及数学技能。在四年级时，具有自我引发学习经验的幼儿总体成绩较高，且各学科的平均成绩较高。

（4）有利于提高幼儿的社会情绪能力。研究建议，幼儿对自己学习经验角色的决定与其社会技能的发展有相当大的关联性。一个探讨幼儿园中采用三种不同教学取向（直接教学法、以幼儿引发学习活动为主的建构式教学及折中方式）的研究发现，建构式教学中的幼儿人际关系较为活跃，也呈现出大量、多样的沟通和策略，且能分享更多的经验。

（5）有利于促进家长参与，加强家园的联系。探究式学习项目课程对幼儿的另一个潜在益处是：让家长欣然且易于参与幼儿园活动，而且对幼儿的活动感兴趣。家长参与幼儿教育与幼儿在幼儿园的成功有明显的关系。当教师仔细地收集有关幼儿探索经验的文件资料，并且与家长分享幼儿的学习成果时，家长经常会感到十分惊讶，并乐于见到幼儿从中显现出来的思考层次。通常，家长会变得对此主题感兴趣，在离园时间带幼儿进行实地参观访问，寻找或购买与项目相关的资源或书籍，或把家中的资源带到教室里来。

探究式学习项目课程的优势正好适合了我国当下教育教学改革的需要。本书正是基于这个现实需要，总结了一些先行园所的实践经验，梳理出该课程的理论基础、实施模型及实施模型在不同年龄段的实际运用案例，供高校学前教育专业的学生、广大的幼教同行学习和借鉴应用。

在本书中，第一章是幼儿园探究式学习项目课程概述，主要阐述探究式学习项目课程的理论基础、探究式学习方法的介绍以及探究式学习项目课程与当下幼教领域比较热点的主题课程和STEM课程的联系；第二章是幼儿园探究式学习项目课程的设计与实施，主要介绍探究式学习项目课程在实施过程中应遵循的基本原则、实施模型，以及对实施模型中各个部分在实践中的方法、策略；第三章是幼儿园探究式学习项目课程的评价，主要介绍幼儿园课程评价的一些基础理论，以及如何评价幼儿园所实施的课程是探究式学习项目课程。本章列出了详细的探究式学习项目课程保真度评价表，该保真度评价表可以供教师在实施过程中进行自我评价、自我反思；也可以供保教干部在课程实施过程中对教师的行为进行过程性评价，帮助教师的课程实践走在正确的道路上；第四章是幼儿园探究式学习项目课程案例，幼儿园小班、中班、大班三个年龄段的幼儿具有不同的发展水平，本章通过三个年龄段案例的呈现，让学生、幼教同行了解探究式学习项目课程在不同年龄段的实施方法。同时，探究式学习项目课程案例也呈现了不同发展水平的教师在实践中的表现。案例中，有的教师刚刚学习了探究式学习项目课程；有的教师已具有多年实施探究式学习项目课程的经验；有的教师来自省级示范园，有的教师来自追求教育品质的民办园。在本章的项目案例中，还特意呈现同一名教师在实施探究式学习项目课程不同时期所做的案例。探究式学习是一种学习方法，是一个不断发现问题、解决问题的过程。

本书中呈现的案例不代表最优案例，也不代表典型案例，它只代表实施探究式学习课程的教师在某个阶段所呈现出来的样态。在使用过程中，可以根据书中的基本原则和实践模型，用批判的眼光来学习运用。

高校学前教育专业的教师在使用本书进行授课时，根据对新事物的认知规律，可以按照章节的顺序来进行授课。在前三章的授课过程中，如果觉得书中的小案例不足以支持学生的理解，可以选用最后一章中的案例片断来辅助学生理解。有实践经验的幼儿园一线教师和保教管理者可以按照章节的顺序来阅读，也可以先阅读最后一章的案例。如果自己想在班级或园所尝试这种课程模式，可以再详细阅读前三章的内容。具有探究式学习项目课程实践经验的幼儿园一线教师，可以根据自己需要，选择其中的章节阅读。

第一章 幼儿园探究式学习项目课程概述

学习目标

(1) 了解幼儿园探究式学习项目课程的理论基础。

(2) 了解探究式学习的内涵、基本特征。

(3) 了解幼儿探究式学习能力发展的年龄特点、关键经验。

(4) 了解幼儿园探究式学习项目课程的基本特征及其与STEM课程、主题活动课程的关系。

学习重点

(1) 了解探究式学习的基本特征及幼儿探究能力发展的年龄特点、关键经验。

(2) 了解幼儿园探究式学习项目课程的基本特征。

概　述

本章简单介绍探究式学习项目课程主要的理论基础，探究式学习的内涵、基本特征，幼儿探究式学习能力发展的年龄特点、关键经验，幼儿园探究式学习项目课程的基本特征，旨在让未来的教师对幼儿园探究式学习项目课程有基础的了解。

第一节　幼儿园探究式学习项目课程的理论基础

幼儿园探究式学习项目课程的理论基础主要包括幼儿如何学的理论、幼儿学什么的理论以及教师如何教的理论。

一、关于幼儿如何学的理论：建构主义理论

建构主义是一种哲学认识论。它主要关注知识的建构性质和认知的建构性质。它的应用范围非常广泛。它在心理学研究中的应用产生了建构主义学习理论。

建构主义学习理论是对认知心理学的进一步发展，它更关注儿童内部心理活动对学习的作用。建构主义学习理论一个基础性的假设就是儿童积极地构筑自己的知识体系，而不是仅仅吸收教师向他们讲述的概念，或没来由地通过无休止的、反复的机械训练使知识得以内化[①]。

建构主义学习理论主要有两大理论体系：一是皮亚杰的个人建构主义学习理论，二是维果斯基的社会建构主义学习理论。

1. 皮亚杰的个人建构主义学习论

皮亚杰将他的生物学背景知识带入到对儿童认知的研究。他认为，认识既不是起因于一个有自我意识的主体，也不是起因于业已形成（从主体的角度看）、会把自己烙印在主体之上的客体；认识起因于主客体之间的相互作用。这种作用发生在主体和客体之间的中途，因而它同时既包含着主体又包含着客体，但这是由于主客体之间没有完全分化，而不是由于不同种类事物之间的相互作用[②]。在皮亚杰看来，认识既不来源于主体，也不来源于客体，而是来源于主客体的相互作用——活动。

主体与客体之间是如何相互作用的呢？皮亚杰用图式、同化、顺化和平衡四个概念来说明主体与客体之间的相互作用。

（1）图式是可变的思维或者动作的组织模式。最初的图式是吮吸图式等来自本能的分散的图式，这是由遗传获得的。在最初的图式基础上，儿童不断接触客体，他们的图式不断地复杂化并逐步内化为抽象的逻辑 - 数理结构。

（2）同化是指主体将他的感知 - 运动的或概念的格局应用于这些客体的过程[②]。简单地说，就是把新的东西整合进入原先的图式，通过同化作用，主体能够使用已有的经验应对新的情况。皮亚杰给出了一个生动的例子来说明同化。例如，当一个躺在小床中的婴儿看到一个他拿不到的玩具时，他会把放玩具的那个被单拉向自己。他这样做就是把现在这个情境同化于他以前的一些感知情境，以前他是通过一个中介物得到远处的物体的。

（3）顺应是指客体作用于主体，因而主体使他的行为与客体适应（或配合）的那种形式[②]。

对于同化和顺应，皮亚杰简单概括为：刺激输入的过滤或改变叫作同化；内部图式的改变，以适应现实，叫作顺应[③]。

（4）平衡又叫适应，是同化所要达到的目的。认识建构的过程就是不断发展的平衡过程。

2. 维果斯基的社会建构主义学习理论

维果斯基认为，心理和意识是不同的，心理是人和动物所共有的，而意识是人特有的最高级的反映形式。

---

① Erik F. Stormmen, Bruce Lincoln. Constructivism, Technology, and the Future of Classroom Learning [J]. Education and Urban Society, 1992, 24 (4): 466-476.

② 皮亚杰 . 发生认识论原理 [M]. 王宪钿，等译，胡世襄，等校 . 北京：商务印书馆，2016.

③ J. 皮亚杰，B. 英海尔德 . 儿童心理学 [M]. 北京：商务印书馆，1981.

意识是一个动态发展的整体系统。“儿童的心理发展与其说是个别机能的发展与完善，不如说是机能间的联系与关系的变化，有赖于这种变化才有每一局部心理机能的发展。”[①] 在这一动态发展的整体系统中，“机能”一词被置于核心位置。“机能”是从心理形式的角度而言的。维果斯基把心理机能分为两类：一类是低级心理机能，主要指人和动物共有的属种系发展的产物，如感觉、知觉、不随意注意、形象记忆、直观动作思维与情绪、冲动性意志等；另一类则是高级心理机能，如观察（有目的的知觉）、随意注意、词的逻辑记忆、抽象思维、高级情感、预见性意志等，它最大的特点是受意识支配，是人所特有的。

意识不仅具有机能结构，还具有意义结构。机能结构是意识的心理形式，而意义结构是意识的心理内容。意义是以词为载体的，词最重要的特征就是意义的概括。机能与意义两者的联系是通过交往、语言、内化三者的紧密联系体现出来的。维果斯基认为，意识不是与世界隔绝、脱离活动的封闭系统，而是以活动作为它的客观表现的。他把交往看成是活动最重要的形式，儿童在与成人交往过程中通过掌握高级心理机能的工具——语言、符号这一中介环节，在最初的低级心理机能的基础上形成了各种新的高级心理机能。高级心理机能正是个体与周围人利用语言文字符号为工具在交往活动中把外部个体间的社会文化经验同化为个体内在的智力动作。为此，维果斯基列举了一个儿童随意动作形成过程来说明。例如，婴儿最初的全部动作是不随意的，是一种极其简单的定向反射动作。到了一定阶段，妈妈便对他说“帽帽”，这时“帽帽”便成了他的注意中心；继而妈妈又说“给我帽帽”，儿童便用手去摸帽子，这时一种全新形式的随意动作便由此产生。可见，意识是在主体与社会相互作用的活动中发展和形成的。

维果斯基首先将“最近发展区”（zone of proximal development，ZPD）这一概念引入儿童心理学的研究。他认为儿童的发展有两种层次：实际发展层次和潜在发展层次。实际发展层次就是皮亚杰提出的儿童发展阶段，不同的年龄阶段有不同的能力，由一定的、已完成的发展系统形成儿童心理机能的发展水平，如儿童已经完全掌握某些概念和规则；潜在发展层次则是在借助成人帮助或与同伴合作的情况下，所能达到的解决问题的能力。这两种发展层次表现为儿童的现有水平和即将达到的水平。这两种水平之间的差距就是“最近发展区”。每个个体的基本能力（实际发展层次）和发展区（潜在发展层次）都不同。最好的教育应该要考虑到个体的差异。

个性化和社会化其实是一个硬币的两面，将这两种理论综合起来，则是比较完整的建构主义学习理论，即学习是教师协助下学生心理的自然展开过程。

二、关于幼儿学什么的理论：生活即教育理论

19 世纪末 20 世纪初，美国著名的哲学家、教育家约翰·杜威目睹了美国传统学校割裂了学校与社会生活联系的教育现状。因此，杜威把实用主义哲学运用到教育领域，

---

① 龚浩然 . A. C. 维果斯基与 J. 皮亚杰在关于儿童思维与言语问题上的争论 [J]. 应用心理学 1993（1）：3-9.

并结合心理学知识和自身的教育实践，创立了实用主义教育思想。

杜威认为，以系统知识为中心的传统教材是人类长期积累的已经逻辑化了的文化遗产的反映，而不是学生的活动与经验的反映，它超越了学生的生活、经验、兴趣和心理发展水平。因此，他主张“以经验为中心”，继而提出了“教育即生活”“学校即社会”“做中学”等闻名于世的教育主张。

杜威的“教育即生活”包含着三层含义：①学校教育要关注和联系个体的日常生活，而不能独立于个体日常生活之外，它需要成为个体日常生活的重要组成部分。当然，个体的日常生活指的是改造的生活、进步的生活，这样的生活才符合教育的本质。②教育既是对日常生活的回归，也是对非日常生活的回归。对个体非日常生活的关照，是通过经验的改组或改造来实现的，即通过教育将经验中的非理性因素改造为经验的理性因素，从而不断增强经验的意义，提高指导后来经验进程的能力。③教育要去构建个体的可能的生活。杜威所希望的是教育以现在的生活为起点为将来的生活做准备，反对教育脱离现在的生活而为将来的生活做准备。

杜威的“学校即社会”的观点，即指“学校本身就是社会生活”。杜威认为，只有做到了“学校即社会”，学生才能学到活的、有生命的知识，才能让学生在与生活密切相关的教育中获得参与共同生活的能力。否则，学生就会把学校的形象僵化，把学校仅仅当作一个教师传授某些知识和学生学习某些科目或某些习惯的场所，使教育脱离其原来的真正目的。

从批判传统的学校教育出发，杜威提出了“从做中学”这个基本原则。他以“教育即生活”“学校即社会”为依据，对知与行的关系进行了论述。例如，在《明日之学校》一书中，杜威明确提出：“从做中学要比从听中学更是一种较好的方法。”[①] 在他看来，“从做中学”充分体现了学与做的结合，也就是知与行的结合。

受杜威实用主义教育思想的影响，我国著名教育家陶行知在 1927 年提出适合中国实际的生活教育思想。他主张，“生活即教育”“社会即学校”“教学做合一”，倡导学生认识生活、感知生活，主张培养学生的生活力，不断提高学生认知水平和创新能力。

“生活即教育”。对于生活和教育的关系，陶行知认为：①生活决定教育。生活是教育的中心，教育不能脱离生活，“过什么生活就受什么教育”[②]。②教育促进生活。生活决定教育并不是说教育处于被动位置，教育也在一定程度上改变生活，生活也会因为教育而发生改变。③生活和教育相互影响，两者密不可分。生活和教育是相互影响、互为作用的，生活的内容、方式决定了教育的内容和方式，教育的发展又反过来促进生活的改变。生活是教育的着眼点，更是教育的落脚点。

“社会即学校”。把整个社会看作学校，也就是让学生在整个社会中进行学习，

---

① 约翰·杜威．学校与社会·明日之学校 [M]. 赵祥麟，任钟印，吴志宏，译．2 版．北京：人民教育出版社，2005.

② 胡志坚．陶行知“生活教育论”新探 [J]. 河北师范大学学报（教育科学版），2009，11（1）：28-33.

有生活的地方就有教育，教育不能仅仅局限于学校。他认为“到处是生活，即到处是教育；整个社会是生活的场所，亦即教育之场所。”这样，学习的场所大大增加。这时，教育不仅仅局限于用围墙围起的一个场所，而是要“把教育从鸟笼里放出来”，“马路、弄堂、乡村、工厂、店铺、监狱、战场，凡是生活的场所，都是我们教育的场所”。①

三、关于教师如何教的理论：项目化学习理论

PBL 目前在国内有多种不同的翻译名称，如项目化学习、项目学习、基于项目的学习等。本教材采用“项目化学习”这一名称。

项目化学习是一种以学生为中心的教学方法。这种教学方法是一种动态的课堂组织方法。学生通过主动探索现实世界中的挑战和问题来深入地获得知识。学生会在一段较长的时间内，调查、解决一个复杂的问题，进而学习某个主题。它是一种主动学习、探究性学习的模式。项目化学习与教师主导的教学方法不同。在教师主导的教学方法中，教师会呈现已知的事实或揭示直接获得知识的途径，而不是提出问题。

项目化学习是一种长期的、跨学科的、以学生为中心的学习活动。在项目化学习的课堂上，学生经常组织自己的学习，管理自己的时间。项目化学习也不同于传统的探究式学习，它更强调学生通过合作或个人手工制作来表达所学的内容。项目化学习也给学生提供了机会，来探索现实世界实践中遇到的问题和挑战。这增加了对技能和概念的长期记忆的可能性。

项目化学习的核心概念是指：现实世界中的问题引发了学生的兴趣，激发了学生深刻的思考；学生在解决问题的情境中获得新知识并应用新知识；教师扮演了促进者的角色，他要和学生一起分析有价值的问题、分解有意义的任务、教授知识和社交技能、认真地评估学生从经验中学到的内容。项目化学习是一个教学框架，它允许教师促进学生深入理解、评价学生所理解的内容，而不只是传授事实性的知识。在教师指导学生通过项目制作过程而学习时，学生会成为主动的研究者和自己学习的评价者。

全面的项目化学习包括：①围绕一个开放性的驱动性问题组织学习；②创设了学习基础知识和技能的需要；③通过探究来学习和（或）创造新的东西；④需要运用到“21 世纪技能”②，如批判性思维、问题解决、合作、不同形式的交流；⑤在一定程度上倾听学生的声音，让学生进行选择；⑥嵌入了反馈和修订环节；⑦产生了可以公开展出的作品或表演。

① 南京晓庄师范学校．陶行知文集 [M]．南京：江苏教育出版社，2008.

② 21 世纪的人类生活在一个弥漫着技术与媒介的环境中。要成为 21 世纪有效率的人，需要展现出一系列的与信息、媒介和技术相关的有用的和关键性的思维技巧。这些有用的和关键性的思维技能常被简称为“21 世纪技能”。

第二节　探究式学习概述

一、探究式学习的本质

（一）探究的含义

探究，英文名 Inquiry，起源于拉丁文的 in 或 inward（在……之中）和 quaerere（质询、寻找）。按《牛津英语词典》的定义，探究是“求索知识或信息特别是求真的活动；搜寻、研究、调查、检验的活动；提问和质疑的活动”。按《现代汉语词典》的解释，探究是指探索研究，即努力寻找答案、解决问题。在本书中，探究指的是一种人们观察和了解世界的方式、方法，是一种解决问题的活动，也是一种思维方式，要有一定的活动程序和一系列的方法。活动程序包括形成问题、建立假设、制订研究方案、检验假设，得出结论。活动方法包括观察、分类、应用数字、测量、交流、预测、推理等。

（二）探究式学习的本质

探究式学习是指幼儿在教师指导下，为获得科学素养以类似或模拟科学探究的方式所进行的学习活动。这一定义包含以下三个基本因素。

（1）探究式学习的目的是为了获得科学素养。科学素养既包括幼儿自主地或在教师引导下发现问题、实验或调查、操作、信息搜集与处理、表达与交流等探究活动能力，也包括科学知识、科学技能的获得，科学情感态度的发展，特别是探索精神和创新能力的发展。

（2）探究式学习是以类似或模拟科学探究的方式实现的，幼儿的探究不是科学研究，其目的是要更好地理解科学知识。

（3）探究式学习以幼儿为主体，不能由教师全权代理安排途径和方法，但又不可忽视教师的指导作用。探究活动过程所涉及的观察、思考、推理、猜想、实验等活动是幼儿不能独立完成的，他 / 她们也可能会在好奇心的驱使下从事自发、盲目、低效或无效的探究活动，这时就需要教师在关键时刻给予必要的提示。教师的作用不能是过去的那种直接传递式，而应当是间接启发式，即启发幼儿思考，以促进幼儿从探究式学习的一个阶段过渡到另一个阶段。

二、探究式学习的基本特征

通过前面对探究、探究式学习内涵的界定可以看出，问题、事实（证据）、解释、评价、交流是构成探究式学习的基本要素。探究式学习尤其强调提问、证据和解释，主要有以下五个基本特征。

（一）提出科学的探究问题

科学型探究问题是针对客观世界中的事物提出的，它能引起实际调查研究，并通过搜集和运用数据形成对科学现象的解释的一类问题。科学家确定出两种基本的科学问题：一是探究现象存在根源的问题，包括许多以“为什么”开头的问题，如为什么空中的物体会落到地面？为什么人有心室？……许多这类问题还未能被科学所解答。另一种是探究形成机制的因果或功能问题，它们大多以“怎样”开头，如阳光怎样促进植物生长？……学生也经常会问“为什么”之类的问题，许多这类问题能被转化成“怎样”的问题。

（二）收集问题相应的证据

在探究式学习中，幼儿要运用证据对科学现象做出解释。证据主要来源：一是观察，如幼儿对动植物、岩石等进行观察并详细记录它们的特征；二是测量，如对温度、距离、时间等进行测量并作详细记录；三是做实验，如对物体的沉浮现象进行观测并绘制图表说明它们的变化情况；四是从教师、图书、网络或其他地方获取证据对他们的探究进行补充，把研究深入下去。

（三）根据证据形成解释

解释是将所观察到的事物或现象与已有知识联系起来学习新知识的方法。因此，解释要超越现有知识，要提出新见解。从科学认知的角度来说，这个过程意味着知识的增长；从幼儿科学学习的角度来说，这个过程意味着对原有经验的更新。

（四）评价解释

对于解释进行修正甚至是抛弃，是科学探究有别于其他探究形式及结论的一个特征。在探究性学习中，可以通过参与讨论比较各自的结果，或者同教师、教材中提供的结论相比较等形式，检查自己提出的结论是否正确。这一特征的一个根本要素是保证幼儿在他们自己的结论与适合他们发展水平的科学知识之间建立联系。

（五）交流和辩论自己的解释

在探究式学习中，幼儿应公布他们的解释，使其他幼儿有机会就这些解释提出质疑、审查证据、挑出逻辑错误、指出解释中有悖于实际证据的地方，或者就相同的观察提出不同的解释。

探究式学习交流活动根据幼儿学习能力和已有经验等具体情况，其形式可以灵活多样，既可以是书面的，也可以是口头的；既可以是文字的，也可以是图表、图画、模型的，等等。

以上五个基本特征虽然不必在每次探究活动中一一出现，但要使幼儿在学习中掌握探索自然的科学方法，要给幼儿一种探究的体验，就必须包括其中大多数，可根据实际情况对这五个基本特征做出调整。

三、幼儿探究式学习能力的发展

《3～6岁儿童学习与发展指南》中指出：要激发探究兴趣，体验探究过程，发展初步的探究能力。因此，要发展幼儿的探究能力，就要了解幼儿探究能力发展的年龄特点和关键经验。

（一）幼儿探究式学习能力发展的年龄特点

1. 小班幼儿探究式学习的特点

这一阶段幼儿探究的特点是“随机式探究”，也就是说，他们并没有明确的问题意识，更不会在问题的驱使下进行探究活动，而只是在随意摆弄物体的过程中获得一些随机性的发现。这是典型的“做中学”——在动作中思考，在动作中探究。在动作之前没有预想；在动作之后，也不会反思。但是这种探究的最大价值在于对现象的发现，又不止步于发现现象本身。①

2. 中班幼儿探究式学习的特点

这一阶段幼儿探究式学习的特点是“开始寻找问题的答案”，也就是说，他们开始有了一定的问题意识，并会努力地寻找问题的答案。① 由于生活经验和思维发展水平的局限，这个阶段的幼儿还没有明确的方法意识，不能脱离教师的指导进行探究；对事物之间关系的认识也仅限于外在的、表面的联系，还无法理解事物的内在因果关系，但能够用直观的、看得见的原因来解释问题。

3. 大班幼儿探究式学习的特点

这一阶段幼儿的典型表现是问题具有真正的指向性，会自己寻找问题的答案。他们甚至会先假设一个答案，然后再去验证其正确性。对于不明白的问题，他们往往会刨根问底。由于这时幼儿的逻辑思维已经开始萌发，他们能部分理解成人给予的科学解释，并且和成人开展一些科学讨论和对话。①

（二）幼儿各年龄段探究式学习能力发展的目标

《3～6岁儿童学习与发展指南》不仅提出了在幼儿园阶段要培养幼儿探究式学习能力的总体目标，而且分别提出了幼儿的探究式学习能力在不同年龄段的发展目标（表1-1）。

表1-1　幼儿的探究式学习能力在不同年龄段的发展目标

年龄段	探究式学习能力的发展目标
小班	1. 对感兴趣的事物能仔细观察，发现其明显特征。 2. 能用多种感官或动作去探索物体，关注动作所产生的结果

① 张俊．幼儿园科学领域教育精要——关键经验与活动指导[M]. 北京：教育科学出版，2015.

续表

年龄段	探究式学习能力的发展目标
中班	1. 能对事物或现象进行观察比较，发现其相同与不同。 2. 能根据观察结果提出问题，并大胆猜测答案。 3. 能通过简单的调查收集信息。 4. 能用图画或其他符号进行记录
大班	1. 能通过观察、比较与分析，发现并描述不同种类物体的特征或某个事物前后的变化。 2. 能用一定的方法验证自己的猜测。 3. 在成人的帮助下能制订简单的调查计划并执行。 4. 能用数字、图画、图表或其他符号进行记录。 5. 在探究中能与他人合作与交流

（三）幼儿探究式学习能力发展的关键经验

《3～6岁儿童学习与发展指南》所提出的幼儿探究式学习能力发展的目标，本身就蕴含了科学探究的一些关键经验，如观察实验能力、科学思考能力、表达交流能力等。

1. 观察实验能力

观察实验能力是一种收集事实证据的能力。它包括直接收集感官所获得的资料，通过对事物变量的控制和改变来获得对事物的认识。表1-2中是各年龄段幼儿在观察实验能力方面的关键经验。

表1-2　各年龄段幼儿在观察实验能力方面的关键经验①

关键经验	小　班	中　班	大　班
观察实验能力	1. 发现事物明显的特征。 2. 发现事物的外部特征。 3. 学习运用多种感官感知事物的特征。 4. 观察现象的发生和事物的变化。 5. 在动作的尝试中进行探究。 6. 关注动作产生的结果。 7. 通过观察和触摸，使用简单工具收集信息	1. 有顺序地观察事物的特征。 2. 比较各个观察对象的不同和相同。 3. 运用简单的工具，收集更多细节性的信息。 4. 在实验的过程中发现物体的性质和用途。 5. 在实验过程中发现物体之间的联系	1. 学习观察事物的运动和变化。 2. 对事物进行长期系统的观察。 3. 探寻观察对象的变化规律。 4. 在观察中逐渐发现事物和现象之间的内在联系。 5. 学习运用标准化的工具收集信息。 6. 在成人帮助下，制订简单的调查计划并执行

2. 科学思考能力

科学思考能力指的是幼儿获取科学知识所必需的思维加工技能。幼儿的思维是以具体形象思维为主，他们虽然不能进行完全的逻辑思维，但可以在具体形象基础上思考事物之间的联系，甚至进行某种程度的推理。科学思考能力的核心是实证思维，即基于事实证据形成合乎逻辑的结论。表1-3是各年龄段幼儿在科学思考能力方面的关键经验。

① 张俊．幼儿园科学领域教育精要——关键经验与活动指导[M].北京：教育科学出版，2015.

表 1-3　各年龄段幼儿在科学思考能力方面的关键经验[①]

关键经验	小　班	中　班	大　班
科学思考能力	1. 对观察到的事物和现象积极思考。 2. 根据教师的引导，尝试对观察结果提出问题	1. 根据观察结果提出问题，并大胆猜测答案。 2. 对事物和现象进行比较和概括，认识到事物的不同和相同。 3. 根据已经获得的资料进行推断，得出结论	1. 根据观察到的现象，结合已有经验进行合理的推论。 2. 根据过去的经验或逻辑推断，对现象进行解释和预测。 3. 用一定的方法验证自己的猜测

3. 表达交流能力

表达交流能力是指幼儿通过多种方式，将形成的想法和探究的结果进行表征、论述，将科学过程和结论进行总结、传达、分享的过程。表达是为了交流。所谓交流，不仅指对科学探究的过程，更指对结果的解释、论证和辩论。表 1-4 是各年龄段幼儿在表达交流能力方面的关键经验。

表 1-4　各年龄段幼儿在表达交流能力方面的关键经验[①]

关键经验	小　班	中　班	大　班
表达交流能力	1. 描述物体的外部特征。 2. 用描述性的词汇对其观察经验进行讨论和分享。 3. 提取已有经验进行描述和比较并表达其观察经验。 4. 运用语言大胆讲述自己在观察中的发现	1. 客观描述所发现的事实或事物特征。 2. 概括性地描述一类事物的特征。 3. 对现象进行直观、简单地解释。 4. 运用完整的语言讲述并交流自己在观察中的发现。 5. 用图画或其他符号进行记录	1. 描述事物前后的变化。 2. 用叙述性语言传达信息、提出问题和提供解释。 3. 对事物和现象进行更多的概括。 4. 用准确、有效的语言表达和交流自己在科学活动中的做法、想法和发现。 5. 用数字、图画、图表或其他符号进行记录。 6. 在探究中学习与他人合作与交流。 7. 倾听、理解和评价他人的观点

第三节　幼儿园探究式学习项目课程的特征及其与其他课程的关系

一、幼儿园探究式学习项目课程的三个阶段和五大特征

项目化学习的过程分为三个阶段，分别为提出问题阶段、探究与表征阶段、分享与展示阶段。这三个阶段的特征与探究式学习的主要特征相吻合。

幼儿园探究式学习项目课程具有从时间的角度来描述的三个阶段和贯穿三个阶段

① 张俊．幼儿园科学领域教育精要——关键经验与活动指导 [M]. 北京：教育科学出版，2015.

的五大特征。[①]

（一）三个阶段

一个完整的故事都有开头、中间和结尾。一个探究式项目的实施也有开头、中间和结尾这三要素，通常称为开始阶段、进行阶段、结束阶段。

开始阶段的主要目的是通过汇集幼儿已有的相关信息、想法和经历，在参与的幼儿中建立起共同的基础。在这一阶段，教师帮助幼儿建立起对这个项目的共同认识，并设计一系列问题以引导开展调查。这一阶段的主要特征可以概括为提出问题。因此，开始阶段可以称为提出问题阶段。

进行阶段的主要目的是通过实地考察等方式收集数据和获得新的信息，为第一阶段末设计的问题寻找答案。教师的重点是使幼儿能够获取新的信息和知识。这一阶段的主要特征可以概括为探究与表征。因此，进行阶段可以称为探究与表征阶段。

结束阶段的主要目的是通过小组和个人的努力圆满完成整个研究，并总结从中学到的东西。在这个阶段，希望多数幼儿能对研究的题目有一个全面深刻的认识。重要的是，让幼儿详尽阐述自己的知识并通过这个过程增强知识的意义，使之个性化。这一阶段的主要特征可以概括为分享与展示。因此，结束阶段可以称为分享与展示阶段。

（二）五大特征

教师开展迎合幼儿兴趣和学习需求的项目五大特征有：讨论、实地考察、表征、调查、展示。

（1）讨论：讨论可以在班级、小组或两名幼儿之间进行。幼儿可以和教师或其他成人（如父母志愿者或来访专家）一起参加讨论。很多讨论还可以是幼儿合作活动的一部分，教师可以不直接介入。幼儿通过讨论学习互相交流、互相评价，并要求教师和其他幼儿帮助澄清他们的想法或提供新的信息。

（2）实地考察：任何在教室外进行的活动，都可以称为实地考察。在主题开始阶段，幼儿可以采访父母，了解他们有过哪些与该主题相关的经历。在探究阶段，教师可以把幼儿带到实际场景，让他们可以直接观察有关实物、机动车、人、事件和过程。

（3）表征：幼儿可以通过假扮表演、画画、建构、写作及设计图表来表征他们的经验、以前的知识、问题、研究结果以及做出解释。幼儿可以综合不同的表征策略来澄清和详述他们的计划，交流他们的信息。

（4）调查：调查可以是第一手的，从仔细观察及对专家的采访中获得研究结果；也可以使用间接的信息渠道获取信息，如从书本、录像、互联网、博物馆展览以及由其他人准备和提供的信息渠道。

（5）展示：教师可以利用教室里的墙面来展示幼儿的信息、幼儿的作业、收集的

① 丽莲·凯兹，西尔维亚·查德．开启孩子的心灵世界：项目教学法 [M]. 胡美华，译．南京：南京师范大学出版社，2007.

实物、词汇表、参考书及所要用的材料和设备。这些展示使幼儿变得更加独立，在作业时不依赖教师。

二、幼儿园探究式项目课程与 STEAM 课程

STEAM 是五个英文单词的缩写，即科学（Science）、技术（Technology）、工程（Engineering）、艺术（Arts）和数学（Mathematics），它最初的形式为 STEM，出现在美国国家科学基金会 1986 年的报告《科学、数学和工程本科生教育》中，指的是与教育相关的项目涉及的科学、技术、工程、数学这四大学科领域。美国学者提出 STEM 的概念旨在推进高等院校科学、技术、工程、数学相关课程的改革，培养更多的科技人才，从而保持美国在世界范围内科技竞争的优势。随着社会的发展变化以及基础教育阶段 STEAM 教育在创新人才培养中的作用与功能日益显现，在各国政府的支持与推动下，STEAM 教育进一步向中小学及幼儿教育阶段延伸。

幼儿园 STEAM 教育虽然也包括科学、技术、工程、艺术和数学五个领域，但幼儿园 STEAM 教育指的是五个领域有机整合、融为一体的教育。在幼儿园 STEAM 教育中至少要包含或整合上述两个以上领域。因此，从这一角度来看，幼儿园 STEAM 教育与原有的幼儿园科学教育并无本质的不同，幼儿园 STEAM 教育是优化整合后的科学教育。[①] 它注重让幼儿获得完整的经验，促进幼儿元认知能力、创造性思维、学习品质的发展，促进幼儿的深度学习。

当幼儿深入调查周围世界中的现象中值得学习的知识和概念时，他们很容易就达成了 STEAM 课程的培养目标。幼儿所做的这些调查就是探究式学习项目。探究式学习项目就是按照科学探究的经典程序进行的。它开始于幼儿感兴趣的事物或现象的一系列问题，进而预测这些问题的可能答案，然后讨论回答这些问题需要收集的数据，并验证预测是否正确。数据收集，也叫实地考察，一种希望可以获得问题的答案的活动，在这时可以纳入计划。实地考察活动可以包括做调查、访谈、向来访专家提问、做实验、绘画和测量相关的现象等。实地考察活动后，可以讨论孩子们的发现，获得新知识和理解。以下是孩子参与探究式学习项目课程的一个实例。[②]

某位幼儿园教师在和孩子一起做探究式学习项目。她所在的幼儿园因某种原因不允许孩子们走出园所到社区进行实地考察。所以，她让班中的孩子在家找找，看看是否能找到不同种类的球，然后带到教室里进行研究。大约两周内，他们收集了 20 多种不同类型的球。这些球有篮球、沙滩排球、保龄球、足球、高尔夫球、乒乓球、弹珠、台球、羽毛球等。有一个小孩子带来了一个地球仪。教师问孩子们，“这个地球仪是球吗？”孩子们回答说：“是。”教师又问孩子们：“为什么它是球呢？”孩子们回答：“因为它是圆的。”教师的桌子上正好有一个纸盘。于是，教师拿起纸盘，对孩子们说：“这是圆的，它是球吗？”孩子们积极地回答这个问题。教师激发孩子们讨论圆形，向孩

① 华红艳．幼儿园 STEM 教育的社会发展与个人发展意义 [J]．教育观察，2020，9（20）：38-41.

② Lilian G. Katz. STEM in the early years [D]. University of Illinois at Urbana-Champaign, 2010.

子们介绍了球体的概念。然后，教师问孩子们："球体是球吗？"孩子们否认了这个分类，因为地球仪不能弹起。孩子们快速地学到保龄球和弹珠也不能弹起。用这种方法，孩子们把球体分为可弹起的和不能弹起的。教师也引导孩子们讨论球里面可能是什么，向孩子介绍了实心的、空心的、空的、满的等概念。

孩子们分成四五个小组研究收集来的球的不同性质。一组孩子用绳子测量球的周长，把测量出来的绳子挂在天花板的横梁上；另一组孩子预测并验证球弹起的高度；还有一组孩子用大积木和木板搭建了一个斜坡，测量球在不同斜坡上滚动的长度，以及在地毯上、木地板上、户外的石子路上等滚动的长度。孩子们设计了一个问题列表并和教师一起讨论（表1-5）。

表1-5 关于球的问题列表

问　题	预　测	发　现
哪种球弹起最高？	沙滩排球、乒乓球等	
哪种球最重？	沙滩排球、保龄球等	
哪种球滚得最远？	台球	

当教师引导孩子们预测问题的可能答案时，她偶尔会问："你为什么这样想的呢？"，从而会引发孩子检测自己的观点。这是一种重要的学习品质，是科学思考和科学研究的重要基础。

三、幼儿园探究式学习项目课程与主题活动课程的关系

20世纪二三十年代，我国开始了关于"幼儿园主题活动"的研究。当时，教育家陈鹤琴在实践研究的基础上，以"五指活动课程"为代表，以"单元教学法"为组织形式，将幼儿教育的健康、社会、科学、艺术、语言五类活动形式整合成一个整体。通过确定一个单元的中心来整合各学科的内容，突破了学科教学的界限，使得各学科恰当、适宜地融入主题中，"以一定的主题或中心来整合各科的内容，使各科内容的界限消融在主题里，主题是明线，贯穿各科活动。"① 到了20世纪90年代，随着活动课程的开展，"幼儿园主题活动"在学前教育界一批专家、学者的努力研究下，呈现出多样化的趋势。综合课程是主题活动的萌芽阶段，整合课程观奠定了主题活动的课程思想，项目课程（project approach）是主题活动课程的理想境界。②

幼儿园探究式学习项目课程是围绕着现实世界中的某个题目进行持续、深入的研究。幼儿通过丰富的感官，进行一手的调查，获得对事物深入的理解和新知识。探究式学习项目通常由整个班级或分成若干小组来进行。这些小组会变成要研究的某个主题的某些方面的专家。探究式学习项目课程并不是幼儿园课程的全部，它可以和幼儿园中其他教学模式进行融合或相互补充。

① 王春燕．中国学前课程百年发展变革的历史思考[D]．南京：南京师范大学，2003.

② 陈福静．幼儿园主题活动的设计与实施策略[M]．北京：中国轻工业出版社，2016.

幼儿教师常常会好奇主题活动课程与探究式学习项目课程的区别。加拿大的亚伯达大学早期教育专业终身教授西尔维亚·查德在她的专著《项目课程的描述》一书中详细区分了主题活动课程与探究式项目课程的不同。表1-6是主题活动课程与探究式学习项目课程的区别。

表1-6 主题活动课程与探究式学习项目课程的区别①

元素	主题活动课程	探究式学习项目课程
主题	围绕着一个宽广的主题或一个大的概念，如太阳系的一系列活动	深入研究真实世界中与孩子生活经验密切相关的主题，如鞋
周期	提前预设好，不会太长，活动多是肤浅的	项目会较长些，周期会不一样，这依赖于孩子们对于主题的持续兴趣，依赖于孩子们的问题是否找到答案，新获得的知识是否得到表征
教师的角色	教师是指导者	教师给予引导，孩子决定以何种节奏进行
学习经验	教师根据课程目标从始至终地设置活动，而不考虑孩子的兴趣和问题	教师评估孩子的已有经验及要研究的问题。提供学习经验，引导孩子们调查问题的答案，在项目的进行过程中满足学习的需求、课程目标和标准的要求
技能	教师想办法把主题活动与课程目标相链接。主题作为运用数数、测量、阅读、拼写等这些技能的情境而存在	学生在项目过程中达成课程的目标。孩子运用技能来寻找问题的答案，表征知识和理解
新获得的知识	信息多由教师从图书、手册或网络中获得后提供给孩子。有时孩子们会去社会实践，作为主题的结束活动	实地考察在项目的早期就会进行，因为这是孩子们寻找问题答案的一种重要方法。他们也可以通过采访、观察工作中的人们、研究设备、地点和过程来获得一手资料
表征	孩子们从事相同的活动。他们可能会做相同的书面作业、制作木偶或参加表演	全班根据兴趣分组。孩子们可用不同的方式来表达和调查的问题有关的新知识和理解。他们可能会书写、绘画、戏剧表演、建造模型等
记录与展示	作品被展示在教室内。因为孩子们的主题活动作品通常看起来一样，孩子们很难辨认哪个是自己的。作品展示的目的是用来装饰教室内的墙面	教师通过笔记、照片、录音、录像来记录孩子们的学习过程。他们使用这些记录设计接下来的学习经验。展示的作品反映了教室里正在发生的项目故事，同时作为后续学习的资源。孩子们能容易辨认自己的作品，谈论自己的所学、描述自己在项目中遇到的挑战。他们真正地感受到自己是这些作品的主人

思考题

（1）什么是探究式学习？探究式学习有哪些特征？

（2）请简要说说4～5岁幼儿探究能力发展的特点。

（3）幼儿园探究式学习项目课程的基本特征是什么？

① Sylvia Chard, Yvonne Kogan, Carmen Castillo. Picturing the Project Approach [M]. Gryphon House, 2017.

第二章

幼儿园探究式学习项目课程的设计与实施

学习目标

(1) 了解幼儿园探究式学习项目课程的样态。

(2) 了解幼儿园探究式学习项目课程设计与实施的基本原则。

(3) 了解幼儿园探究式学习项目课程设计与实施的各种策略。

学习重点

(1) 了解幼儿园探究式学习项目课程设计与实施的基本原则。

(2) 了解幼儿园探究式学习项目课程设计与实施的各种策略。

概　述

在本章中，通过案例的形式描绘了探究式学习项目课程的两种样态，即瞬间样态和整体样态；概括了探究式学习项目课程设计与实施的基本原则，旨在帮助教师有效抓住探究式学习项目课程与主题活动课程相区分的核心要素；归纳总结了幼儿园探究式学习项目课程在项目主题选择、设计、实施、环境创设、家园共育等方面的实施策略，旨在让未来的教师在走进幼儿园时能快速地实施幼儿园探究式学习项目课程。

第一节　幼儿园探究式学习项目课程的样态

样态一词最早出自德国哲学家康德的《自然科学的形而上学基础》一书，是他在推动逻辑学从传统形式逻辑走向现代辩证逻辑的过程中所提出的全新哲学范畴。在康德看来，“样态”是对事物存在状态的“断定”，用它来描述事物的属性。

外显的样态是由其内在的质的规定性所决定的。质的规定性是指一个事物本身就必须具有的应用之义，它既表明一个事物为了成为这个事物就必须具有的特点，也表明其自身区别于另一事物的内在特点。由此决定了“你是你，他是他”。一种课程模式之所以成为这样或那样，取决于其质的规定性。在了解幼儿园探究式学习项目课程的质的规定性之前，需要先了解幼儿园探究式学习项目课程的外显样态。幼儿园探究式学习项目课程的外显样态，可以从这种课程模式的某个瞬间所呈现出来的样态和某个项目的整体样态两个视角来了解。

一、幼儿园探究式学习项目课程的瞬间样态

我们可以通过对某个幼儿园教室的某个瞬间状态的描述大概了解其在某个瞬间呈现出来的外显样态。

第一组小朋友在合作画校车的不同部位。校车的不同部位是他们刚刚学到的。教师在帮忙给校车的不同部位贴上名称。这些部位有方向盘、喇叭、换挡杆、仪表盘、点火开关、油门、手刹车、刹车踏板、转数计、雨刷器、内后视镜、外后视镜。

第二组小朋友在用签字笔画发动机的不同部位，标识出油和水应该从哪儿放进去。他们画了一个图表，图表上展示了燃料如何从油箱流到发动机、尾气如何从排气管排出。这是他们的理解。他们边画，边相互纠正对方，说什么什么应该从哪儿到哪儿，什么什么细节需要加上。

第三组小朋友在和教师一起准备校车调查的作品。他们的作品包括带有标签和说明的图画。这些标签和说明可以让其他人看到他们的调查发现。图画要展示出校车内部、外部不同种类的车灯：哪些是信号灯？哪些是前照灯？哪些是内部照明灯？有些车灯是红色的，有些是黄色的，有些是白色的；有些可以一闪一闪的，有些只能反射光。

调查时，幼儿们热烈地交流他们看到的物体及物体的运行方式，相应的作品也相伴而生。他们也讨论如何把观察到的物体和调查的结果纳入到作品中，这样负责调查校车其他部分的同学也能理解他们的内容。

第四组小朋友已经画好了校车仪表板上的仪表和刻度盘的图表，为司机提供了一些基本的信息。随着工作的进行，他们利用仪表板的绘画来监测校车的行驶情况。

班级的两个幼儿用绳子表示出校车的长度和宽度。他们把绳子展示在标签前面的展示台上。在标签上，教师帮他们写上：我们的校车宽2段绳子、长6段绳子。它有8个轮子、42个座位。

两个幼儿也向好奇的同学解释了他们是如何测量校车的。那天早上，幼儿园的园长访问他们班时，他们还向园长描述了数据收集的过程。

有两个幼儿在完成校车安全性的说明图。它包括灭火器、应急门窗、紧急出口标志和急救药箱。

教室里有一个大的校车模型，其他6名幼儿在校车模型的里面、周围玩游戏。大纸箱由幼儿们涂上传统校车的颜色，贴上校区的名字、牌照和其他在考察校车时从真实的校车上复制下来的文字。一排排用大块积木和小椅子做成的座椅、方向盘、后视镜诱发着幼儿们自发的、逼真的角色扮演活动。角色扮演中有司机、司乘人员和熙熙

攘攘的乘客。[①]

二、幼儿园探究式项目课程的整体样态

幼儿园探究式学习项目课程是由一个一个具体的项目组成的。要想了解幼儿园探究式学习项目课程的整体样态，我们可以通过阅读实施过探究式学习项目课程的教师书写的某个项目案例来了解其整体样态。

幼儿园的鱼项目[②]

伊利诺伊州马科姆西伊利诺伊大学学前教育中心　斯科特·布鲁埃特

大学学前教育中心位于伊利诺伊州马科姆西伊利诺伊大学校园内。幼儿的年龄是3～5岁。他们都是大学教职员工或学生的孩子。班级中共有21个幼儿，这些幼儿大多数是一周5天全天上课。在大学上课期间，该学前教育中心开放时间为星期一至星期五的上午7:45至下午5:00。教室里有1名班长、1名全职教师、1名全职教师助理和几名实习生助手。班长实施项目课程，其间会得到其他老师的帮助。鱼项目于2010年1月底开始，一直持续到2010年5月初。

一、提出问题阶段

寒假后，幼儿们回到教室时发现鱼缸里有许多新鱼。教师发现幼儿们看到这些新鱼时很兴奋。开学后的第一个星期里，大部分幼儿们的注意力都在鱼缸里的新鱼上。在晨会上讨论可能的新项目主题时，几个幼儿提出做鱼这个项目。另外，还有两个幼儿感兴趣的主题——游乐场和交通。我们班曾做过很多次投票活动，所以幼儿们决定用投票的方式来选择项目主题。鱼以9票获胜。

在成人的鼓励下，幼儿们开始分享许多生活中关于鱼的故事。他们总会准备好要在晨会上分享的故事。一旦选定了主题，就不停地分享想法！有一个幼儿建议要制作一条鱼，幼儿们随即开始讨论制作鱼的方法。最后，他们决定用橡皮泥制作鱼的身体。接下来，他们想知道："鱼的身体是什么形状的？"在讨论这个问题时，幼儿们有几个想法。有些人认为鱼的身体是圆的，而另一些人认为是直的。有一个幼儿说是椭圆形的，所有人都同意了。我们用手（最终用的擀面杖）来给橡皮泥做造型。一位4岁的小女孩特别努力地给橡皮泥做造型(图2-1)。幼儿们用剪刀把美工纸剪成鳍状，粘在鱼身上。一位4岁的幼儿用手指在橡皮泥做的鱼身体上划出压痕，来代表鳞片。最终做成的鱼有：用纸做的两个鳍和一条尾巴，用纱线做成的胡须（像鲶鱼一样），一张用纸条粘成的嘴巴，一个金鱼眼。

另一天，我们召集了几个幼儿根据记忆画鱼。幼儿们不看模型，用马克笔画鱼。每个幼儿完成数张素描，每张都努力添加更多的细节。有几个幼儿在一张纸上画了多

---

① Lilian G. Katz, Sylvia C. Chard, Yvonne Kogan. Engaging Children's Mind: Project Approach [M]. Third Edition. An Imprint of ABC-CLIO, LLC, 2014.

② 本案例由北京市朝阳区启明东润双语幼儿园教师 Jennifer Li 翻译自 https://illinoisearlylearning.org/pa/projects/fish-project/。

条鱼。另一组幼儿聚集在一起观察、绘画一条金鱼（图 2-2）。观察时，他们数到：鱼的背部有一个鳍，腹部有四个鳍，尾部有两个鳍。

图 2-1 用橡皮泥做成鱼的身体

图 2-2 通过观察绘画一条鱼

不久之后，幼儿口述了一个概念图，表明了他们对鱼的已知经验（图 2-3）。

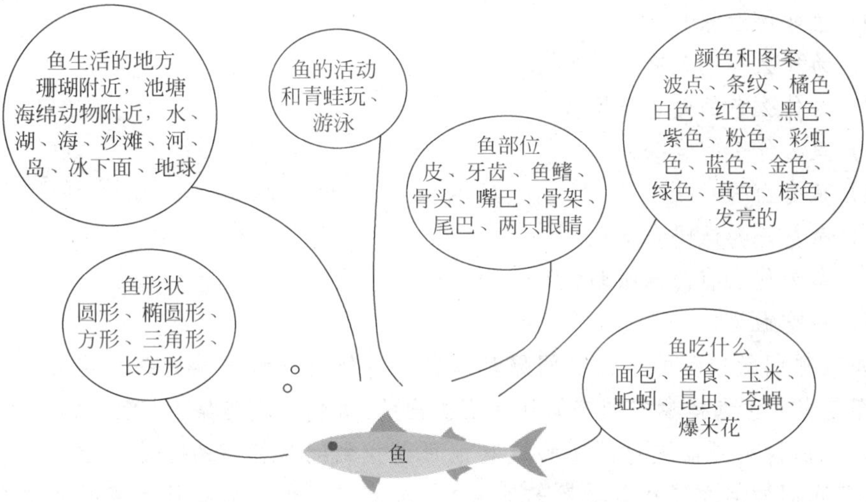

图 2-3 幼儿们关于鱼的已知经验网络图

幼儿们继续讨论和表征。很明显，他们对鱼的身体特征非常感兴趣。教师们对幼儿们关于鱼的已有知识感到惊讶，并预测该项目将会朝着发现更多鱼的身体特征的方向继续发展。

晨会上，幼儿们提出了要调查的问题列表。想法被激发出来后，小组提出了他们希望在项目中找到 27 个问题的答案。有些问题非常具体，而有些问题比较概括。

（1）鱼为什么有嘴？

（2）鱼会爬吗？

（3）鱼如何睡觉？

（4）鱼吃肉吗？

（5）有蓝色的鱼吗？

（6）有紫色的鱼吗？

(7) 为什么鱼的形状不同?
(8) 人们为什么去钓鱼?
(9) 为什么鱼有不同的皮肤?
(10) 鱼吃什么?
(11) 人们为什么吃鱼?
(12) 为什么鱼没有手?
(13) 鱼会玩吗?
(14) 菲律宾有哪些鱼类?
(15) 鱼为什么有尾巴?
(16) 鱼为什么有眼睛?
(17) 鱼为什么有鳍?
(18) 鱼为什么有皮?
(19) 鱼为什么会游泳?
(20) 鱼如何游泳?
(21) 为什么有些鱼有条纹?
(22) 为什么鱼的颜色不同?
(23) 鱼为什么有骨头?
(24) 鱼有血吗?
(25) 鱼总是游泳吗?
(26) 鱼为什么有两只眼睛?
(27) 鱼吃血吗?

正如教师们所预测的，许多问题都与鱼的身体特征和习性有关。在我们班里，每个问题都是当天由选择参与调查的幼儿们提出的。如何找到答案，小组进行了深入讨论。例如，幼儿们讨论可能进行的实验或其他可以找到问题答案的方法。通常，教师会问幼儿们，“我们如何才能找到问题的答案?”或者“我们能做些什么来找到这个问题的答案?”幼儿们计划并实施所有的研究。教师为调查和实验提供支持和材料。

二、探究与表征阶段

鱼项目中的许多调查都是通过用班级中的鱼进行实验和动手操作进行的。

(一) 调查“鱼怎么游泳?”

鱼是怎样游泳的?教师和一位幼儿着手寻找这个问题的答案。幼儿认为应该查一查大百科书(图 2-4)。

图 2-4　用书做研究

她发现了一本书脊上有海星照片的百科全书。她认为我们可以在里面找到答案。通过查阅目录，我们找到了有关鱼的资料。我们一起通读资料，发现了许多有趣的事实。我们发现鱼有一个鱼鳔。鱼鳔充满气体时，可以帮助鱼在水中上下移动。但是我们没有发现其他关于鱼如何游泳的信息。我们决定观察水族箱里的鱼是怎样游泳的。这时，其他几个幼儿也加入我们。幼儿能直接看到鱼游泳的样子。他们得出了几个结论。

(1) 摆动尾巴游泳。

(2) 把整个身体从一边移到另一边。

(3) 用肌肉移动身体。

(4) 在拍打鱼鳍。

(5) 鱼的尾巴摆动的速度越快，游得就越快。

通过研究，我们还发现了更多关于鱼鳔的信息。它像气球一样工作。当它充满气体时，鱼可以浮在水中。气体释放后，鱼可以向下沉。通过调节鱼鳔中的气体，鱼可以在水中保持在一定的位置上。我们决定自己做一些实验。幼儿们找到了一些玩具鱼，我提供了气球。我们把一个气球充满空气，然后把它绑在一条鱼上。我们把鱼浸入水中，看看会发生什么。鱼和鱼鳔很快就从水里浮了上来。接下来，我们用一个空气球"鱼鳔"做了同样的实验，鱼仍然漂浮在水面上，但上浮得没有那么快。因为玩具鱼是用塑料制成的，塑料可以漂浮，所以我们决定尝试一些不会漂浮的东西。我们把一个鱼鳔放在一个大玻璃罐里，在没有盖上盖子的情况下，把整个东西都没进水里，这样水就进入了罐子里。由于瓶子里有水，它通常会没在水中；但由于瓶子里面有鱼鳔，它浮到了水面上。我们发现鱼鳔真的有用！

(二) 调查"人们为什么去钓鱼？"

幼儿们要调查的另一个问题是"人们为什么要去钓鱼？"，我们邀请了一位教师的丈夫来到教室，向我们展示他进行冰上捕鱼的所有设备，回答幼儿关于钓鱼的问题。幼儿非常渴望看到捕鱼设备，有许多问题。一个幼儿问："你在冰上行走需要特殊的鞋子吗？"来访者给幼儿看他的雪地鞋（图 2-5）。他解释说，这双大鞋穿上就像一双凉鞋。这双雪地鞋帮助他在厚厚的积雪上行走。雪地鞋的底部有三排锋利的夹子，防止他滑倒在冰雪上。

另一个幼儿想知道，"你怎么把帐篷放在冰上？""渔夫"解释说，帐篷上系着一根绳子，他可以用绳子把它拉到冰雪上，就像拉雪橇一样。帐篷可以打开，拉伸到最大高度。两侧被拉后，他再插入中心杆使帐篷更高（图 2-6）。帐篷的地板上有两扇打开着的活动门。通过活动门，他可以在冰上钻孔。

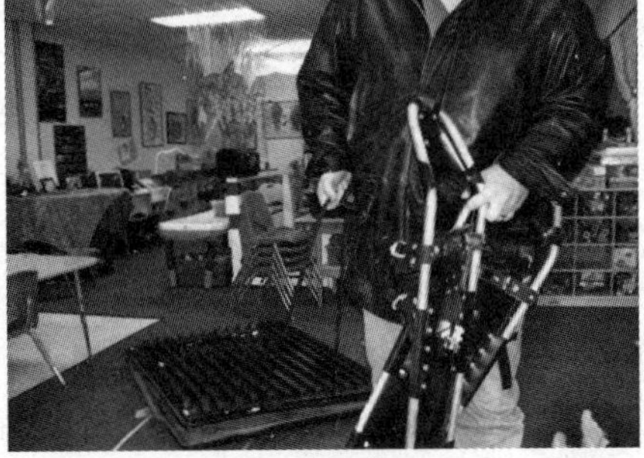

图 2-5　雪地鞋

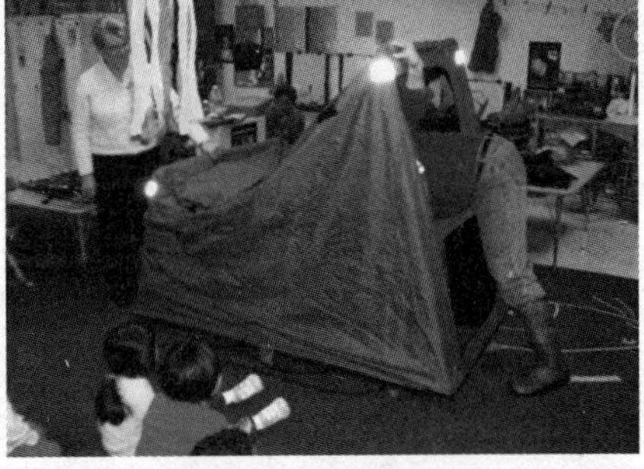

图 2-6　搭起帐篷

一个男孩问："钻洞时，你会在冰上滑动吗？""渔夫"解释说，他用的是一种叫作螺旋钻的工具（图 2-7），螺旋钻的底部有一个锋利的刀片。他握着螺旋钻的手柄转动就会在冰上钻出一个洞。多余的冰被推上螺旋塞，落到洞的一边。洞挖好了之后，他用一把大勺子舀出剩下的冰凌。

几个幼儿问："鱼竿是在水里的，你是怎么捕到鱼的？"他解释说，钓竿很小，可以放在帐篷里。鱼线的末端有一个小钩子和一个漂浮在水面上的浮子。他先把一条蜡虫放在钩子上，然后通过洞把钩子放进水里。蜡虫是一种白色的小幼虫，完全适合小钩子。幼儿们挤在一起看、触摸活的蜡虫（图 2-8）。

图 2-7　螺旋钻

图 2-8　观察蜡虫

幼儿们能够探索"渔夫"的冰上捕鱼设备。来访专家甚至带来了他最近捕获的一些鱼。幼儿们急切地研究这些在阿盖尔湖捕获的鱼。

（三）研究"鱼是否吃肉？"

鱼吃肉吗？一群幼儿聚在一起回答这个问题。起初，幼儿们想做一个调查问卷（这似乎是他们最喜欢的活动之一）。但经过小组讨论后，他们认为调查不会得出准确的答案，只会告诉我们其他人的猜测，不会告诉我们鱼是否真的吃肉。经过一番讨论，一个 3 岁的幼儿建议做一个实验来测试我们的鱼。他们要怎么做呢？另一个幼儿喊道："我们可以喂鱼一些肉！"（注：教师们知道教室里的鱼是金鱼，可以吃肉，因为他们平时吃的一些食物里有磨碎的鱼和虾。如果教室里的鱼是吃植物的，教师会让幼儿们用另一种方式寻找他们问题的答案。）我们寻找一些可以碎成小块的肉，因为我们的鱼嘴很小。我们在冰箱里发现了一些切成薄片的火鸡肉。仔细地把肉撕成小块后，我们往鱼缸里扔了几块。鱼立刻去抓肉，吃得很快。所以鱼（至少我们的）是吃肉的！（注：在把任何新食物放入鱼缸之前，必须自己和幼儿们做一些研究。如果鱼没有吃到肉，教师们会立刻把它取出。未食用的肉类可能会破坏和损害水族箱环境。）

（四）调查"鱼为什么有不同的皮肤和不同的颜色？"

为什么不同种类的鱼有不同的皮肤和颜色？为了回答这个问题，我们从研究皮肤开始。有些幼儿认为鱼有不同种类的皮肤，这样它们就能游得更好。我们开始讨论粗糙皮肤和光滑皮肤的区别。幼儿们摸了摸自己的皮肤，皮肤很光滑。我们的鞋底很粗糙。我想知道什么样的皮肤会使游泳更容易？一个幼儿认为粗糙的皮肤会更好；其余的小组成员则认为，如果鱼皮光滑，鱼就更容易游泳。

我开始和小组讨论为什么鱼的颜色不一样。“它们有不同的颜色，因为有不同种类的鱼。”一个女孩说道。其他的幼儿也同意，但这不是不同颜色的唯一原因。我们开始分享其他想法。一个幼儿提到变色龙一旦碰到什么东西就会变色。我问，“它们为什么要那样做？”她想了几分钟，似乎知道它们为什么会变色，但却不能马上说出答案。后来她惊叫道：“它们会变成不同的颜色，这样就可以藏起来了！”幼儿们立刻想到鱼有不同的颜色，可能会便于它们藏身，这样海鸥或其他鱼类就看不见它们并吃掉它们。我们可以把我们的一些塑料小鱼放在颜色匹配的水中，看看它们是否很难看到。成功了！玩具鱼很难在颜色协调的有色水中被看到（图 2-9）。

与水颜色不同的塑料鱼比与水同色的塑料鱼更容易被看到。因此，与水颜色不同的鱼更容易受到攻击。幼儿们的结论是，鱼有不同的颜色，很可能是为了将自己隐藏在周围的环境中。

（五）调查“鱼是否能爬？”

鱼会爬吗？回答这个问题时幼儿已经知道鱼不会爬。他们说：“青蛙有粘性脚趾，鱼没有可以爬的腿，它们的鳍也不能帮助它们爬。”为了得到确认，幼儿们决定测试我们的一条金鱼。首先，他们需要找到可以攀爬的东西。他们发现了一个和乐高积木绑在一起的小塑料梯子。我们把梯子固定在观察罐的底部，然后将观察罐装满水族馆里的水。我们从水族馆里捉到一条鱼，小心地把它放进罐子里。观察结果似乎证实了幼儿之前的假设：鱼不会爬上去（图 2-10）。它们利用鱼鳔在水中上下移动。

图 2-9 想在绿水里找到一条绿色的鱼

图 2-10 实验看看鱼是否会爬上梯子

幼儿们提出的几个问题，通过亲身探索无法得到解答。幼儿们通过计算机研究发现了这些问题的答案。例如，一个来自菲律宾的幼儿问：“菲律宾生活着什么样的鱼？”我们在菲律宾群岛周围的热带水域发现了许多不同的鱼类，很多是蝴蝶鱼或天使鱼。为了回答“为什么鱼有两只眼睛？”，我们发现，拥有两只眼睛可以让鱼分辨来自两个不同方向的光线，这有助于鱼准确地靠近或远离光源。在回答问题“有皇后鱼吗？”时，我们发现，是的，有皇后鱼，它们生活在加利福尼亚州的海岸边。在剩下的项目里，大多数问题都是通过实际经验得到答案的。

在调查过程中，一些幼儿继续和一位教师一起根据记忆画鱼；一些幼儿用轻黏土制作三维的鱼。

（六）计划开一家鱼宠物店

几个幼儿提到他们在宠物店见过鱼。幼儿们开始讨论他们参观过的宠物店的不同方面。我问："我们如何将这些知识融入到我们的项目中？"幼儿们决定创建一家鱼宠物店。几个幼儿聚集在一起，编制了一份建立宠物店所需材料的清单：

购物车；坦克玩具城堡；破损的船（用来放在水箱中）；货架；钱；鱼虫；工人工作服；水箱杂草；鱼；岩石；一张桌子；收款机；有关鱼的书；标志；鱼缸；鱼食；水；袋子；外壳；水箱日志；姓名标签；开关标志。

一天下午，幼儿检查了鱼宠物店所需的用品清单，他们和成人一起收集所有不需要自己制作的物品。

（七）建造鱼宠物店

当幼儿们和教师们收集完宠物店的材料后，就可以开始建造（图 2-11）。在我的建议下，幼儿们讨论了需要从假扮区移走并放置到鱼宠物店的物品。班里就几个问题进行投票，比如搬走哪些家具，在哪里放置材料等。为宠物店收集的所有材料都放在架子上或柜子里。鱼宠物店落成后，幼儿们忙着在新店里探索和购物。在剩下的调查中（大约 3 个星期时间）这家商店一直在教室里营业。

图 2-11　给鱼宠物店做个招牌

三、分享与展示阶段

为了结束对鱼类的调查，幼儿设计并构建一个大型的三维鱼模型，以分享他们对鱼类的了解。他们运用了调查期间学到的观察和绘画技巧。幼儿们制订了一个计划，列出了完成模型所需的所有身体部位：椭圆形身体、尾巴、两只眼睛、嘴、尖鼻子、鱼鳔、心脏、大脑、七个鳍、两个鳃、牙齿、舌头、骨骼、皮肤、肌肉、血液和鳞片。他们决定，一旦建筑完成，他们将添加颜色、条纹和波点。

（一）模型建造开始

在晨会上，幼儿和教师讨论如何制作鱼模型。有的幼儿想起骨头是鱼最强壮的部分，这促使幼儿决定从骨头开始制作。一组幼儿选择制作鱼骨这项工作。一个幼儿建议用沙箱里的白色管子（大的 PVC 管）作为制作材料。他们检查 PVC 管后认为，那些管子太大了。大厅的壁橱里有一些较小的管子。经过调查，幼儿发现这些管子非常适合当作骨头。为了看看鱼骨长什么样，一个幼儿建议查看一下计算机。我们找到了一张很好的图片作为指导。

鱼模型的建造计划从内部开始：骨头、血液和静脉、肌肉、大脑、心脏、牙齿和舌头、鱼鳔。

（二）制作骨架

幼儿已经选择用 PVC 管来制作骨架。我们查看了一具真骨架的照片，决定从脊椎开始。我们找到了三根管子，用直管接头把它们连接起来，把一些管道按照脊柱两边的骨头摆好。一个4岁的幼儿建议我们用胶带把它们粘起来。幼儿们帮着剪断胶带，用胶带粘成骨架（图2-12）。

几个幼儿惊呼："胶带看起来像血！"脊椎完成后，我们开始研究头骨和尾骨。幼儿们和教师们在壁橱里寻找灵感，找到了一个牛奶罐，看起来很适合当作头骨。经过一番争论，我们意识到可以在牛奶罐的底部挖一个洞，把小洞插到脊柱上，用胶带粘住。我们还在头上剪了一些小洞来代表眼窝。我们发现了一些看起来像鱼尾的大咖啡过滤纸。一个幼儿建议把滤纸剪成尾巴形状。正要折叠纸张时，我们发现它看起来已经像尾巴了。我们用胶带把尾巴粘在脊椎上。

（三）制作血和血管

一大群幼儿聚集在一起想办法把血和血管填加到鱼模型中。他们喜欢用胶带代表血液的想法。但我们怎么能制造血管呢？我们检查了自己手臂上的血管，发现它们是长长的细线。一个幼儿建议我们用细绳做静脉。我们搜查了壁橱，发现了和胶带颜色差不多的纱线。经过一番讨论，幼儿们决定把纱线系在骨头上，用纱线包住整个骨架。幼儿轮流在骨架上编织纱线（图2-13）。完成后，血和血管覆盖了骨骼的大部分。

图2-12 用胶带固定骨架

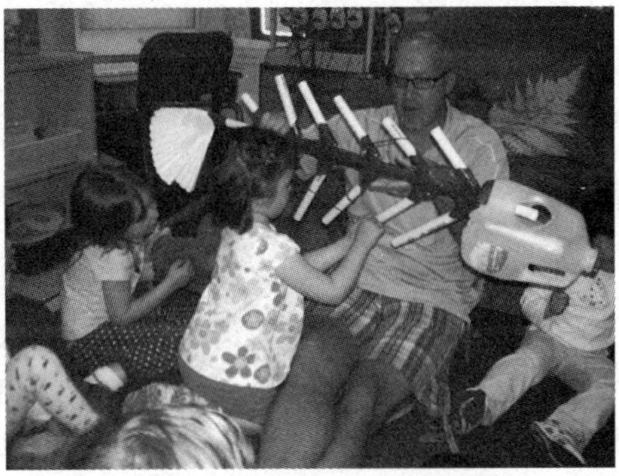

图2-13 在骨头上编织血管

（四）做鱼的肌肉

幼儿每天都可以选择做这个项目，也可选择在教室里做其他事情。一群幼儿聚集在一起给我们的鱼模型添加肌肉。一个幼儿曾提到过黏土可以很好地制作出肌肉。我大声地说出我的好奇，"鱼的肌肉是什么样子的？"又一次，有人建议我们看看计算机。我们发现了一张显示鲑鱼肌肉的图表。我们可以看到，肌肉是分层的、橙色的。肌肉覆盖住了骨骼，所以我们可以用黏土覆盖住模型上的骨骼。幼儿们用手揉软黏土使其容易塑形，然后把黏土粘在骨头上（图2-14）。幼儿们小心地把黏土粘在骨头上。他们在粘肌肉的时候让肌肉之间都连着，做出了层次。完成后，整个骨架上布满了五颜六色的肌肉。

（五）制作大脑

一群幼儿自愿聚集在一起为鱼模型制作大脑。他们对材料的使用有一些想法。一个幼儿建议用海绵，因为海绵上有洞，这和他对大脑的看法相符。有人建议用纸。还有一种想法是在面团上戳个洞就能奏效。有几个幼儿认为真鱼的大脑是圆的，其他人认为它是瘦瘦的。有一个幼儿说有一条穿过大脑中部、将大脑分成两个部分的线。我们在网上找到了一张鱼脑的图片。正如一个幼儿所说，大脑是“瘦瘦的”，但它也有几个圆形的部分。小组成员认为，轻黏土最能代表大脑，因为我们可以将颜色与插图中的颜色相匹配。其中一个幼儿认为，在尝试使用黏土之前，最好先画出大脑的草图（图 2-15）。

图 2-14　把黏土肌肉粘在骨头上

图 2-15　勾画大脑

素描完成后，幼儿们选择他们想要捏的大脑的部分。幼儿们捏了大脑的不同部分，将不同部分连接起来形成完整的鱼脑（图 2-16）。

我小心地将大脑插入头骨，并将其固定在脊椎顶部。幼儿们轮流地从眼窝处往头骨里看，看大脑的位置。

（六）画鱼的心脏

我们找到了一张鱼内脏的示意图。几个幼儿决定为我们的鱼模型画出心脏。画成后，幼儿们投票选择看起来最像真实心脏的草图（图 2-17）。他们选定一张图纸后，把心脏剪下来，用透明胶带粘在模型上。从心脏引出的动脉与现有的静脉相连，这些静脉是由纱线制成的。

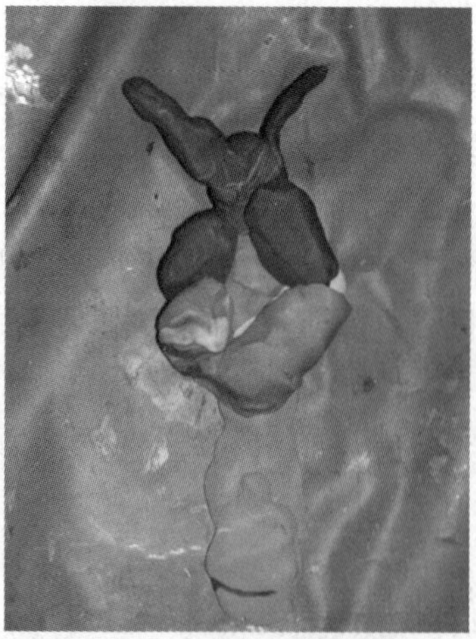

图 2-16　鱼类大脑的表征

图 2-17　为鱼模型选择的心脏

（七）制作鱼的牙齿和舌头

幼儿们检查了一条真鱼口腔的内部，以确定如何为我们的模型制作牙齿。他们发现牙齿又小又尖。幼儿们深入地讨论了这个问题，决定应该用木头做。他们决定找一个尖锐的、足够小的木材，可以放进现有鱼模型的口腔里。我们一起寻找可用的木材。壁橱里没有足够小的东西，但在搜索厨房时，幼儿们发现了牙签。幼儿们认为这很完美。我们把牙签掰成小段。幼儿们测试了一段牙签，看它是否能放入口腔里（图 2-18）。幼儿们把一个用橡皮泥做的舌头插入口腔，用一条薄胶带固定牙齿。他们小心地把牙齿粘在胶带上，让牙齿可以折叠到口腔里。

（八）安装鱼鳔

从早期的实验中幼儿们已经知道，在我们的模型中，气球是最好的代表鱼鳔的方式。他们已经知道了一个充满气体的鱼鳔可以帮助鱼在水中漂浮。我们找到了一个气球并把它吹到合适的大小。鱼鳔位于鱼的中心，就在心脏的上方。我们用纱线将鱼鳔固定在骨骼和肌肉上（图 2-19）。纱线代表着更多可输送血液的血管。

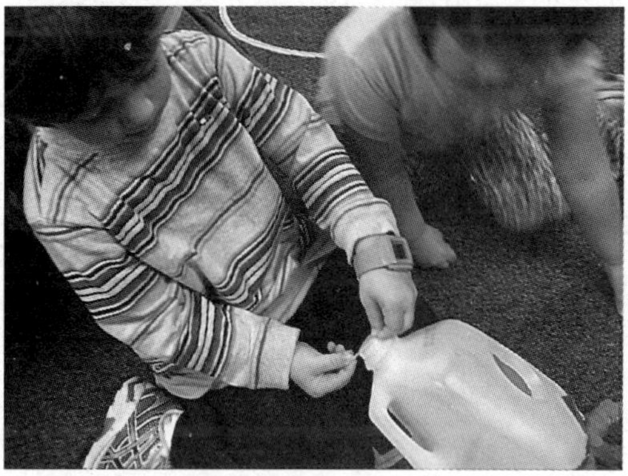

图 2-18 测量牙齿以适合口腔

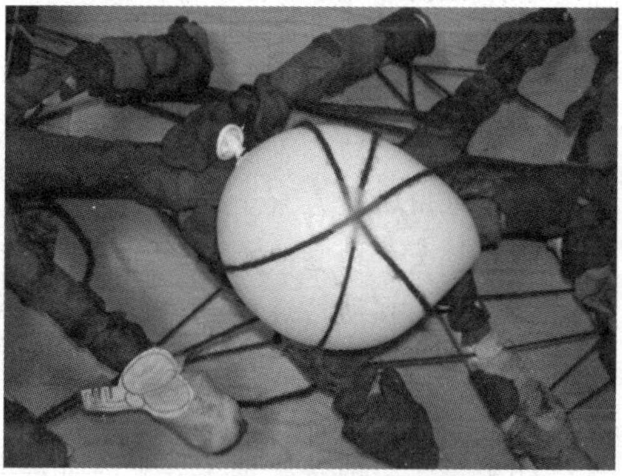

图 2-19 鱼鳔用血管固定住

（九）做躯壳

幼儿有好几个想法，想用结实的东西制作鱼模型的外壳，但找不到合适的材料。我们在大厅的壁橱里找了一卷铁丝网，展开可以做外壳。幼儿们帮忙把铁丝网展开，把鱼的骨架放在中间。我们把铁丝网绕在骨架上形成一个椭圆形的身体。现在有一个强壮的躯壳保护着骨骼和内脏。

（十）给鱼套上皮

一群幼儿聚在一起，集思广益，想办法解决鱼皮的问题。他们知道铁丝网的躯壳有太多的洞，不能成为皮肤，所以他们需要用另一种材料覆盖身体框架。一些幼儿认为，可以用硬纸板；一个幼儿建议用橡皮泥盖住铁丝。我们观察、了解了一下真鱼的皮肤。幼儿们发现，鱼皮有光泽，有点粗糙，鱼鳞的形状也不一样。我们发现了一卷气泡纸，幼儿们认为它可以作为皮肤的材料，因为它有点光泽，气泡使它有点粗糙，这些气泡的形状也像一些真正的鳞片。幼儿们用气泡纸把鱼的身体包裹起来。透明的包装胶带将鱼皮固定在鱼身上。鱼模型现在有了鳞片状的气泡皮肤（图 2-20）。

幼儿们集体讨论了如何制作鱼鳍模型。其中一个幼儿立刻喊道："我们可以用纸画鱼鳍（图 2-21），然后用胶带粘在鱼身上！"

图 2-20　有皮的鱼

图 2-21　画鱼鳍

幼儿把鱼鳍画出来，用剪刀剪下来，把鱼鳍粘在纸板上，增加强度。幼儿用透明的胶带把鱼鳍附在鱼身上。

（十一）解释模型

在晨会上，幼儿为模型制作了一个鱼类知识的列表。

(1) 鱼用肌肉游泳。

(2) 骨头帮助它们游泳。

(3) 它们摆动鳍游泳。

(4) 它们横向移动尾巴游泳。

(5) 鱼游得很快，以避开鲨鱼。

(6) 鼻子尖的鱼比鼻子浮肿的鱼游得快。

(7) 鱼鳔让鱼在水中上下浮动。

(8) 空气进入鱼鳔，使鱼上浮。如果空气出来了，它们就会下沉。

(9) 鱼有一颗心脏。心脏跳动使血液遍布全身。

(10) 鱼鳞有助于鱼藏身。因为它们是不同的颜色，所以可以伪装。

(11) 皮肤保护鱼。

(12) 鳃是用来呼吸的。

当几个幼儿完成鱼模型时，一个幼儿设计并绘制了一个识别鱼各部分的图表（图 2-22）。

幼儿在设计鱼的眼睛、嘴巴、尖鼻子、鳃缝和鳞片之前探索了许多不同的材料。许多幼儿一起从五颜六色的塑料包装纸、纸巾和铝箔纸上切下鳞片。他们用透明胶带把这些鳞片粘在鱼身体上。有一个幼儿用毛根设计了尖尖的鼻子、嘴巴和鳃缝儿。另一个幼儿通过观察一条真鱼来帮助他设计眼睛。然后他用纸和记号笔做眼睛。

完成的鱼模型（图 2-23）和知识列表一起放在教室里展示。幼儿向走进教室的每一个人介绍这个模型和有关鱼的知识。

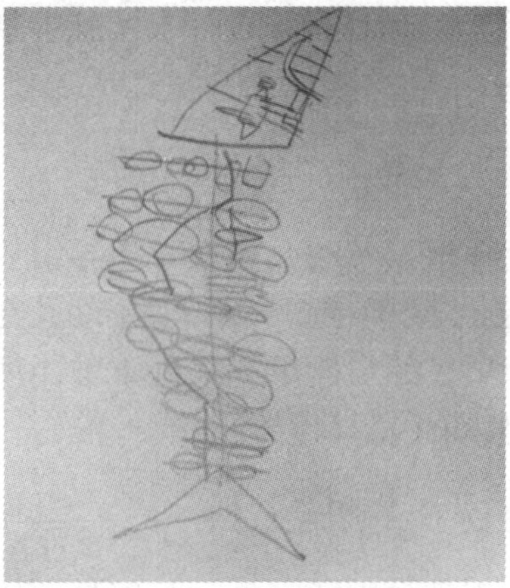

图 2-22　鱼模型示意图

图 2-23　完整的鱼模型

四、教师反思

幼儿设计实验来找问题答案的能力是这个项目最令人惊奇的方面之一。从一开始，幼儿们就能够处理他们收集到的信息，并将这些信息应用到现实生活中，从而获得更多的知识。随着项目的进展，很高兴看到又有一些幼儿参与进来。开始，只是一小群幼儿聚在一起回答问题，到最后，几乎所有的幼儿都参加了这项活动的总结阶段。所有的幼儿都能向他们的父母解释鱼的模型，教师们发现这个事实特别兴奋。

通过投票选出主题是一个不错的选择。正如教师所期望的那样，它确实侧重于鱼的身体方面。最后的分享与展示活动的细节和关注远远超出了教师的预期。幼儿们全神贯注于鱼的构造，准确地表达他们的知识。

我不知道我会不会对同一个项目做出不同的事情，但我知道另一组幼儿可能（很可能）把这个项目带到一个全新的方向。这就是为什么，作为一名教师，我发现项目教学法如此令人兴奋！

第二节　幼儿园探究式学习项目课程设计与实施的基本原则

前面已提到，幼儿园探究式学习项目课程在实施时具有相互交织的三个阶段和五个特征。在按照三个阶段和五个特征实施探究式学习项目课程时，有些教师做出来的项目课程与主题活动课程仍有些类似。为了帮助教师在设计与实施探究式学习项目课程时能把握住课程的核心要素，下面给出教师需要遵从的基本原则。

一、幼儿中心

《幼儿园教师专业标准（试行）》指出，要“尊重幼儿权益，以幼儿为主体，充分调动和发挥幼儿的主动性”。“以幼儿为中心”也是项目化教学的核心特征。因此，幼儿园探究式项目课程的设计与实施也要遵循“以幼儿为中心”这一基本原则。

“以幼儿为中心”这一基本原则在幼儿园探究式学习项目课程设计与实施中基本体现在如下几个方面。

（一）探究项目主题的选择，要以幼儿的经验范围为中心

探究项目的主题可以来源于教师的兴趣，或教师根据《幼儿园教育指导纲要（试行）》《3～6岁儿童学习与发展指南》中对幼儿发展的要求；也可以来源于幼儿在自由游戏时的谈话内容、游戏活动内容等方面。但不管项目的主题最初来源于谁，项目的内容都必须是在幼儿的生活经验范围之内，是大多数幼儿感兴趣的。

（二）在探究式学习过程中，幼儿具有自主选择的机会

幼儿可以选择做什么。相似的任务可以有完全不同的形式。例如，制作一辆自行车时，可以用橡皮泥捏，可以用高粱秆插，可以用乐高积木拼，可以用废旧光盘做。因此，教师可以提供许多具体的材料和活动，让幼儿做出真实的选择。

1. 幼儿可以选择工作时间

只要一项工作在规定的时间内完成，幼儿就可以选择早做或晚做，一开始就做或到最后再做。每个选择都有其优势和劣势。

2. 幼儿可以选择工作地点

教师可以为幼儿创造不同的工作空间：明亮的或阴暗的；较宽敞的或较狭窄的；面对其他幼儿的或面对墙壁的或面对窗户的；和小组同学一起工作的或独立工作的；站在、坐在桌前或舒适地斜靠在地板垫子上。对于那些与工作地点的选择没有直接关系的任务，幼儿可以选择自己喜欢的工作地点。例如，在图画书查找信息时，幼儿可以选择坐在图书区的地垫上看，看完后去建构区进行搭建；也可以把图画书带到建构区，找到信息时，可以边搭建边参考图书内容。

3. 幼儿可以选择合作者

一些幼儿喜欢独立制作自己的书籍；而另一些幼儿喜欢与小组成员合作。教师要鼓励幼儿在两种不同的情况下工作，以帮助幼儿发现不同的工作安排具有不同的好处。教师也可以提出合适的问题，鼓励幼儿进行合作。

虽然教师提供了不同的选择机会，但是不管什么性质的选择，幼儿都可以咨询教师。

二、问题驱动

问题贯穿于幼儿园探究式项目课程的始终。在提出问题阶段，幼儿的问题提示了他们对项目感兴趣的强烈程度，帮助教师确定项目主题是否可行。幼儿提出的问题也决定了项目的开展方向。例如，教师根据幼儿的兴趣选择了探究项目的主题是汽车。在不同的班级中，有的幼儿提出的问题可能主要集中在汽车的结构方面；有的幼儿提出的问题可能主要集中在停车场方面；有的幼儿提出的问题可能主要集中在汽车加油站方面。因此，即便同样的主题，在不同的班级，因为幼儿的群体不同，兴趣点不同，项目的探究方向也不同。没有完全相同的两个幼儿群体，也就不会产生完全相同的两

个探究项目故事。

当幼儿提出了问题表或问题网络图后，提出问题阶段就结束了。教师在选择实地考察地点或来访专家时，需要回顾、分析幼儿提出的问题。幼儿通过问题与实地考察现场的专家或来访专家发生链接。当幼儿向专家提出问题时，这时候发生的学习就由被动学习变为主动的、以幼儿为中心的学习。这些问题通常为引发更多的即兴产生的问题，这些问题又可以变成进一步探究的起点。在分享与展示阶段，教师使用幼儿在项目初期提出的问题和后来获得的答案，评估幼儿在项目中所获得的学习以及项目的有效性。聚焦于幼儿提出的问题，是探究式学习项目课程区别于教师引导下的主题活动课程的核心要素。

尽管幼儿提出的所有问题都是重要的，都需要教师认真记录下来，但幼儿提出的有些问题却比另一些问题更能引导项目的方向。由于幼儿正在学习如何提出问题，所以，他们提出的有些问题或不是真正的问题，或是不能回答的问题。因此，在设计探究与表征阶段的探究活动时，教师需要花一些时间仔细分析、梳理幼儿提出的问题类型。

Sheilah Jelly 把幼儿提出的问题进行了分类，认为幼儿常提出的问题类型大致可以划分为如下几种。

（一）事实性问题

事实性问题是幼儿仅仅向教师或他人询问自己不知道而教师或他人可能会知道的问题。例如，你是在哪儿发现蜘蛛的？你的农场有多少匹马？这类问题不能通过幼儿独立的调查来获得答案。对于这类问题的回答，教师可以直接给出事实性信息，或者帮助幼儿询问知道答案的人。如果教师不知道答案，可以这样回答：“你认为我们可以询问谁来得到答案呢？”对于幼儿来说，认识事物的名称是很有用的。一旦他们知道了事物的名称，他就可以谈论它、向他人询问这种事物的特点等。命名可以支持幼儿进行深入的思考。

（二）评论性问题

评论性问题看起来像是一个问题，其实它们不是真正的问题，如蜘蛛会织网，它为什么这么聪明啊？这些更像观察者给予的评论。幼儿在问这个问题时可能会说：“我看见蜘蛛在织网，织网这项工作很难做啊！”有时，这些是幼儿敬畏之心的表达。幼儿可能在想：“哇！蜘蛛可以用身体织出网来，太神奇了！”对于评论性问题，教师可以识别出来，并用类似评论性的语言来回应幼儿。例如，我也认为蜘蛛能织网太神奇了。如果幼儿提出的问题真的是一种评论，那么，幼儿会因为交流顺利而高兴。如果幼儿对这样的回应不满意，那么，他会提出一个真正的问题。

（三）探究性问题

探究性问题是最适合幼儿用深度学习的方式来获得答案的。在研究探究性问题时，幼儿将有机会通过摸、听、闻、仔细观察等方式进行独立调查。幼儿在获得这类问题的答案的同时，会习得多种学习技能。

（四）综合性问题

综合性问题需要比较复杂的解释。这些问题仍然是比较好的问题，适合进行深度学习。但是教师需要认真研究这些问题。这些问题可能需要幼儿获得一系列经验后才能形成答案。教师可以把这类问题分解成若干小问题，或给幼儿提供一段较长时间的、与专家交流的机会。例如，“秋天时，蜘蛛去哪儿了？”在这个问题中，幼儿可以进行假设、形成自己的理论。教师紧接着向幼儿提问道：“在蜘蛛所生活的地方，秋天时会发生什么变化呢？雪天会有蜘蛛吗？你认为蜘蛛会去哪儿了呢？”

对于教师来说，探究性问题和综合性问题适合引导幼儿进行深入探究。

三、高阶思维

按照美国教育学家布鲁姆的教育目标分类，低阶思维能力是指识记、理解和应用。识记，即从长时记忆中提取相关的知识；理解，即从口头、书面和图像等交流形式的教学信息中构建意义；应用，即在给定的情境中执行或使用程序。高阶思维能力是指分析、评价和创造。分析，即将材料分解为它的组成部分，确定部分之间的相互关系，以及各部分与总体结构或总目的之间的关系；评价，即基于准则和标准做出判断；创造，即将要素组成内在一致的整体或功能性整体，将要素重新组织成新的模型或结构。

幼儿园探究式学习项目课程指向高阶思维能力。它用高阶思维包裹低阶思维。探究式学习项目在开始时就用具有挑战性的问题创造高阶思维的情境，激发幼儿学习的内动力，明确对幼儿提出带有问题解决、创造、分析等高阶思维的项目任务，让幼儿在由强大的驱动性问题所产生的内动力中创造一个真实的作品。在完成作品的过程中，在与各种材料互动中，幼儿再来进行低阶学习，主动查找、识记信息，将信息组织化，巩固和理解信息，形成完成这一作品所需要的知识网络和技能准备。

真实地发现——小兔子怎样跳

探究式学习项目课程是以幼儿解决问题为核心的一个学习过程，不同于以往教学中教师传授知识为主的学习方式，教师所起的作用主要是鼓励思考、探索，由幼儿在实践中去发现并得出自己的结论。

我们小班在进行探究主题“兔子”的过程中，有的幼儿提出“小兔子是如何跳的？”这个问题，班上的幼儿就小兔子如何跳发生了争执，大部分幼儿说小兔子跳就是双手当耳朵，双脚进行跳跃（这说明教师在这个问题上也没有思考，一说到小兔跳就用常规的方式给幼儿做榜样，因此幼儿的思维也被程式化、概念化所影响），可是我们班上耿雨佳小朋友说看见小兔子是四肢都着地进行跳的，在幼儿们僵持不下的时候，耿雨佳小朋友说：“我说的是真的，我亲眼看见的，你们要是不信，咱们现在就看看去！”

于是我们就和幼儿一起来到兔子的家，把兔子放在草地上，幼儿屏住呼吸，紧张地看着兔子，兔子在适应了一会儿后，开始跳跃，果然是四脚着地跳的，一下、两下、三下……耿雨佳胜利地一仰头：“怎么样？我说得对吧？”其他幼儿都面面相觑，“原来小兔子是这样跳的呀。”幼儿把原有兔子跳的印象和现实中兔子的跳进行比较，判断正误并得出结论，接着露出笑容：“小兔子是这样跳的，真好玩。”说着说着就在操场上模仿兔子的跳跃方式跳了起来。这个下午，我们在操场上玩得特别尽兴，幼儿都要当小兔子进行跳跃。我们玩体育游戏“狼和小兔子”，幼儿没有用以往的双脚跳而是用兔子真正的跳跃方式进行游戏，在活动中发展了幼儿四肢协调的能力和双臂支撑的能力。《幼儿园教育指导纲要（试行）》的健康领域中强调“用幼儿喜欢的方式发展基本动作”。发展四肢协调的目标就这样在幼儿快乐的笑声中达成了。

晚上幼儿离园时，他们还把这个新发现清楚地讲述给家长听。由于这些答案是幼儿自己在调查、讨论之后自然而然地得出的，比教师直接给出答案更形象，幼儿理解得也更透彻。探究主题教学让幼儿不按约定俗成的方式进行思考，它帮助幼儿用事实说话！

（北京电子城幼儿园甄瑞阳）

四、表征思维

意大利瑞奇欧教育的创始人马拉古齐曾说过，“儿童有一百种语言。”这一百种语言并不表示幼儿表征语言的具体数量。它用一百种语言来表明了幼儿表征语言的多样性。“儿童的一百种语言”这一比喻表明，不同的儿童群体具有不同的生活经验、不同的技能、不同的性格特点，因此，他们在表征某一客体（事物或现象）时，就会选择不同的形式、不同的材料、不同的关注点，表征结果也就大不相同。每个儿童都是独一无二的个体，在这里会得到淋漓尽致的体现。

在探究式学习项目中，幼儿可以用不同的方式来表征他们的想法。他们可以用线条、涂画、积木建构、塑形、创设游戏环境、雕刻、音乐、故事、图书以及其他表达思考过程的方式。这些表达方式就叫“表征”。表征是探究式学习项目课程中很重要的一部分，是探究式学习项目课程与主题单元课程或教师引导下的探究课程相区分的一个主要特征。

制作纸盘蜘蛛是在教师引导的关于蜘蛛的主题活动课程中，教师经常会让幼儿做的一个活动。这个活动更像是一个手工活动，被贴上了“蜘蛛”的标签，也可以说它是章鱼。因为与真实的蜘蛛相比，它并不像真实的蜘蛛。这样的活动更多的是发展了幼儿听从指令的能力以及精细动作技能，而不能发展幼儿的高阶思维能力。这个纸盘蜘蛛（图 2-24）代表的是教师脑中对于蜘蛛的形象，而不是幼儿脑中对于蜘蛛的形象。活动中更多地体现了教师的选择，而不是幼儿的选择。例如，普通蜘蛛的颜色有黑色的、棕色的、橘色的、黄色的、绿色的和白色的，而教师只选择黑色。

图 2-24　教师做的纸盘蜘蛛

在研究蜘蛛的探究项目中，幼儿们在讨论如何展示所学时说到，他们要制作不同种类的蜘蛛，开设一个蜘蛛博物馆。在为蜘蛛博物馆制作蜘蛛时，每个幼儿都制作了一个蜘蛛。不同的幼儿对蜘蛛的表征是不一样的，代表了每个幼儿所学到的关于蜘蛛内容是不一样的。例如，有的小朋友喜欢巨人食鸟蛛，他就用绘画的形式表达他对这种蜘蛛的理解（图 2-25）。他在绘画时，说道："巨人食鸟蛛生活在热带，他会用蛛丝固定住洞口，这些蛛丝不是用来捕猎的，黏性很强，可以粘住一个瓶子。巨人食鸟蛛的牙齿很长。以前，有一个餐厅是可以吃巨人食鸟蛛的，后来，那个餐厅暂停了。巨人食鸟蛛体型很大。"有的小朋友喜欢皇帝巴布蜘蛛，他喜欢用黏土捏东西，所以，他就用黏土做出了一个皇帝巴布蜘蛛来表达他对这种蜘蛛的理解（图 2-26）。在他捏完了后，还向其他小朋友介绍道："皇帝巴布蜘蛛很稀有，它会用小脚做出标志性的盾牌来警告敌人，别过来，这儿危险。"

图 2-25　幼儿画的巨人食鸟蛛

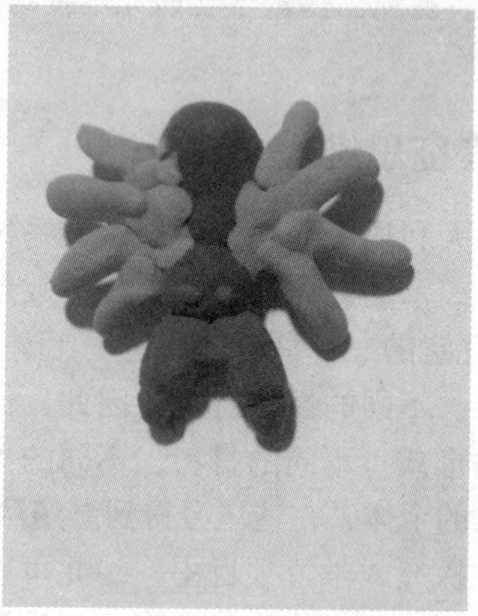

图 2-26　幼儿用黏土捏的皇帝巴布蜘蛛

五、真实学习

真实学习是一系列的教育与教学技术，它专注于把幼儿在幼儿园学到的内容与现实世界中遇到的人、事、物联系起来。它的假设是，当幼儿在幼儿园学习的内容能反映真实的生活情境，是实用、有用的技能，与幼儿园外的生活相关的主题时，幼儿更感兴趣于所学的内容，更有动力去学习新的知识和技能，更能为将来的学习、生活做好准备。

每个幼儿都是独一无二的。他们已经形成自己的需求、兴趣点。他们对生活中的某一部分比较感兴趣，却忽略生活中的另一部分经验。他们形成了自己的学习风格。遇到新事物时，有的幼儿喜欢摸一摸，有的幼儿喜欢闻一闻，有的幼儿喜欢向教师提出各种各样的问题，有的幼儿沉默不语。每个人都有适合自己的从经验中学习的方式。

面对每个幼儿独特的学习方式、独特的生活经验，教师只有提供源自于幼儿生活经验的学习机会，幼儿才能用自己的学习方式从学习经验中获得发展。Bess-Gene Holt

(1989) 提出“幼儿生态圈”的概念来指导教师为幼儿选择学习经验的内容。“幼儿生态圈”是指每个个体与其生活环境中的各种现象相互联系、相互交织、相互作用的过程。Bess-Gene Holt 认为，选择或判断一个活动或内容是否适合幼儿的标准是它与幼儿自身的距离，这个距离包括物理空间的距离和认知距离。为了清楚阐释每个活动或内容离幼儿自身的距离，Bess-Gene Holt 制作了一个环形图（图 2-27）。

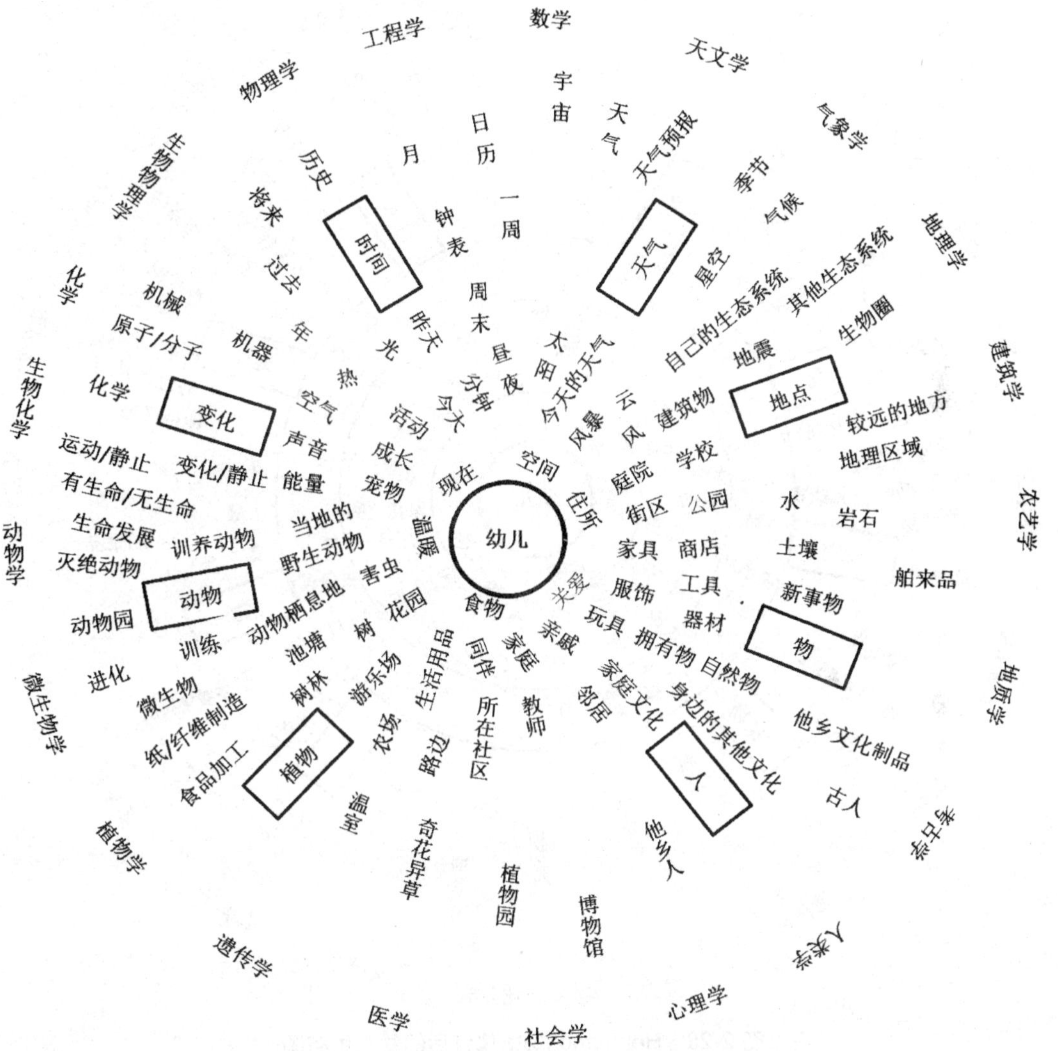

图 2-27 Bess-Gene Holt 制作的幼儿生态圈

在环形图中，幼儿自身位于环形图的中央。围绕着中央向四周辐射的内容，代表着幼儿随着时间的变化不断增长的能力和积累的经验。在圆环图中的最外圈，是成人的学习科目。也就是说，距离中心圈（幼儿自身）越近的学习经验（幼儿当下的生活），幼儿学习时越容易获得成功。

在环形图中，幼儿的经验被人为地划分为 8 个方面，人、地点、时间、天气、物、植物、动物和变化。这八个方面是相互联系的。

Helm and Katz（2011）在指导教师使用 Bess-Gene Holt 的“幼儿生态圈”中为幼儿选择适宜的探究主题时，为了更方便教师的使用，特意在环形图上加了三个数字和三个圆圈（图 2-28）。

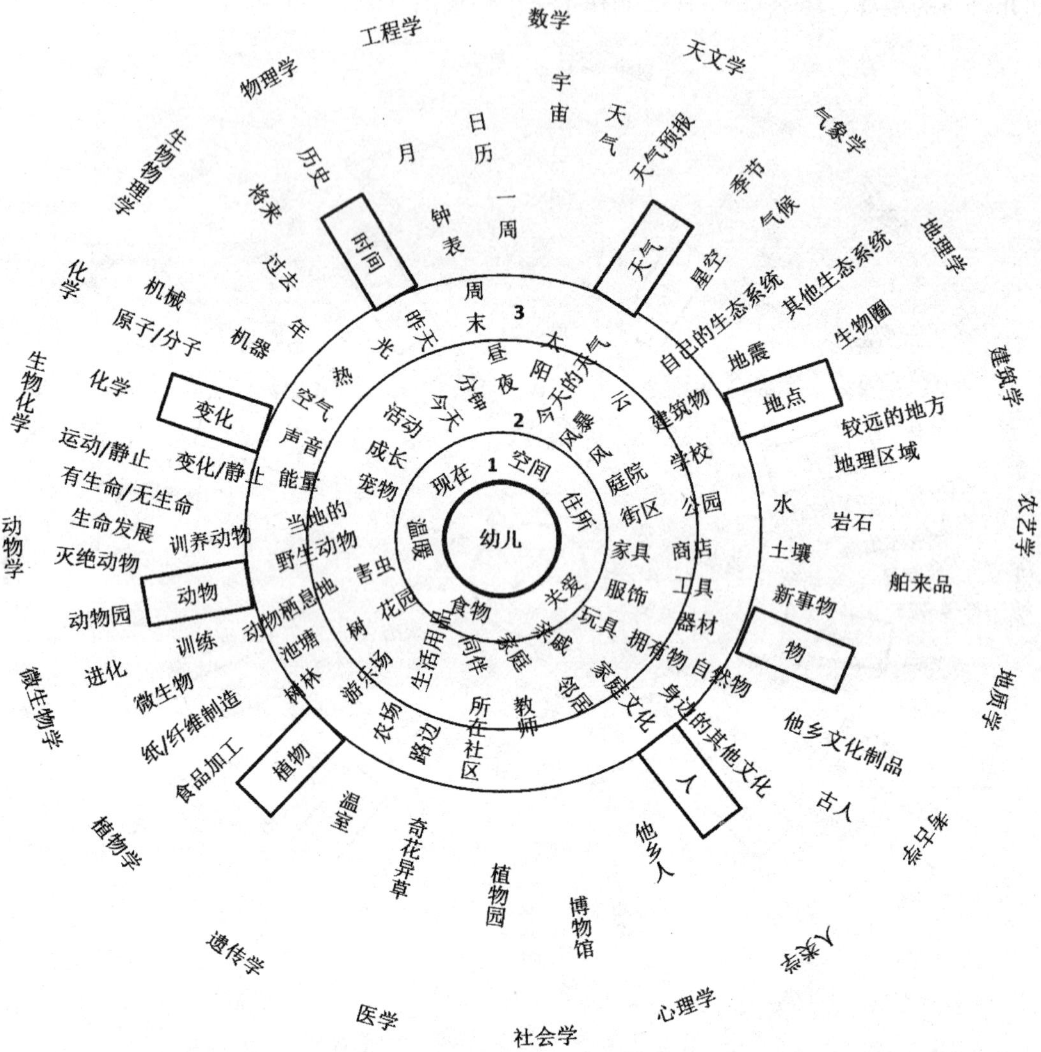

图 2-28　Helm and Katz 修订后的幼儿生态圈

第一个圈表示 1 ～ 3 岁幼儿的生活经验中会遇到的主题。它涉及以下几方面：在当下发生的事，1 ～ 3 岁幼儿个人空间里的事物，1 ～ 3 岁幼儿的住所里（家里或教室里）的事物，照顾 1 ～ 3 岁幼儿时用到物品，1 ～ 3 岁幼儿所吃的食物，使 1 ～ 3 岁幼儿获得温暖的物或人。因此，从以上原则出发，适宜于 1 ～ 3 岁幼儿的主题可能包括理发、玩具、箱子、他们见过的树、汽车、灭火器以及安全座椅等。

第二个圈包括第一个圈的内容，表示 3 ～ 5 岁幼儿当下生活中可能涉及到的主题。

它包括他们的玩具、他们的亲戚、他们自己的文化、他们周围的建筑物和商业、他们见过的器材、他们的邻居、学校里的成人、他们见过的植物、他们的游乐场、当地的野生动物、宠物、害虫。

第三个圈包括前两个圈的内容，表示 5 ～ 6 岁幼儿及小学一年级学生当下生活中可能会涉及到的主题。它包括农场、池塘、动物的生活环境。这个年龄段的儿童也可能会对热、声音、空气、光的变化感兴趣。尽管他们也会对过去发生的事感兴趣，但他们很难对事件发生的时间进行独立调查。第二个圈里提到的主题，对这个年龄段的儿童来说，也是非常好的选择。

第三个圈之外的主题需要幼儿更多地使用二手资料如网络、杂志、图书等来进行调查。这样的调查需要幼儿掌握熟练的读写能力。但是，当这些二手资料和幼儿的直接经验相结合使用时，便能成为更有意义、更有价值的资料。它能同时让幼儿认识到读写的重要性。第三个圈之外的主题，需要幼儿理解更宽泛的时间概念，如雨林和灭绝动物主题，这就会涉及到时间（年代、历史）和距离（他省、他国）。

第三节　幼儿园探究式学习项目课程设计与实施的策略

幼儿园探究式学习项目课程的设计与实施策略主要包括：幼儿园探究式项目的主题选择策略、幼儿园探究式项目课程的设计策略、幼儿园探究式项目课程的实施策略、幼儿园探究式项目课程的环境创设策略、幼儿园探究式项目课程的家园合作策略。

一、幼儿园探究式学习项目的主题选择策略

（一）主题的来源

在探究式学习项目中，项目的主题主要有两个来源：幼儿发起的项目和教师发起的项目。

1. 幼儿发起的项目

幼儿，不论其年龄大小，都能自然地表现出他们对某个特殊物品（如汽车模型）、某个事件（幼儿园的大体检）、某个地点（幼儿园附近的超市）、某个故事、某本书等的兴趣。只是不同年龄段、不同语言表达能力的幼儿表达其兴趣的方式不同而已。

年龄较大的幼儿或语言表达能力较好的幼儿，他们可以通过语言向教师或他人问问题、寻求更多与某个项目主题相关的信息来表示他们对某个项目主题的兴趣。例如，“老师，你想知道你肚子里有什么吗？”“老师，你的肚子这么大，是不是里面也有个小宝宝啊？”“老师，你想知道小宝宝在妈妈肚子里面是怎么长大的吗？”当教师听到幼儿不断提出的这些问题后，教师可以判定当前幼儿对生命的诞生比较感兴趣。

对于年龄较小或语言表达能力不好的幼儿，教师可以通过观察他们的行为表现或自由游戏来发现他们的兴趣。例如，户外活动时，一位幼儿发现了操场上的蚂蚁和蚂

蚁洞，蹲在地上仔细地看。其他幼儿陆陆续续地加入进来，也蹲在地上开始看。这时，教师可以断定当前幼儿对蚂蚁及蚂蚁的生活环境比较感兴趣。

2. 教师发起的项目

因为某种客观原因，或为了配合园里的某项活动，或为了贯彻实施《幼儿园教育指导纲要（试行）》《3～6岁儿童学习与发展指南》的要求，教师可能会因某个项目主题可以为幼儿提供有利的经验而选择这个项目主题。但当决定使用教师引发的主题时，教师要保证该主题包含的范围要足够广，足以涵盖全班幼儿的兴趣。例如，当教师出于课程计划的需要，准备在班级开展汽车相关的探究项目时，可能就要考虑班级里不喜欢汽车的幼儿。这时教师需要把汽车的概念扩大一些，改为车子，或交通工具，或者其他。

（二）选择主题时应遵循的原则

尽管幼儿的兴趣点是探究项目的主题来源，但要注意，并非幼儿们所有感兴趣的主题都值得他们花费时间和精力进行深入探究。以下是几个选择主题时的一般原则。

1. 价值性

价值性是指在选择项目主题时，教师要考虑这个主题的探究过程是否能帮助幼儿全面、准确地理解自己的生活经验及周围环境；是否能提升幼儿近距离观察周围环境中的事物及现象的能力；是否能提供充分的机会让幼儿进行沟通、交流和探究；是否能提供机会让幼儿了解不同材料的功能及其局限性，并锻炼幼儿根据活动需求选择合适的材料的能力。

2. 适宜性

根据第一章中“关于幼儿如何学”的相关理论，选择探究主题时要考虑：①该主题是否包含让幼儿直接操作的具体实物（可以摸、可以移动、可以搬抬、可以近距离看、可以听、可以尝、可以操作的实物或模型），帮助幼儿获得充分的第一手材料；②该主题所包含的内容是否与幼儿的已有经验相关，如北京市的幼儿不适宜做船的主题，船的主题更适合生活在海边的幼儿进行探究；汽车主题不适合生活在山区里的幼儿；③该主题是否能最大限度地脱离成人的协助，让幼儿进行自主探究，幼儿的探究包括观察、操作、实验、提出问题、实地参观。如果幼儿的探究材料更多的是依赖图书、百科全书、视频、成人的介绍等二手材料，那么在探究的过程中，幼儿就处于被动接受信息的地位，幼儿的探究就不能进一步深入。

3. 可行性

由于幼儿因生理发展水平、读书能力等方面的限制，在选择探究项目的主题时，教师还需要考虑：①该主题的参观地点是否便利，在探究过程中，实地考察是其中的一个环节，如果实地考察地点就在幼儿园附近，或者是幼儿步行10分钟或15分钟就可以到达，那么，幼儿在探究过程中可以多次去参观。因为在第一次参观后，幼儿往往会产生新的兴趣，新的问题；②幼儿是否具有相应的技能来表达他们的所知及所学等，实施过探究式学习项目课程的教师认为，在选择项目主题时，如果提前考虑幼儿在项目中习得某个概念或技能后，将用什么形式来表达，如绘画、泥塑、假扮表演、建构等，将更会更利于项目的开展。

二、幼儿园探究式学习项目课程的设计策略

（一）设计项目主题概念网络图

当由幼儿浮现的或由教师引发的项目主题确定后，教师可以进行一些项目主题的准备工作。设计项目主题概念网络图是其中的第一步，这张图可以帮助教师思考课程可能发展的方向。

教师设计项目主题概念网络图的方法多样，以下是比较常用的一种方法步骤①。

（1）准备好便利贴。每个人都围绕项目主题进行自由联想，把各自的想法分别写在一张便利贴上。

（2）将便利贴摊在桌子上，对不同的想法进行分类，同一类别的放到一起，相似的类别可以相邻放置。

（3）拿一些不同颜色的纸，为每组观点编写主标题。如果一个组很大，通常可以在主标题下分成两三个小组，再各自附上小标题。

（4）如果年级组几位教师一起设计网络图，他们可以借鉴彼此的想法，以充实自己的提纲。

（5）把写在便利贴上的想法转抄到一张纸上，作为一份更持久的初始记录。建议拿一张大纸，先在纸的中间写下主题的名称，然后向外画放射性的短线，写上每组内容的标题，也可以继续为其他子标题画线，直到列出每一大组和每一小组的所有条目。

图 2-29 为鞋项目主题概念网络图。

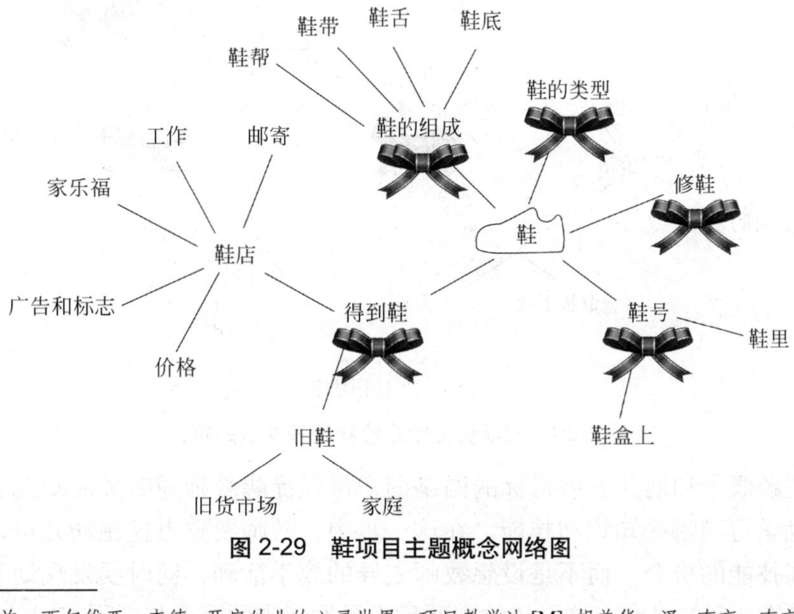

图 2-29　鞋项目主题概念网络图

① 丽莲·凯兹，西尔维亚·查德.开启幼儿的心灵世界：项目教学法 [M].胡美华，译.南京：南京师范大学出版社，2007.

在设计项目主题概念网络图时，教师要聚焦于与项目主题相关的概念，而不是列出可能要进行的与项目主题相关的活动。这个预设与主题相关的活动是在稍后要进行的。熟悉了设计主题活动课程的教师，在这一步时会经常联想到与项目主题相关的活动。如果教师此时难以聚焦于与项目主题相关的概念，教师可以设想自己要为小学一年级的学生设计一本与项目主题相关的图书，在图书中要介绍与项目主题相关的概念。一般教师在给小学一年级学生设计图书时，会包括与项目主题相关的概念，而不是与项目主题相关的活动。

（二）寻找把幼儿发展目标整合进项目的真实机会

在这一步，教师要寻找可以把幼儿发展目标整合进项目的真实机会。参照《幼儿园教育指导纲要（试行)》《3～6岁儿童学习与发展指南》中的幼儿发展目标，思考项目主题概念网络图中的哪一点能自然地、真实地整合进幼儿的发展目标，把幼儿发展目标用另一种颜色的笔写到网络图中的某一概念的旁边。例如，在鞋的项目中，幼儿会遇到的数概念的需求，如鞋的大小、价格、价签。在幼儿遇到鞋的大小、得到鞋的地方、买卖鞋时，幼儿自然地会有使用数字的需求，也就激发了幼儿学习数字、使用数字的动机（图2-30）。

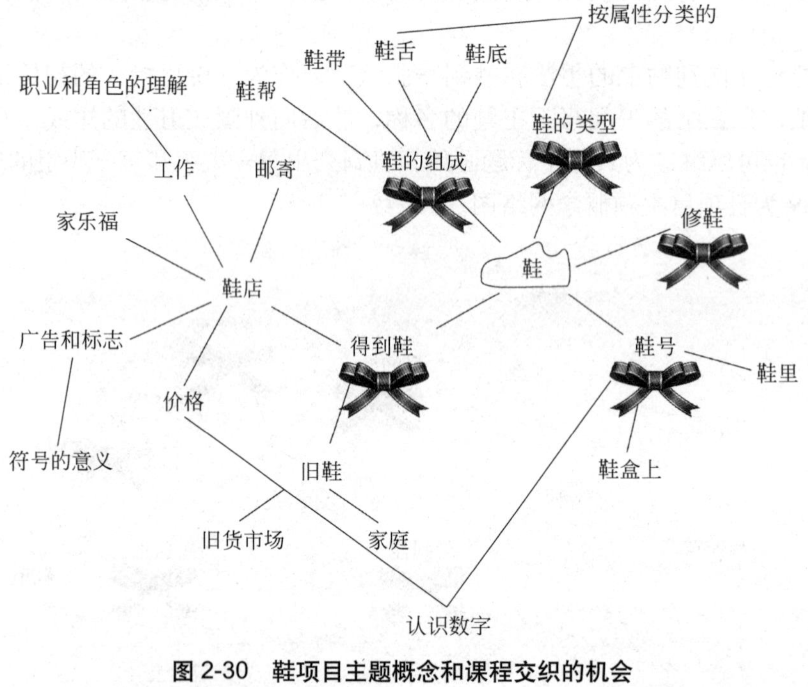

图2-30 鞋项目主题概念和课程交织的机会

带有主题概念和幼儿发展目标的网络图，可以提醒教师随时关注幼儿在项目的哪些地方可以学习到哪些知识和技能。在这一步中，教师要重点挖掘幼儿可以有意义地运用知识和技能的机会，而不是设想教师主导的教学活动；同时要发现幼儿可以感觉到知识和技能有用的机会。这一步的主要目标是发现主题概念与课程交织的地方。

（三）把主题概念和幼儿发展目标联系起来

在这一步，教师要思考如何把项目的主题概念与发展目标联系起来。教师可以利用前两步中做的网络图，用一个蝴蝶结把概念和发展目标联系起来，如图 2-31 所示。

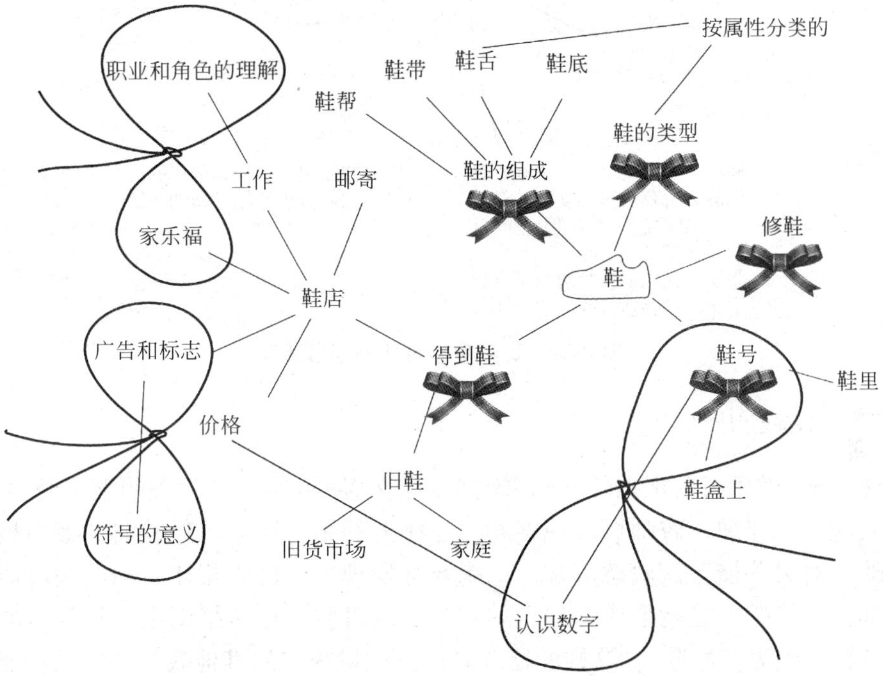

图 2-31　鞋项目中主题概念和幼儿发展目标的联系

（四）思考可能的项目活动

在这一步，教师需要设计一系列可能的、真实的项目活动来激发幼儿的兴趣，把幼儿发展目标与幼儿感兴趣的内容链接起来。例如，教师可以设计一些可能的、真实的学习经验。这些学习经验既可以整合进项目的主题概念和幼儿发展目标，又可以当作帮助幼儿建立共同经验的活动。有些活动可以用在探究式学习项目课程的提出问题阶段，帮助幼儿建立共同经验，决定项目的进展方向；有些活动可以用在探究式学习项目课程的探究与表征阶段，来回应幼儿的兴趣与问题；有些活动，如集体活动或其他活动，可以是教师主导的活动。不管什么活动，教师要确保活动的真实性。例如，教师设计这样的活动，告诉幼儿鞋的号码在什么地方，然后让幼儿在鞋店里按号码对鞋进行分类。尽管这样的活动是教师主导的活动，但它是发生在鞋店的真实的事情，能让幼儿感知到数字在生活中的用处，进而激发他们的学习动机。

在这一步中，教师可以选择一组用蝴蝶结系起来的概念和幼儿发展目标。在蝴蝶结的左边，列出可能要使用的策略，包括要进行的环境上的调整、要设置的激发物、要提出的问题；在蝴蝶结的右边，列出对幼儿的学习期望，如图 2-32 所示。

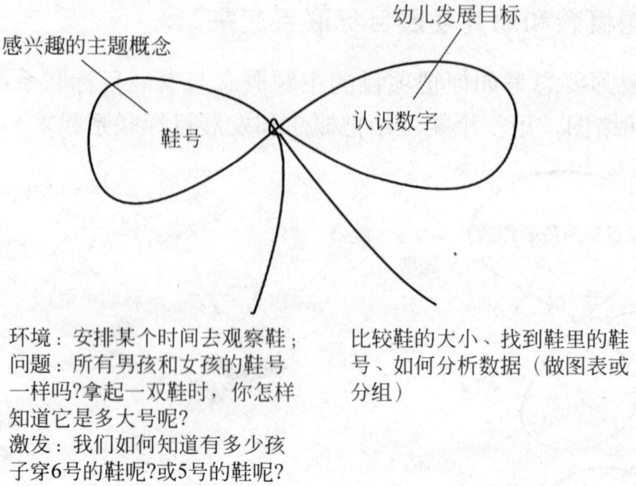

图 2-32　鞋项目中可能的项目活动

（五）追随幼儿的兴趣

在这一步，教师将要根据幼儿的兴趣来调整网络图。第一次相关的学习经验一启动，幼儿的兴趣就会浮现。教师可以观察幼儿在相关的第一次学习经验时的参与情况，发现多数幼儿对哪些概念比较感兴趣。如果教师发现，与鞋店相比，幼儿们对修鞋更感兴趣，那么，修鞋可能就会成为项目的主题。这时候，在网络图上，教师可能会把项目主题“鞋”改为“修鞋”。这样的修改方便提醒班级中的其他教师和家长。当教师把项目主题变更后，有些项目主题的概念和幼儿发展目标仍旧可以用到新的项目主题上，也有些项目的主题概念和发展目标会被删去或进行修改或新添加（图 2-33）。重要的是，要让幼儿进行决策、引导探究的方向，而不是教师。

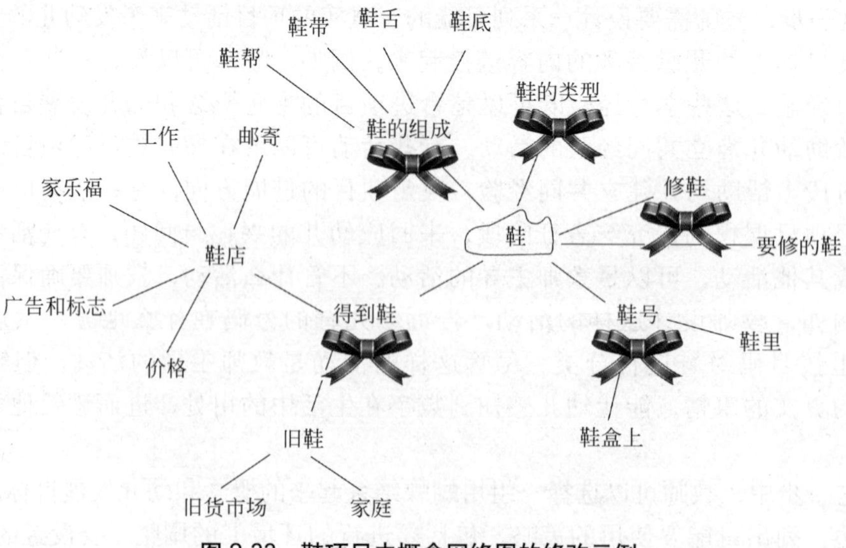

图 2-33　鞋项目中概念网络图的修改示例

探究式学习项目课程设计的最后一步是把项目的主题缩小，聚焦到幼儿的兴趣上。鼓励幼儿提出问题、寻找问题的答案，追随幼儿的引导，这些都增加了幼儿的决策权和参与性。

三、幼儿园探究式学习项目课程的实施策略

从第一章中已经知道了探究式学习项目课程的实施过程中有三个阶段。为确保每个阶段中主要目标的达成，每个阶段又可以细分若干项任务。提出问题阶段主要包括建立共同经验、发现已有经验、提出探究问题。探究与表征阶段主要包括准备活动、探究活动、表征活动。在探究与表征阶段的三类活动可以循环进行。例如，在表征活动中，幼儿们可能会发现新的问题，这时，教师与幼儿们可能又会返回，再次进行准备活动、探究活动、表征活动。直到幼儿对项目的兴趣减弱，或幼儿们的现有技能已不能支持他们进行深入的探究。分享与展示阶段主要包括回顾和讨论、分享与展示活动、项目目标的评估。下面将分阶段说明每项任务的实施策略（图 2-34）。

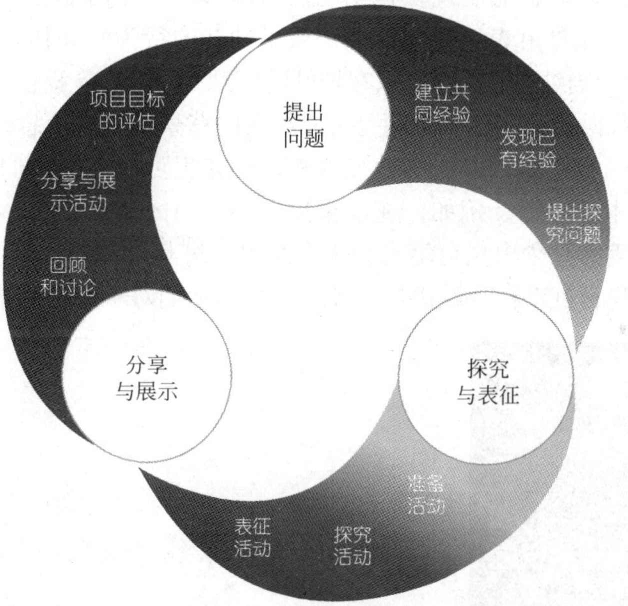

图 2-34 探究式学习项目课程实施过程示意图

（一）提出问题阶段的实施策略

提出问题阶段的主要目的是，通过汇集幼儿已有的相关信息、想法和经历，在参与的幼儿中建立起共同的基础。在这一阶段，教师帮助幼儿建立起对这个项目的共同认识，并设计一系列问题，以引导开展调查。

1. 建立共同经验

由教师发起的主题，或由某些幼儿的兴趣引发的主题，需要教师借助一些策略帮助全班幼儿建构一些共同经验，以使全班幼儿之间进行讨论、互动成为现实，进而全

班幼儿共享一个话题或观点。教师帮助幼儿建立共同经验的途径主要有以下两种。

1）集体活动

分享与项目主题相关的经验或故事。例如，在开展“医院”项目时，教师让幼儿回家问问父母，自己生病时，妈妈或爸爸是如何带自己去看病、如何照顾自己。在第二天集体活动时，教师分享了自己生病、看病的经历，引发幼儿分享的动机。教师也可以邀请某位家长进班给幼儿讲讲自己生病、看病的经历。

阅读及讨论与项目主题相关的图画书。

2）区域游戏

呈现真实物品或仿制品，以诱发幼儿的好奇心。例如，在水项目中，教师在教室里提供水桌，让幼儿自由玩耍。幼儿在玩水的过程中，会自发地谈论起水。这时，教师可以在旁边进行记录，以便判断幼儿对水的现有知识是否可支持全班幼儿共同绘制关于水的主题网络图。例如，在医院项目中，教师在角色区放上医生、护士服装、医用工具套装、一个玩具娃娃等，让幼儿利用这些道具进行自由游戏。当幼儿运用这些物品进行角色扮演时，就能展现及强化他们的理解，也经常能够彼此交换与项目主题相关的观点。在幼儿自由表演时，教师记录下幼儿的行为、动作及语言，例如，小女孩 ××× 在用纸巾当纱布，把纱布系在娃娃的脚踝处，说：“等我包扎好了，就不疼了。”这时，教师就可获得幼儿对这一主题是否有相关的背景知识的信息。

教师在不同区域中提供多样的表征材料，幼儿也可能会将他们所知道的事物绘成图画、搭建成积木作品等。例如，在苹果项目中，当区域活动时，有幼儿看到教师提供的画板，就从笔筒里拿出黑色笔在画板上画出他对苹果树的理解（图 2-35）。幼儿看到灯桌上的沙子和彩色米粒，就用沙画的形式表达他们对苹果果的理解（图 2-36）。

图 2-35　幼儿画苹果树

图 2-36　幼儿做苹果沙画

2. 发现已有经验

当大部分幼儿都已经知道了有关这个项目的基础背景时，教师便能运用更正式的方法找出幼儿已掌握的相关知识。有很多方法可以记录或呈现幼儿的现有知识。常用的方法有两种：列清单和画网络图。

列清单是指在班级集体讨论时教师用列表的形式列出幼儿对主题所知道的内容的清单。这种方法比较简单。但对幼儿的发展来说，却是必要的。当教师把幼儿在讨论时说的话、表达的观点写下来时，幼儿能感受到语言可以用文字的形式记录下来，如表 2-1 所示。

表 2-1　幼儿关于水的已有经验列表

关于水我知道的……
1. 水是流动的，它是液体。
2. 把手放进水里看到的手是放大的。
3. 水是无色的，水是滑滑的，用手握不住。
4. 水是切不断的。

网络图是一种以图示的方式呈现幼儿的观点或问题之间的关系的图形表达形式。画网络图的过程与列清单的过程基本相同。不同的是，画网络图时，幼儿表达的观点或问题以放射状的形式围绕一个中心观点表达出来，如图 2-37 所示。与幼儿一起画网络图的关键在于：是否已经花费足够的时间获得预备知识，并帮助他们建立相关的词汇，以利于幼儿与项目互动及对项目进行思考。

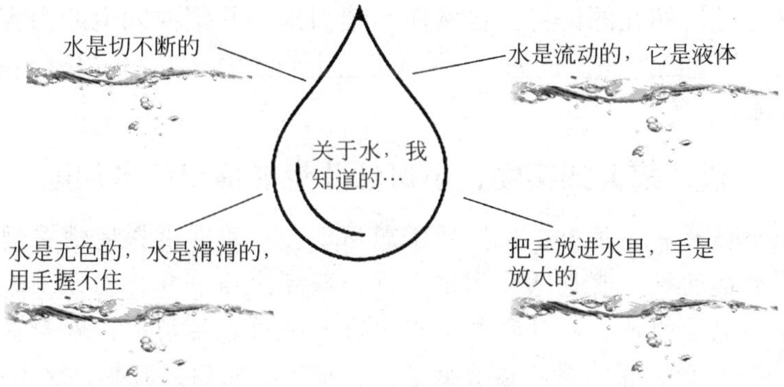

图 2-37　幼儿关于水的已有经验网络图

3. 提出探究问题

与幼儿一起列出第一张问题清单是探究过程的第一步。因为这张清单未来可能会被整理出来的标有新方向的、新兴趣的清单所取代，而问题也会随着答案的出现日益减少。

中大班的幼儿常常能自然地、快速地抛出问题。教师列出所有的问题，便可以奠定他们一起探索的基础。下面是北京市电子城幼儿园的甄瑞阳、朱小青老师在和大班幼儿一起探究水时，幼儿提出的想要探究的问题网络图，如图 2-38 所示。

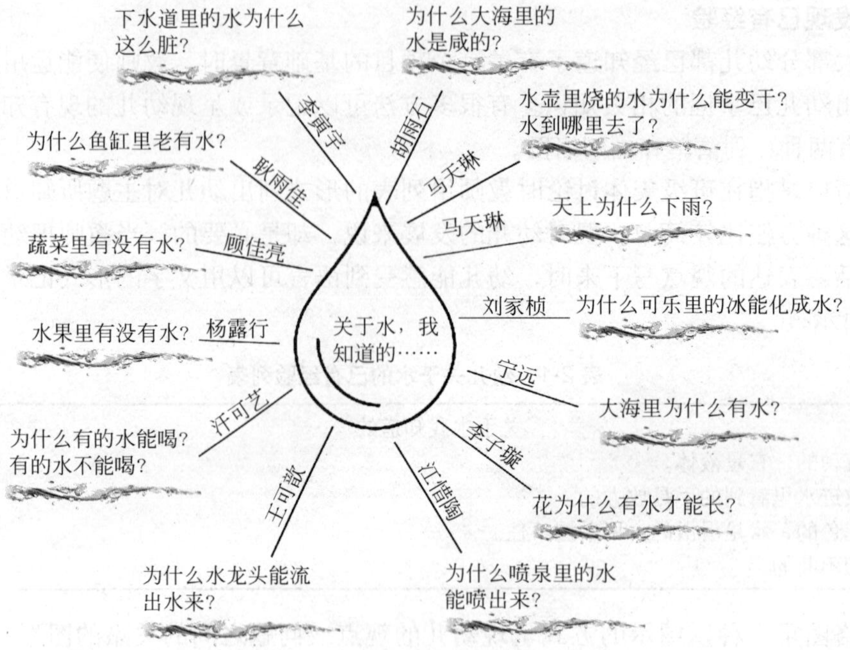

图 2-38　幼儿提出的问题网络图示例

对于小班的幼儿来说，如果直接询问他们想要知道什么，他们可能就会开始讲起故事来。此时，教师可以借助于介绍某件作品与幼儿进行讨论，有意引出他们的想法。“你知道这是做什么用的吗？”“你认为要怎么做才合适呢？”教师也可以拿一本幼儿喜欢的图书，这能触发幼儿的记忆，自然而然地引出幼儿想要知道的内容，教师帮助幼儿把它们组织成问题的形式。例如，“小熊爸爸生病了怎么办？”“医生用什么工具给小熊爸爸检查身体？”等。

借助媒介如实物，小班幼儿也能提出好多问题

这是我们小班开展的第一个探究性主题活动。小班开展探究性主题活动的一大难点就是幼儿不会提问题，我也感受到这一点，确定主题后我把幼儿们集中在一起，问他们，想知道小兔子的什么？（我原来在中班开展项目活动时，就是这样请幼儿们提问的），可是小班的幼儿根本听不懂我的意思，提不出问题。我想，这不是着急的事情，要想个办法使幼儿自然地提出他们想要知道的问题，这才是幼儿们真正的兴趣点。

于是，我和幼儿一起来到小兔子的窝旁，把小兔子抱出来，让幼儿们和小兔子玩一会儿，幼儿们高兴极了（平时总是隔着笼子看小兔子），轻轻地摸兔子，看兔子，这时候两只小兔子凑到了一块，一只大一只小，对比很明显，班上一个幼儿突然抬头问我：“甄老师，小兔子怎么有大的有小的？”瞧！问题自然地出来了，我赶紧记录下来。过了一会，班上的另一位教师叫我们回班里准备吃饭，这时又有幼儿问：“小兔子吃饭吗？”别的幼儿受到了启发“小兔子吃肉吗？”“小兔子吃虫子吗？”“小兔子喝水吗？”……从此，我们探究式主题活动从小兔子开始了。我和幼儿每天来到小兔子家，把它们放出来，

幼儿在和小兔子接触中源源不断地提出问题。他们闻到小兔子窝里发出臭味，就问："小兔子的窝为什么那么臭呀？""小兔子的屎臭吗？"看到小兔子老老实实卧在草地上吃草，就问："小兔子为什么老蹲着？为什么不跳呀？""小兔子跑得快吗？"等，教师及时记录幼儿的问题，经过一个星期亲密接触，我们班的问题表轻松列出来了！

（北京电子城幼儿园　甄瑞阳）

（二）探究与表征阶段的实施策略

探究与表征阶段的主要目的是通过实地考察等方式收集数据和获得新信息，为第一阶段末设计的问题寻找答案。教师的工作重点是使幼儿能够获取新的信息和知识。

1. 准备活动

在准备探究时，教师需要选择一个参观的地点，同参观地点的人员或专家进行沟通，帮助幼儿为参观或专家来访做好准备等。

1）回顾幼儿的网络图和教师预设的网络图

在幼儿发展出想要探究的问题清单或网络图后，很多教师通常会找个时间（问题清单或网络图产生后的一天或两天）与幼儿一起重新回顾问题。回顾问题的主要目的是鼓励幼儿对项目进行深度思考。这种回顾能帮助幼儿随着对项目主题内容了解的深入，进而提出更复杂的问题。回顾前，教师可以将图标、照片或复印图片加入问题清单或网络图，然后展示在教室的某个位置，让幼儿自己发现；或在集体活动时间教师直接展示给幼儿。这种图标或图片的呈现是为了不会阅读的幼儿也能将问题记录在心中。例如，当幼儿提出"这儿有多少轮胎呢？"时，教师就可以在这个问题旁边画一个轮胎的简笔画或贴一张轮胎的照片，以提示幼儿。

除了回顾幼儿的问题清单或网络图外，教师还要回顾自己在第一阶段所预设的网络图。在预设网络图时，教师是预测的，预测幼儿想要了解的内容及问题。这些预测的内容及问题，有些会与幼儿的问题相同，会成为将来课程的内容；而有些内容，可能会因为幼儿的兴趣点不在此而被省略；也有时候，幼儿的兴趣点会集中在教师曾经忽视的某个点上。这时，教师需要将网络图中的主要点圈起来，并将每个点视为计划的重点。如果幼儿问题清单或网络图上的内容与教师预设的网络图内容相差很大时，教师就需要按照前面在探究式学习项目课程设计策略中提到的步骤重新绘制。

2）为实地考察做准备

在探究式学习项目课程中，实地考察是课程的一部分，目的是让幼儿有机会到现场进行现场研究，更投入、更深入地思考主题。这一类的实地考察工作需要教师出发前仔细地准备。

（1）幼儿需要做的准备

实地考察时任务分工的准备。在实地考察之前，教师需要协助幼儿了解到达实地考察地点后谁负责提哪些问题，谁负责描绘哪些东西，谁负责收集哪些资料等。

探究技能的准备。这需要教师提前教授幼儿一些实地考察时需要运用的探究技能，例如，如何向成人提出问题，尤其是向不太熟悉的人提出问题；介绍和练习写生及速写的技巧；使用照相机拍照的技巧；建构及运用材料的技巧，如使用胶带、胶水、剪刀及订书机等，并指导幼儿进行适当的练习。

（2）教师需要做的准备

① 选择适宜的实地考察地点。教师在选择实地考察地点时要谨慎评估考察地点。下面所列的这些问题能帮助教师评估考察地点。

A. 安全性。

a. 幼儿到这个地方参观安全吗？

b. 幼儿在此地探索时，教师照看他们是否存在困难吗？

c. 能够避免交通意外、机器、敞开的水面或其他危险的事物吗？

B. 可探索性。

a. 有没有什么区域、过程或设备能让幼儿自行探索，而不只是听某个人介绍？

b. 幼儿可以爬上去、爬进去或看、推、拉、抬、压按钮吗？幼儿可以大声喧哗吗？

c. 那里有没有工具、机械、交通工具或过程能引起幼儿的兴趣，激发他们的好奇心？

d. 该地点是否有具体的对象可以让幼儿与之互动？这个物品能触摸、搬动、闻或听到吗？

e. 有什么物品能让幼儿们进行小组写生或近距离研究吗？

f. 现场专家的适宜性。

g. 那里有没有负责人充当专家的角色，回答幼儿的问题？

h. 当地的职员是否有年龄相仿的儿子或孙子，他们是否有与幼儿互动的经验，能够为参观的幼儿作说明吗？

i. 物资。

j. 有没有什么可以借出的物品资料如工具、设备、产品等，可将之带回班上做进一步探索？

② 和考察地点工作人员沟通。

确定了实地考察地点后，教师就要和实地考察地点的工作人员进行沟通。沟通的内容主要包括：沟通幼儿学习的方式；说明探究活动对幼儿的重要性，并且说明幼儿的问题从何而来；让工作人员了解幼儿现有的知识以及幼儿对哪些事物有兴趣；让工作人员知道幼儿将如何记录他们在考察地点所学到的事物，比如幼儿可能会运用录音、录像或摄影的方法进行记录；教师也可以询问哪些物资能够借出，可带回教室作进一步探究。

以上是教师与实地考察地点工作人员需要重点沟通的内容，主要目的是助力幼儿的探究活动，让他们在探究时能寻找到自己想要探究问题的答案，并引发更深入的思考，但这些并不是全部内容。以下是教师与实地考察地点工作人员讨论时的主要项目，供教师参考。

a. 关于实地考察地点的安全性。

b. 幼儿探究的重要性。

c. 直接、第一手经验的重要性。

d. 真实物品的重要性，特别是幼儿可以与之互动的。

e. 概述幼儿已经知道和了解的内容。

f. 概述幼儿在学习中有兴趣的内容。

g. 说明幼儿将如何记录所看到的、所想的，以及他们所发现的东西：录音、摄影、资料记录夹、书写或照相。

h. 如何启发幼儿对物品、景象进行绘画或记录。

i. 实物、物资可以借回教室或保留在教室，以供进一步的调查。

j. 导游及有经验的负责人和幼儿沟通的重要性。

③ 与家长志愿者进行沟通

外出实地考察，对于幼儿们来说，既是兴奋的又是容易出现安全事故的环节。因此，外出时，有些幼儿园倾向于让一些家长志愿者参与，一起帮忙照看幼儿。在有家长志愿者参与时，教师需要提前与这些家长进行沟通，既要保证幼儿的安全，又要达到外出实地考察的目的，教师需要与家长进行如下沟通。

a. 提醒大家在实地考察时注意安全。

b. 幼儿探究的重要性，幼儿所提出的问题。

c. 概述幼儿已经知道的、了解的内容，以及他们有兴趣学习的内容。

d. 幼儿接触真实物品以及运用他们感官的重要性。

e. 说明他们可以如何帮助幼儿，记录幼儿所学到的内容（书写、摄影、录音、录像）。

f. 说明观看成人绘画、书写、记录示范的重要性。

g. 幼儿可能写生或记录的项目和景象。

h. 实物、物资可以借回教室以提供进一步的调查。

i. 时间表。

j. 需要特别协助的幼儿的有关信息。

3）为专家来访做准备

探究与表征阶段通常也包括邀请某个领域的专家来访，这通常在实地调查的前、后进行。在实地调查后，幼儿经常会提出很多额外的问题，这时可以邀请一位专家到教室来解答这些问题。同样的，在专家来访之前，教师可以像与实地调查地点工作人员沟通一样和专家进行询问和沟通，并互相启发。

2. 探究活动

探究活动的主要工作是执行探究的实际过程。此时期的探究活动包括实地考察、专家访问、探索第一手资源及二手资源（如书和视频、做实验、调查）等。

1）向专家提出问题

在实地考察情境中或专家来访时，幼儿可以询问那些已经准备好且列在记事板上的问题。需要特别注意的是，教师更应该让幼儿在实地考察的情境中自由地问他们自发产生的问题。这样，幼儿就可以花时间专注在他们感兴趣的事物上，而这些事物可能是在参观前的计划中所无法预测的。例如，在苹果园实地考察时，小朋友们发现了一个袋子系在树上（图 2-39），这时，有有说："可能是苹果的种子。"依依说："可能是苹果皮。”小小说：“是一个长方形的。”果农爷爷过来后，依依向果农爷爷问：“爷爷，那是什么呀？”爷爷说：“这是防鸟的袋子，袋子可以发光，人眼看不见，但会刺激鸟的视觉，从而远离苹果树。”依依继续问果农爷爷：“鸟是怎么吃苹果树的呀，都没看见鸟？”果农爷爷说：“鸟在没有人的时候来。”

图 2-39　苹果树上的袋子

但是，小班和部分中班的幼儿可能无法对感兴趣的事物提出问题。这时，教师需要仔细观察幼儿的行为，及时注意幼儿兴趣萌发的迹象。有些迹象是非语言性的，如停下来注视某物，伸手碰触某物，或者落在队伍之后，此时教师用语言给予协助，帮助幼儿提出自己的问题。

2）实物操作和亲身体验

在实地考察现场，幼儿可以直接操作实物，亲身体验其中的活动，在操作、体验中获得成长。

在苹果园进行实地考察时，慕慕发现了一根长长的杆子（图 2-40），杆子的一头还有一个像手一样的东西，他很好奇地问：“这个杆子是干什么的？”我问慕慕：“你猜是干什么的？”慕慕说：“我猜是摘苹果的吧。”在询问果农爷爷的环节，慕慕第一个发问：“爷爷，这个杆子是干什么的？”爷爷说：“你看！如果这个苹果长得很高，我们够不着就得用这个杆子了。”爷爷说着拿起杆子，将有像手一样的东西的一头伸到长得最高的一颗苹果下轻轻扭动杆子，苹果就掉落在“手”里了。慕慕看到兴奋地拍手叫起来。他问爷爷：“我能试一下吗？”爷爷说：“当然可以啊。”慕慕拿起了杆子，但是杆子太长了，慕慕一个人操作有些困难，旁边的小朋友也来帮忙，但操作还是有些困难，最后在果园爷爷帮助下慕慕用这个工具成功摘下了一颗苹果。慕慕开心极了。

在果园里穿行摘苹果的时候，我们发现有一架梯子立在一棵苹果树的旁边（图 2-41）。老师问：“这怎么还有一架梯子呢？”小朋友们纷纷说：“肯定是用来摘苹果的，因为有的苹果长得太高了够不到啊。”老师问：“那你们想不想试试？”幼儿们纷纷举手，最后有有、慕慕尝试着踩着梯子摘苹果，其他小朋友们帮忙扶着梯子并纷纷嘱咐两个小朋友小心。最后踩在梯子上的小朋友成功摘到了长在树半腰的大苹果。

小朋友们发现：有些苹果长得很低很低，要蹲下来才能摘到；有的苹果和小朋友的身高差不多，伸手就能摘到；有的苹果长得稍微高一些，矮个子的小朋友踮起脚尖也没办法摘到，但是高个子的小朋友可以摘到。欢欢请菲菲帮忙摘到了自己想摘但又够不到的苹果。我们还发现，有的苹果用一只手就可以轻松地摘下来；有的苹果需要小朋友两只手用力才能摘下来。

（北京市朝阳区启明东润双语幼儿园玫瑰分园　孙惠玲）

图 2-40　幼儿发现摘苹果用的杆子

图 2-41　幼儿在苹果园发现梯子

3）观察绘画

在实地考察地点或回教室后进行观察绘画是探究式项目课程的一部分。查德认为，它能实现探究的特殊目的："实地写生包括仔细观察物体以及人们，并剖析物体的部分、过程中的几个阶段或者一个人采取行动的顺序。让幼儿能专注于实地调查，这可以丰富回到教室之后的讨论内容。"

有经验的教师指出，对幼儿而言，画大的东西比画小的东西困难，他们好像不容易将大图像画到一张小纸上。南希·史密斯和绘画研究团体提出：不要告诉幼儿他们要做什么，要让他们建构自己的绘画策略；建议他们在绘画学习时捕捉一系列偶发事件，而不是遵循一个个既定的步骤，建议使用以下可以引起幼儿积极性的策略。

（1）提出一个能把幼儿的注意力吸引到这个主题上的问题。

（2）提出一个可以显露幼儿知识的问题，如"这个叫什么？""这个是做什么的？"。

（3）提出问题帮助幼儿进行联想、澄清误解，激发幼儿对于学习的热情："这些轮子哪里一样？哪里不一样？""哪个部分帮助你驾驶？"

（4）提出问题帮助幼儿在心中清楚地留下一个印象。

（5）提出问题帮助幼儿了解如何将自己的回答在纸上转变成符号和线条（不是教师的解决方法，而是这个年龄层的幼儿的方法）："哪个部分连接轮子？你将如何画出它们的形状？”

(6) 提出问题帮助幼儿转换观察的角度，并且帮助他们开始建构。可以问他们：“你会从哪个部分开始，你如何连接这两个部分？”

4）收集、记录资料

幼儿喜欢用数学符号收集资料。教师可以简化计数和制作图表的过程，让幼儿记录资料并以图表表示，这个方法特别有助于幼儿在探究地点收集资料。简化计数和制作图表的方法是，制作一组相同大小的坐标方格，幼儿可以在格子里做记号或涂上颜色，以表示对一个事物的观察。他们可以通过数数并用简单的、一一对应的方法收集数据以及呈现数量。

幼儿通常对标志或者物品上的字母、数字、汉字有强烈的兴趣。实地调查通常提供多样的机会收集这些标志。幼儿可以把这些标志画下来，也可以仿写，甚至可以将这些标志拍下来，以便回到教室后仿制。

去考察，使幼儿在教室以外的地方获得亲身体验

当幼儿正在通过其自身的经验认识世界时，真正的教育才会涵盖其整个成长过程中。项目活动的实地考察就是这样一个桥梁，在不同的项目活动中去过不同的地方：童装店、花店、超市、面包房、麦当劳等，有的时候甚至来到小兔子窝旁。我们班在研究小兔子的时候，就小兔子如何跳发生了争执，大部分幼儿学小兔子跳是双手当耳朵，双脚进行跳跃，可是班上有一名幼儿说他看见小兔子是四肢着地进行跳跃的，于是我们就和幼儿一起来到小兔子的家，观察小兔子的跳跃情况，果然是四肢着地再跳跃起来，幼儿都像发现了“新大陆”，兴奋地在操场上学起了小兔子的跳跃，并把它们的发现告诉了爸爸妈妈。项目教学让幼儿们不按约定俗成的方式进行思考，帮助幼儿学会用事实说话。

（北京电子城幼儿园　甄瑞阳）

3. 表征活动

1）讨论

从实地考察地点回来后，幼儿常会交流已经学到的东西。有经验的教师指出，举行一次有关这次实地考察的讨论对幼儿是很有帮助的。

在讨论中，幼儿可以分享他们记得的、他们喜欢的、令他们吃惊的以及他们真正感兴趣的事物。幼儿也会讨论他们在实地考察时找到的问题清单或问题网络图上的问题的答案。教师可以趁此把幼儿讨论的内容添加在问题清单或问题网络图上。

在讨论中，幼儿也会通过不同表达方式来呈现他们所学的内容，可能是他们调查时画的记录表，也可能是他们先通过一般性的讨论会变成一个聚焦于某一点的丰富讨论。

教师在讨论中回应幼儿的能力成为决定项目中幼儿收获多少的关键。讨论可以提供及增强幼儿的表达、倾听、交流以及其他沟通的技能，教师可以通过鼓励幼儿在讨论时彼此回应，来支持和加强这些技巧。教师要注意避免教导幼儿直接与教师说话，

以至于使讨论成为轮流对教师说话的能力。

2）用环境来激发幼儿进行表征

在实地考察时，教师拍摄的照片、带回来的实物、录的视频都可以拿出来，作为幼儿回顾与表达的媒介。

把拍摄的照片打印出来，让幼儿自己在主题墙或其他展示板上进行布置。这个展示板可以作为教师与幼儿一起讨论的焦点，讨论时不仅要回顾他们在考察地点做了什么，还要讨论他们学到了什么。在幼儿讨论或独自回顾照片时，教师要把幼儿的话语记录下来。这个展示板在整个项目活动期间都要保留，这样，幼儿可以反复地进行回顾。

从考察地点带回来的实物，可以根据实物的特点摆放在教室的不同区域里，方便幼儿近距离观察、操作。例如，可以触摸、操作的实物可以放在科学区或感知区里，大量的小物件可以放在沙桌或水桌里，易碎物可以放在美术区的展示台上，供幼儿观察绘画。

录制的视频、拍摄的照片可以播放给幼儿看，鼓励幼儿用各种方式进行表征。在幼儿回顾经验时，可以表达出他们在实地考察时学到了什么。这时，教师可以把幼儿的表述增加到幼儿已知的网络图中；幼儿也可以在回看视频时，绘制他们喜欢的部分，或用其他形式进行表征。

北京朝阳区启明国风双语幼儿园的创美老师王萃与大班幼儿一起去了位于北京市大兴区长子营镇的热带植物园进行实地考察。教师在考察过程中发现：幼儿们到达目的地后被门口的大水车、满园的大象雕像、木柱上的图腾、一路悬挂的牛头角等西南少数民族元素所吸引：他们有的对牛头挂饰充满好奇、驻足良久，并提出，这里为什么挂了这么多可怕的牛头？柱子上为什么要画这些“乱七八糟”的图案？很快，幼儿们被园中更多的新发现吸引着离开了门口……直到整个活动结束。幼儿们走出公园大门的时候，他们要求老师停下来，想再仔细看看这些让他们感觉好奇的特殊图案和符号。实地考察回来后，教师把参观时拍摄的图腾照片在多媒体设备上播放给幼儿看，请小朋友们回忆并畅谈当天的所见所闻，大家一起聊一聊图腾里的“小野人”五官特征是什么样的，小煜说：“他们的鼻子好大，皮肤看起来黑黑的。”丫丫说：“他们有的手里还拿着弓箭呢，他们在打猎呢。”有有说：“不对，他们一定是在打仗呢……”小朋友们兴致勃勃地说着每一个图片背后可能发生的故事，听起来简直可以拍一部丛林电影了。这时，王老师说：“你们现在最想做的事是什么呀？”豆豆说：“我们也想制作一个自己的图腾。”于是有些幼儿开始制作图腾。

（北京朝阳区启明国风双语幼儿园　王萃）

3）提供丰富的材料，供幼儿进行选择

丰富的材料主要包括普通的美术材料，如不同的纸、颜料、工具、黏土；可回收的材料，如包装纸、纸盒、纸箱等；自然材料，如石头、木块、泥土等。

教师在提供丰富的材料时，也要考虑准备可供幼儿独立参考用的图书、观察或实验操作的实物。

这些丰富的材料、图书、实物要有序地存放，方便幼儿独立取用。

当教师给幼儿提供了丰富的材料时，幼儿就会思考：自己怎么做出选择呢？自己的能力如何？不同的材料都有哪些作用？哪种材料最能帮助自己达成目标？幼儿的这些选择就能促进幼儿不同能力的发展，也能让幼儿安全地选择自己喜欢的材料，用自己喜欢的方式表征出自己的想法。

4）提供充分的时间，让幼儿学习材料和工具的使用方法和技能

对材料的了解是幼儿使用材料进行表征的前提。如果幼儿知道了泥土摸起来的感觉、泥土如何塑型、用泥土可以做什么、不可以做什么，他就会使用泥土来表征他所认识的实物。如果教师教给幼儿使用某种材料的基本方法，如在使用水彩画画时，需要蘸多少水，如何在玻璃瓶口挤掉画刷上的水等，这就有助于幼儿进行表征。然而，如果教师教给幼儿具体的绘画方法，如发现实物中的图形，这是不利于幼儿进行表征的。艺术教育家 Marvin Bartel 曾区分了教给幼儿美术技能和使用美术材料的方法的不同。教给幼儿使用美术材料的方法，幼儿们在使用相应的材料进行表征时，容易取得成功。

5）鼓励幼儿自己解决问题

幼儿在表征过程中遇到困难时，教师不要急于介入。幼儿在尝试自己解决问题时会学到更多。当幼儿发现自己能找出解决问题的方法，而不是依赖成人时，他们会感受到自己的能力。当幼儿相信自己的能力时，他们就会获得较高的自我价值感。给幼儿提供机会，让他们尝试自己解决问题时，幼儿也会发展出坚持的学习品质。如果教师帮助幼儿解决他们遇到的问题，幼儿没有机会失败时，他们就会认为自己做的任何事情都会成功。如果幼儿形成了这样的信念，那是很危险的，因为他们会形成不切实际的想法，认为自己能够掌控所有的事情。教师要帮助幼儿认识到，他们是有能力的，如果他们需要某种能力，他们就能学会。当幼儿遇到困难，感到沮丧时，教师不要让幼儿放弃，这时教师可以给幼儿提供一种可供他选择的策略，或帮助他寻找一位可以帮助他的伙伴，或指导他换一个角度来思考问题的解决策略。

（三）“分享与展示”阶段的实施策略

在某个时刻，我们会发现：幼儿不再有任何问题，他们的好奇心被满足了，他们需要更深入的探究技巧才能继续进行探究。当教室中显现这些迹象时就表明此时该进入项目的分享与展示阶段。分享与展示阶段的主要任务是决定要与大家分享什么，以及如何交流已学到的知识。

1. 回顾和讨论

回顾和讨论活动是探究式学习项目课程的分享与展示阶段中最有益的部分。在回顾和讨论活动中，幼儿将概述已经学习到的东西。对幼儿而言，有机会讲述他们的所学是很重要的，如此它的意义就会被强化，且对个人来说更具意义。回顾和讨论活动的开展主要有以下几种方法。

1）从讨论主题网络图开始

教师可拟定一个网络图，并将其命名为“我们学到什么”，然后与幼儿一起回顾和讨论。教师也可以使用在项目开始时由幼儿引发的网络图。在探究与表征阶段，教师把问题的答案和额外的概念增加到最初的主题网络中，他可以和幼儿简单地回顾一下主题网络图，并询问幼儿是否要加入其他的概念。在分享与展示阶段，记录增加的事物或讨论主题网络图上的改变都是特别重要的，因为可以借此与幼儿分辨出开始阶段和探究阶段所形成的主题网络图的差异。

2）从回顾作品开始

从回顾作品开始，也是帮助这些幼儿的好方法。幼儿可以边看着自己的作品或是文件档案，边谈论自己学到了什么，课程就会容易进行下去。对于中大班的幼儿而言，让他们看着作品，并且询问他们发现了什么或学到什么，通常会形成一场丰富的讨论。对于小班或表达能力较弱的幼儿，他们在被问到“你学到什么”时会感迷茫。如果问他们：“你发现什么？”或者“当你问有关 ××× 的问题时，×（人）告诉你什么？”有可能会得到较多的回应。

3）从焦点事件开始

如果一本书或照片是引发问题的焦点，它们本身也可以成为讨论的焦点。如果有一面墙用来展示文件档案，就可以在这面墙前展开讨论，它也可以成为一个焦点。

4）以绘画来呈现所学到的内容

鼓励幼儿画一幅新的图画，画出他们在项目中学到的每一样东西。他们可以和教师以及其他参加项目课程的幼儿一起回顾和讨论这些画。幼儿之间可以互相讨论作品，并且可以提醒同伴画得更仔细一些。

2. 分享与展示活动

分享与展示活动是幼儿把他们在这个项目过程中的所学以原初的、个性化的方式分享或展示给他人的一种活动。在分享与展示活动中，幼儿可以看到他们所取得的收获，对自己的探究过程及问题解决能力充满信心；教师可以看到探究的结果，以及项目目标和幼儿个人发展目标的达成度；家长可以看到幼儿在主题探究过程中学到哪些知识、技能，习得哪些品质。当幼儿、父母、教师一起工作、一起庆祝项目完成时，他们会感受到团队合作的快乐，团队的凝聚力。

1）分享与展示活动的对象

教师在设计分享与展示活动时，要将“对幼儿有意义”当成设计分享与展示活动的主要标准之一。对于幼儿来说，教师在与幼儿一起设计分享与展示活动时，首先，要一起明确分享与展示的观众是谁。通常情况下，参加分享与展示活动的观众是幼儿的父母。这时，教师可以问幼儿：“你知道了这么多关于 ××× 的知识，你最想分享给父母什么呢？”邀请幼儿的父母来参加项目结束时的分享与展示活动时，幼儿往往是兴奋的，他们非常期待向父母展示自己的所学。幼儿的父母也期待看到幼儿在幼儿园学到的技能的展示。这对于幼儿园做好家园沟通是非常有帮助的。其次，参加分享与展示活动的观众也可以是幼儿园中其他班级的幼儿。幼儿之间相互分享，幼儿可以看到其他班级正在进行的项目，了解项目的不同开展方式。最后，参加分享与展示活动的人也可以是幼儿园所在的社区人员、实地考察地点的工作人员等。著名的瑞吉欧教育曾把幼儿们做的项目，作为记录，到世界各国巡展，让世界各国都看到了瑞吉欧的幼儿们所开展的项目。

2）分享与展示活动的形式

分享与展示活动的形式多种多样。对于幼儿园阶段的幼儿来说，常见的分享与展示活动的形式主要有展览、游戏、戏剧、音乐、自制图书、报告等。

在探究式学习项目过程中，幼儿产生的作品比较多时，可以用展览的形式进行分享与展示活动。例如，在研究面条时，幼儿用不同的材料表征出他们所了解到的面条；在项目的分享与展示阶段，教师便把幼儿们的作品进行展览（图 2-42），邀请家长来观看幼儿们的作品。有时，为了让家长更了解作品背后的故事，教师会同时向家长做一个报告。

图 2-42　分享与展示阶段的展览

当幼儿们把研究结果用创设游戏环境的形式表征出来时，他们更倾向于用假扮游戏的形式分享与展示他们的所学。例如，在披萨店项目中，幼儿们在考察完披萨店后，自己在班级中创设了一个真实的披萨店。在分享与展示活动时，他们就邀请其他班的小朋友来参观、体验他们的披萨店。

幼儿们在表征探究结果时，更多的是以角色扮演的形式进行表征，在分享与展示活动时，他们更倾向于用戏剧的形式展现。例如，在邮递的项目中，幼儿们在考察邮局后，在角色扮演区也开展了邮递业务。在分享与展示活动时，他们将自己在角色扮演区表演的故事编成一个剧本，最后向家长呈现了一场和邮递有关的戏剧。

在分享与展示活动环节，教师与幼儿一起回顾他们在项目中所学到的内容，有时幼儿们会选择用绘画的形式表达出自己的所学。例如，在葡萄干项目中，幼儿们各自制作了一本小书，向幼儿园中的其他小朋友介绍葡萄干的制作过程。

3. 项目目标的评估

在探究式学习项目活动课程中，教师常从文件档案中推测幼儿的学习状况。他们可能使用发展审核表和轶事记录，或有系统地收集一些幼儿的作品，如学期初、学期末的绘画来完成推论。

教师在一个项目的分享活动完成后，也常常会反思自己在项目开展过程中的收获与不足。在探究式学习项目活动中，教师可以从以下几方面进行反思。

（1）在主题选择时，你学到了什么？这是一个好的主题吗？为什么它适合（或不适合）幼儿调查？

（2）回顾第二阶段，幼儿学到你希望他们学的知识和技巧了吗？

（3）在第一阶段你学到什么？

（4）在第二阶段你学到什么？

（5）在第三阶段你学到什么？

（6）下一个主题，你会做哪些不一样的事？

（7）你会给为相同年龄段的幼儿工作或进行相同主题的教师哪些建议？

探究式学习项目课程实施的三个阶段是为了便于初学探究式学习项目课程的教师学习与应用而进行的人为划分。在具体实施过程中，要根据班级中幼儿的具体情况进行调整。例如，在实施一个由校园突发事件而引发的探究项目时，由于班里的多数幼儿都目睹了事件的过程，这时教师就可以省略建立共同背景知识的阶段，直接进行与幼儿共同绘制已有经验的网络图，进而带领幼儿寻找他们想要探究的问题。三个阶段所需时间也并不是平均使用的。通常来说，探究与表征阶段比其他两个阶段所需要时间要长些。对于年龄比较小或能力较弱的幼儿，在提出问题阶段和分享与展示阶段所需要的时间要比年龄大些或能力较强的幼儿所需要的时间要长些。Sylvia C. Chard 在他的著作 *The Project Approach: Making Curriculum Come Alive* 中给出了一个三个阶段所需要时间的框架比例（表 2-2），教师可以根据本班幼儿的年龄、能力、前期经验等因素，同时参考这个框架比例进行时间上的安排。

表 2-2　不同年龄段，项目的不同阶段所占用的时间比例　　单位：%

年龄段	提出问题阶段	探究与表征阶段	分享与展示阶段
幼儿园	25	50	25
三年级	20	60	20
六年级	15	70	15

三个阶段同样重要。刚开始，我们开展探究主题活动时特别重视探究主题的第二阶段，因为在这个阶段中，幼儿们进行实地考察、讨论和表达都有立竿见影的效果，在家长开放活动中，教师们也比较喜欢在第二阶段中进行开放活动，往往一个探究主题活动中间部分丰富精彩，但是结尾就匆匆结束了。经过一段时间的反思，我们认识到探究主题的三个阶段五个环节都是不能忽略的，贴近幼儿生活的开始会让幼儿们研究得兴趣盎然，多种途径、多种方法和深入的研究过程会让幼儿在学习中掌握各种能力，有效地梳理和提升结尾会让幼儿把新的经验建构起来，形成了虎头猪肚豹尾的效果。所以，我们重新学习了探究主题教学的三个阶段五个环节，了解到每个阶段都有不可缺少的五个环节，并为教学提供服务与支持。放手让教师在自己理解的基础上，大胆地尝试探究主题教学活动的新内容、新途径、新方法，做到以幼儿的发展作为教育的出发点及归宿。给予教师宽松的工作环境及更大的创造空间，一段时间

后，教师们在第三阶段的开展中已经不满足于匆匆结束，而是运用多种方法进行展示活动。

（北京电子城幼儿园　甄瑞阳）

四、幼儿园探究式学习项目课程的环境创设策略

现代教育理论认为，凡是一切能让幼儿主动活动的机会和条件，都可以成为促进幼儿和谐发展的环境。环境就像一位不说话的教师，默默地发挥着它特殊的、潜在的教育作用。瑞吉欧教育将环境比喻成幼儿的“第三位老师”。

McKellar（1957）认为，能成为幼儿“第三位老师”的环境是一个能使幼儿集中注意力、能够激发幼儿进行创造性活动、能适合幼儿独立学习、自主探索的环境。Kerka（1999）认为，能够滋养幼儿学习的环境应能提供给幼儿适宜进行探索性游戏和实验的必要资源与时间，同时幼儿能在其中自由地、主动地进行选择、寻找问题答案，而不是在选择或探索前感到害怕。Duffy（2002）认为，材料展示给幼儿的方式决定着他们如何创造性地使用它们。Fraser（2006）在给教师进行职前培训时将“第三位老师”环境的特点概括为美观、透明、激发主动学习、灵活、促进合作、互动性、将室外可以进行的活动嵌入室内、关系。

在设计探究式学习项目主题课程的教室环境时，教师需要遵循的原则主要有以下几个。[①]

1. 少即是多

创设条理清晰、不杂乱的环境。幼教专业者可以根据一间教室里的东西以及它们的摆放来读出在这间教室里可能会发生什么。幼儿也可以通过教师提供的环境、材料来读懂自己可以在这个环境做什么。我们通过下面的区域摆设（图 2-43），可以猜测出幼儿在这个地方从事什么活动。

图 2-43　简洁的桌面布置

① 安·列文·贝纳姆．早期教育的 12 种绝佳实践：结合瑞吉欧和其他创新方法构建全新早教体系 [M]. 王倩，译．北京：机械工业出版社，2016.

2. 用颜色传达信息

颜色可以吸引注意力。教师想要幼儿注意到什么，就使用“明艳”的颜色。否则，就要使用“安静”的颜色，也就是说要使用那些柔和的素色或者中性色。

3. 用光来增添温馨感

灯光可以是暖色调，也可以是冷色调；可以让教室有吸引力，也可以让教室充满排斥感；可以让人感到舒适，也可以让人感到不自在。暖色调的灯光(深浅不一的荧光管)加上一些临时性的小灯可以使一个空间给人温暖舒适和亲密的感觉。日光对空间的影响非常显著，阳光和阴影的线条都是重要的设计元素。

4. 用相同的形式来弱化次要信息

同样大小、同样形状、同样颜色的容器就像“看不见”的视觉元素，它能弱化一些次要信息，突显幼儿需要关注的信息或元素。如果使用相同的草莓篮子，篮子里的东西就会更加显眼；如果桌子旁边的椅子都是相同的，就可以让人们关注桌子上有什么东西。

5. 用自然物增强吸引力

天然材料，如木材、棉、麻或稻草，可以增加自然的美感、多样性和温度（图 2-44）。它们丰富多样，未遭破坏及其微妙性可以引发幼儿的思考。植物也可以增添吸引力和多样化，填补尴尬的区域，覆盖那些不好看的空间，让直线条更加柔和。

6. 空间位置的可变性

环境布置应该足够灵活、材料应该足够丰富，这样可以让幼儿把简单的空间变得复杂（复杂并不意味着混乱）。家具的重量决定了幼儿是否可以移动它，重新进行不同的组合。小屋或私人空间（图 2-45）可以让幼儿从各种刺激中缓口气，也可以提供个人休息区或者让给两三个幼儿用来培养感情。

图 2-44　用自然物吸引幼儿

图 2-45　幼儿的私人空间

五、幼儿园探究式学习项目课程的家园合作策略

世界各国已经认识到，提升学前教育质量不仅依靠幼儿园的师资力量，还应吸纳家长的力量，充分发挥家长的作用。家长参与幼儿园教育不仅是家园合作，更是推动学前教育事业发展的重要途径与方法。

（一）家长参与的形式

在探究式学习项目课程开展的不同阶段，家长都可以以不同的形式来直接或间接地支持幼儿的探究。归纳起来，家长参与的形式主要有以下几种。

1. 家长义工

家长以志愿者的身份参与支持幼儿探究的服务活动，或就某一个幼儿感兴趣的主题以来访专家的角色参与幼儿的探究过程。

在做医院的项目时，一次，多多悄悄地拉了拉我的衣服说："老师，听诊器是不是能听到心跳的声音？"我说："是啊，你在感知区不是体验过吗？"他神气地说："我知道啊，你知道吗？我爸爸就是专门看心脏的。"我十分惊喜对他说："你知道心脏是怎么跳动的吗？"他说："我不知道，但是我爸爸知道。"我说："那可不可以请你爸爸给我们讲一讲关于心脏的秘密呢？"多多说："当然可以啦！"我在过渡环节的时候，将这一消息告诉幼儿，并问幼儿想知道关于心脏的哪些秘密？安安说："我妈妈是护士，能在医院里面给病人包扎。"我说："那也邀请你的妈妈来幼儿园教小朋友们给病人包扎，好吗？"安安开心地说："好啊！"当天我与多多爸爸、安安妈妈进行沟通，邀请他们准备进班，回答班级中幼儿想要知道的关于心脏的秘密，讲解进行消毒和包扎的技巧，他们欣然同意。

（北京市朝阳区启明润泽幼儿园　郑瑶瑶）

2. 提供资源，支持幼儿在园的探究学习

家长主动借给幼儿园支持幼儿探究的实物、模型、图书等资源。比如，有班级在研究苹果，当幼儿们想榨苹果汁时，有家长知道了这个信息时，就把家里的手摇榨汁机送到了班级里，让小朋友使用。有班级在研究骨头，当家长听到小朋友回家后和家长一起谈论骨头的话题，正好家里有小朋友拍的骨折的CT片，第二天就让小朋友把这张片子带到了幼儿园，老师把片子贴到科学区的窗户上，小朋友纷纷跑过去研究那张片子。

3. 在家与幼儿一起学习

家长在家与幼儿一起阅读关于某个主题的图书、看相关视频，或者讲述自己经历过的相关经验。

蔬菜项目开展时正是9月，新学期刚刚开始。班级中转来一名小女孩汀汀，她对于新的环境、老师、幼儿都需要适应，但探究主题活动开始时她却生病了。在家休息了一周，第二周汀汀来园了，进入教室时，她感觉什么都是陌生的。老师请她选择区域的时候，她不知道要干什么，甚至告诉我，她更喜欢以前的幼儿园。通过观察她一天的表现，我发现她并不是真的更喜欢以前的幼儿园，而是今天她看到小朋友都在区域中专注游戏，但她并不知道小朋友在干什么，为什么这么干。于是我与汀汀妈妈取得联系，告诉她汀汀今天在幼儿园的情况，讲解班级活动的内容。与我沟通后，妈妈在家里与汀汀一起用不同的方式感知蔬菜，同时还看了与蔬菜相关的书籍。第二天汀汀早早来到幼儿园告诉我说："昨天我和妈妈一起剥圆白菜啦，我们还切了蔬菜，可有意思了。”在当天的区域活动中，汀汀主动来到了科学区进行游戏，观察蔬菜种子的异同，并进行记录，评价时她能够主动地介绍她在科学区中的观察以及记录的内容。

（北京市朝阳区启明润泽幼儿园　郑瑶瑶）

4. 在家与幼儿沟通、交流

家长主动分享自己工作中或儿时的经验，引发幼儿主动分享自己在幼儿园的学习体验，让幼儿体会到自己学习的价值，激发其内在的学习动机。

在做图书的项目时，一天早上，班级中一个小朋友突然跑过来告诉我：“老师，我知道图书是怎么做成的了。我妈妈昨天晚上给我讲了。她在出版社上班。做成一本书，需要好多人呢。有的人写故事，有的人给故事画插图，有的人审查故事和插图的内容，有的人检查故事中有没有错别字，有的人把故事和插图排成精彩的版面，最后要印刷厂来帮忙印刷。”听到小朋友说的这些内容。我意识到，家长在家与幼儿进行交流、沟通自己的经历，在增进亲子情感的同时，还能激发幼儿学习的动机。

5. 带幼儿参观社区

家长帮幼儿获取学习资源。

幼儿们在探究鱼时中，想将假扮区创设成花鸟鱼虫市场的样子，但他们不知道花鸟鱼虫市场是什么样子，也不知道如何进行买卖鱼的活动。教师将幼儿们的学习需求发到家长群。月月妈妈说：“孩子们都没买过鱼，也不知道养鱼的方法，那我们带着孩子去市场看看吧。”根据月月妈妈的提议，家长们纷纷带着幼儿去市场观察鱼，丰富幼儿的体验，这样幼儿们在游戏中得心应手。通过家长带着幼儿们参加社区实践活动，幼儿们对于鱼缸内的装饰十分感兴趣，于是，幼儿们在美工区一起制作珊瑚、水草以及鱼缸内的装饰物。幼儿们在区域活动中都十分投入。

（北京市朝阳区启明润泽幼儿园　郑瑶瑶）

（二）促进家长积极参与的策略

1. 有效利用记录，让幼儿的学习看得见

记录，更多的是教师观察幼儿之后做的记录，但有时，幼儿参与的、自己做的记录对幼儿的意义更大。在探究式学习项目课程中，观察、记录已成为教师生活的一部分，它既是教师评价幼儿的一种媒介，也是架起家园沟通的桥梁。家长通过记录，看到了自己幼儿的发展、进步，更加相信教师的专业性，更愿意参与幼儿园组织的各类活动。

随着大班幼儿绘画表达能力逐渐增强，他们开始写画自己的区域计划本（图 2-46）。经过一段时间的观察，我们发现每天下午幼儿都很自主地做着计划本，用自己的方式记录自己的成长计划与点滴变化。还有的幼儿把计划本带回家分享给爸爸妈妈。爸爸妈妈在倾听的过程中体会到幼儿的快乐与成长。小小的计划本搭建起亲子之间的活动桥梁，见证了亲子间的幸福时光。

对于幼儿在幼儿园的状况与表现，家长尤为关心。一次离园时烁烁的妈妈拉着老

图 2-46 幼儿写画的区域游戏计划

师讲："烁烁最近可爱去建构区了，但他也说自己的搭建技术不太好，还需要提高一些。还说这样他的剧院就能搭得更漂亮了。"很普通的一次对话，我意识到原来这个计划本里还可以反映出这么多的问题。接下来的日子，我一方面丰富烁烁的搭建经验，另一方面邀请平时搭建技术比较好的小朋友来帮助他一起搭建。渐渐的烁烁搭建的剧院越来越漂亮。我将他搭的剧院发给烁烁妈妈看，烁烁妈妈兴奋地告诉我："短短几天的时间，烁烁的搭建水平增长了这么多，现在他每天都会兴奋地告诉我，今天他在建构区是怎样一步一步搭建，又是怎样一步一步成功的！他一边兴奋地跟我讲着一边畅想着明天要怎么做得更好。"烁烁妈妈脸上洋溢的笑脸是对烁烁成长的欣喜，也是对我们教师的一种肯定，更让我体会到作为教师的那种幸福。通过小小的计划本，我知道未来的日子我可以通过这个计划本指导更多的幼儿进步，见证更多的幼儿成长！

我想，这个计划本不仅仅是幼儿的区域游戏日记本，反映幼儿的成长轨迹；也是家园之间的沟通联系册，家长在见证幼儿点滴成长的同时更加认可教师的工作，实现了家园间的有效沟通与合作；而且更像是教师的观察记录本，通过这个计划本了解每一个幼儿的区域游戏状况，从而有助于教师适时地调整区域游戏设置及其内容，并对幼儿进行有针对性的指导。不禁感叹，原来小小的计划本如此富有价值！

（兵器工业机关服务中心幼儿园　和佳静）

2. 利用主题家长会，让家长明白探究式学习项目课程是什么

主题家长会是教师针对探究式学习项目课程中的某一方面，在开家长会时让家长在体验、分享、交流活动中了解这一方面的内容，进而理解探究式学习项目课程是什么。

北京市朝阳区启明东润双语幼儿园玫瑰分园实施探究式学习项目活动课程的第一学期，在学期初的家长会上，教师以主题家长会形式，让家长在体验、讨论分享中感知记录在探究式主题活动课程中的作用，记录对幼儿、教师、家长的意义，进而让家长了解探究式学习项目课程是什么。

参加完主题家长会，家长纷纷表示，通过这个活动，真正了解了探究式学习项目课程是什么。

阿牛妈妈：感谢老师们为今天家长会的精心准备，让我对探究式课程有了直观的认识，也对这学期幼儿在幼儿园的生活更加期待。

刘子骞妈妈：这是一次与众不同的家长会，让我们更直观地感受到了研究式课程对幼儿们的影响，也意识到作为家长我们很容易忽略掉的幼儿们那些具有创造性的行为。

妞妞妈妈：这次家长会形式创新，反响也特别好，家长的参与度非常高。相信出席的家长都有切身体会。大家都对探究性课程有了深入的了解及认同。

3. 利用家长信、家长会等形式，让家长明白在探究式主题活动课程中他们可参与的方式有哪些

家长信是教师与家长用书面文字进行沟通、交流的方式；家长会是教师与家长直接进行面对面有声语言交流的方式。这两种沟通、交流方式没有优劣之分，但每种都有其优势与不足。教师可以根据时机、自己的沟通风格、本班家长的特点进行选择。

在苹果项目开展前，教师就向家长发送了一封家长信，让家长了解本班要探究项目的主题及家长在这个项目中可参与的方式。在家长信发出后，有的家长就向班级老师推荐了幼儿园附近可以让小朋友采摘的苹果园，有的家长告诉班级老师自己会做苹果蛋糕……

各位家长：

大家好！新学期开学快两周了。在探究材料、环境的过程中，幼儿们的兴趣点逐渐显露。他/她们发现了幼儿园的苹果树。“看！这个苹果都红了。”“是啊！这个苹果都烂了，不能用手碰的，我们得用树枝，要不然手都坏了。”“没事啊！你看我拿就没事啊。”

现在，正是苹果成熟的季节。几乎每个家庭、每个人都吃过苹果，苹果是幼儿、教师、家长们都熟悉的事物。因此，我们班要一起深入研究苹果。在幼儿与教师一起探究苹果主题时，家长们也有多种途径可以参与幼儿的探究过程。

相信每位家长都有或听过与苹果有关的故事。请您与幼儿进行分享。比如，您小时候与朋友一起采摘苹果的经历，您用苹果做食物的过程，您听过的和苹果有关的故事，等等。您可以把这些经历写成故事分享给我们，让我们与幼儿们一起来享受这一美好的经历。

如果您知道北京周边有可供幼儿采摘的苹果园或其他与苹果相关的社会资源，您也可以推荐给我们。

如果您有任何与苹果相关的技能，如制作苹果派、苹果蛋糕等，欢迎您来园参与班级的活动，与幼儿们一起尝试制作。

晚上，请您抽出些时间，鼓励幼儿谈谈他们参与苹果主题的经历。在主题结束时，我们会邀请您来参与班级的分享与展示活动。如果您有与苹果相关的上述资源，欢迎您及时联系我们。期待与感激您的参与。

（北京市朝阳区启明东润双语幼儿园玫瑰分园　孙惠玲）

思考题

（1）幼儿园探究式学习项目课程设计与实施的基本原则有哪些？

（2）请寻找一个感兴趣的主题，按照幼儿园探究式项目学习课程实施的策略体验一个项目的开展过程。

第三章 幼儿园探究式学习项目课程的评价

学习目标

(1) 了解幼儿园探究式学习项目课程评价的取向。

(2) 了解幼儿园探究式学习项目课程实施过程和实施效果的评价方法。

学习重点

(1) 运用“探究式学习项目课程实施检核表”评价幼儿园探究式学习项目课程的实施过程。

(2) 运用“三个窗口”的理论框架评价幼儿园探究式学习项目课程的实施效果。

概　述

本章简要地阐述了幼儿园课程评价的基础知识和幼儿园探究式学习项目课程的评价取向；介绍了幼儿园探究式学习项目课程实施过程和实施效果的评价方法，旨在通过本章的学习，让未来的教师了解幼儿园探究式学习项目课程评价的主要方法。

第一节　幼儿园探究式学习项目课程评价概述

一、幼儿园课程评价的概述

幼儿园课程评价就是一种以幼儿园课程为评价对象的特殊的认识活动，它是针对幼儿园课程的特点和组成要素，收集相关信息，对幼儿园课程的价值、适宜性、效益做出判断的过程。

二、幼儿园课程评价的主体

幼儿园课程评价的主体即课程评价的实施者。《幼儿园教育指导纲要（试行）》中指出，“幼儿园教育工作评价实行以教师自评为主，园长以及有关管理人员、其他教师和家长等参与评价的制度。”“管理人员、教师、幼儿及其家长均是幼儿园教育评价工作的参与者。评价过程是各方共同参与、相互支持与合作的过程。”在这些主体中，教师和幼儿是主体中的主体。

三、幼儿园课程评价的客体

幼儿园课程评价的客体是指课程评价的内容和范围。它包括课程方案的评价、课程实施过程的评价和课程实施效果的评价。

课程方案的评价主要指教育主管部门或幼儿园在比较选择课程时，对备选课程方案的课程理念、课程结构、课程资源等要素的科学性、合理性、可操作性等特点进行分析和判断，以便决定是否采用或推广。

课程实施过程的评价是指了解幼儿在课程活动中的反应（主动性、参与程度、情绪等），教师的态度和行为（对儿童的控制程度、管理方式，教师的教育机智和技巧等），师幼互动的质量，学习环境（条件和利用方式）等。

课程实施效果的评价主要通过幼儿的发展、教师的行为这两个方面作出评价。幼儿的发展是指幼儿掌握与课程相关的具体知识的情况，在学习活动过程中的态度、方法、行为方式等。教师的行为是指教师从设计、准备直到实施每一个阶段所进行的各项教育教学工作，包括工作的技巧和态度。

四、幼儿园课程评价的取向

课程评价的取向是指每一种课程评价所体现的特定的价值观。幼儿园课程评价的取向是对幼儿园课程评价的本质的概括，它支配着课程评价的具体模式和实际操作。

在我国幼儿园课程改革的过程中，课程评价取向经历了从静态到动态、从重结果到重过程、从微观到宏观、从单一到多元、从社会本位到社会与儿童本位相融合的变化历程。受后现代文化思潮的影响，课程评价的思想内涵也随着后现代对人、对知识以及对儿童学习等方面认识的不同而逐渐发生转向。①

1. 评价对象和范围的转向：从评价课程转向评价人的发展

幼儿园课程评价的对象和范围属于“评价什么和评价谁”的问题。课程评价既要包括对课程方案、课程实施过程、课程效果等“事件”的评价，也要包括对教师和儿童等“人”的发展性评价，而且更多指向于儿童的学习和教师的教育教学。

2. 评价方式的转向：从外部评价转向内部评价

“把丰富的质还原为量，把复杂的教育现象简化为数字”，这种外部评价模式抹杀

① 李传英，杨晓萍．论幼儿园课程评价取向的后现代转向 [J/OL]. http://www.06abc.com/topic/20111130/86099. html.

了教师和儿童的个性，评价变成了仅仅是为了向有关部门反映“数据事实”，忽视了人在参与课程活动时的价值和体验，使之成为评价的附属品。这是一种狭隘的和静态的评价发展模式，它不是用动态、理解、现场的方式去诠释，作为直接参与课程的“局内人”成为评价者的批判对象。

如果这种外部评价能够转向课程实践者的内部评价，即园长与教师之间、教师与教师之间、教师与儿童之间、儿童与儿童之间的自我评价和相互评价，直面他们实际遇到的事件和结果，也许就不会再出现诸如“教师教得不好”“儿童发展迟缓”这样的消极评价。此外，内部评价还有利于激发师幼在教学活动中的创新精神和潜在能力，鼓励师幼以对话、反思的形式积极开展自我评价。

3. 评价目标的转向：从诊断与甄别转向共同发展与进步

现代课程评价的标准超越了精确性、稳定性，倡导动态性、模糊性和开放性，主张评价主体多元化，主张评价由师幼共同进步、相互作用，通过批评和对话发展个体的智力和社会能力。在这种理念的影响下，课程评价的目标应转向注重发展的差异性、促进师幼共同进步。幼儿园课程评价要为师幼共同发展提供条件，尊重和体现个体差异，激发个体的主体精神，以促进每个个体最大化地实现其自身价值。

4. 评价标准的转向：从追求质量提升转向追求意义生成

幼儿园课程在关注儿童各个领域发展的同时，还要关注儿童个体对生命价值的认识和自我实现，关注教师的职业幸福感。因此，幼儿园课程评价标准应从主要关注质量到主要关注教师与儿童的生活意义、生命价值，在此基础上追求意义的生成。由此，幼儿园教育质量也会得到提升。

五、幼儿园探究式学习项目课程评价的取向

幼儿园探究式学习项目课程是幼儿和老师一起就幼儿感兴趣的题目进行持续的、深入的调查研究。他们所选择的题目都是幼儿周边生活环境中经常见到的人、事、物。他们所做的调查是孩子为寻找问题答案而进行的各种类型的研究过程和研究程序。这些问题包括幼儿个人、幼儿们一起、幼儿和老师一起提出的问题，也包括在调查过程中提出的问题。因此，幼儿园探究式学习项目课程评价的取向更倾向于后现代文化思潮的评价取向。

（1）幼儿园探究式学习项目课程的评价既要注重对课程实施过程和实施效果等“事件”的评价，又关注对教师、儿童等人的发展性评价。

（2）幼儿园探究式学习项目课程的评价更注重内部评价，园长与教师之间、教师与教师之间、教师与儿童之间、儿童与儿童之间的自我评价和相互评价。

（3）幼儿园探究式学习项目课程的评价更注重发展的差异性、促进师幼共同进步。

（4）幼儿园探究式学习项目课程的评价更关注教师与儿童的生活意义、生命价值，在此基础上追求意义的生成。

第二节 实施过程和实施效果的评价

实施科学是研究者为了解决询证干预方法向实践应用推广过程中面临的问题而提出的一门新兴交叉学科；其目的是研究如何使询证干预方法能够快速、便捷、低成本地被一线服务递送人员所掌握和运用，让目标人群更迅速地受益，让受益的人群更广。实施的忠诚度是指项目的实施在多大程度上与项目设计者的初衷是一样的，是干预项目与预期结果之间关系的潜在调解者。

本书中的幼儿园探究式学习项目课程是指丽莲•凯茨和西尔维亚•查德所研究的项目课程。为了保证探究式学习项目课程的实施与该课程设计者的初衷保持一致，与丽莲•凯茨和西尔维亚•查德一起研究项目课程的研究者、实施者、培训师 Sallee J. Beneke 认为，如果能保证探究式学习项目课程实施的忠诚度，探究式学习项目课程就能有效地帮助教师实现促进班级中每一个幼儿发展的目标。因此，监测探究式学习项目课程的实施过程对评估其实施效果来说是非常重要的。

因此，本节主要从探究式学习项目课程实施过程的评价和实施效果的评价来简单说明幼儿园探究式学习项目课程的评价方法。

一、探究式学习项目课程实施过程的评价

如前所述，幼儿园探究式学习项目课程的评价更注重内部评价，即园长与教师之间、教师与教师之间、教师与儿童之间、儿童与儿童之间的自我评价和相互评价。Sallee J. Beneke 为了帮助那些想实施探究式学习项目课程而又没有导师进行指导的教师，设计了“探究式学习项目课程实施检核表”。教师可以从“探究式学习项目课程实施检核表”获得实施探究式学习项目课程的想法，也可以以“探究式学习项目课程实施检核表”为基础与同事、领导进行交流、讨论。

“探究式学习项目课程实施检核表”共有 52 条指标（表 3-1）。这 52 个项目包含了前面所讲述的探究式学习项目课程实施过程中的所有要素。教师可以使用“探究式学习项目课程实施检核表”来指导自己实施幼儿园探究式学习项目课程。在项目开始前，教师可以复习提出问题阶段中的所有指标，用这些指标来激发自己的想法，并在右侧栏中的空白处写上在提出问题阶段可能开展的活动。随着项目的开展，教师可以定期回看检核表中的指标，并记录下每条指标在实践中是如何实施的。教师在记录时，最好写上日期。对于每条指标，教师需要填上“是”“否”或“不适用”来说明每条指标是否进行了实施。

当然，在探究式学习项目课程中，教师不需要实施检核表中的每一条指标，因为并不是每个项目都要使用项目课程的每个方面。比如，关于婴儿的项目，可能来自于孩子们的自发游戏中，他们宣称自己的妈妈怀孕了。因此，这时教师就没有必要再介绍这个项目的主题了。又如，在农场的项目中，项目可能需要安排一次去农场的实地考察活动，然而在虫子的项目中，实地考察工作在幼儿园的户外就可以进行了。当然，在一个项目中，检核中的指标被实施得越多，项目在每个阶段上获得成功的可能性越大。

表 3-1　探究式学习项目课程实施检核表

活　　动	填写：是、否、无	请记录您实施的活动及实施日期
提出问题阶段		
1. 基于孩子们的兴趣、课程标准（《3～6岁儿童学习与发展指南》《幼儿园教育指导纲要（试行）》）或者突发事件，选择确定一个主题。 注：突发事件如孩子们之间谈论的话题；一个突发事件如新生儿出生；小区建设项目		
2. 选择的主题符合选题标准		
3. 和同事一起制作教师主题网络图		
4. 选择主题的某一方面作为主题的起始点（例如：最有可能引发孩子兴趣、促使孩子进行一手调查的方面）		
5. 头脑风暴，列出即将收集的开放性材料清单（例如：纸张、盒子、管子、盖子等）		
6. 头脑风暴列出即将收集的儿童参考资料清单（例如：幼儿图书、非虚构类图书；带有图表和照片的成人使用手册；杂志或小册子）		
7. 开始收集孩子们可以用来收集信息的材料和工具		
8. 头脑风暴，列出一张孩子可能在参与这个项目中学习到的词汇、术语（与主题相关的工具、流程、对象或工作等词汇）		
9. 在集体活动的区域附近确定一块墙面，作为展示项目进展的“项目记录板”（例如：低矮的公告栏，在集体活动时幼儿可查看和参考的墙面）		
10. 策划、实施一个开放的事件，引发对主题的讨论（例如：一个简单的故事；与主题相关的书籍；展示与主题相关的实物、相片或海报等）		
11. 在大纸上，用网络图的形式记录孩子们关于主题的相关知识。这张网络图之后张贴在了“项目记录板”上		
12. 向家长解释项目教学的开展方式（例如：写一封说明信；召开信息会；发送相关信息的链接）		
13. 通知家长项目已经开始了，提出家长可帮助项目实施的方法（例如：提供一些材料、道具、专业知识）		

续表

活　　动	填写：是、否、无	请记录您实施的活动及实施日期
提出问题阶段		
14. 为孩子们提供机会，思考、表征关于主题的已有经验（例如:线描画、颜料画、雕塑、假扮、口语表达等）		
15. 开始生成可能的来访专家清单和可能的实地考察地点的清单		
16. 通过大组或小组讨论发现孩子们关于主题想要了解的问题（例如：你想知道什么？）并进行记录		
17. 选择 1 ～ 2 个问题，请孩子们预测答案		
18. 选择 1 ～ 2 个问题，询问孩子怎样找到这些问题的答案		
19. 持续不断地捕捉孩子们的问题（例如：大组或小组讨论中；每日的常规活动中）		
20. 在“项目记录板”上展示孩子们已有的经验网络图、问题，以及第一阶段的作品（例如：艺术作品、相片、前书写等）		
21. 继续定期告知家长项目进展情况（例如：简报故事；写给家长的便条；电话沟通等）		
22. 提供材料，帮助孩子们通过直接探索更好地理解探究的主题（例如：与主题相关的真实的物品，如工具、配件、零件以及样品等）		
23. 提供与主题相关的材料，帮助孩子通过实验更好地理解主题（例如：混合、触摸、切割、链接 / 捣碎、烹饪、组合、拆分等）		
探究与表征阶段		
24. 提供与主题相关的道具，帮助孩子们通过在娃娃家和搭建区的假扮游戏更好地理解主题（例如：帽子、制服、设备、工具、配饰、标志、组件、照片）		
25. 提供开放性的艺术材料，让孩子们使用这些材料表征对主题的新理解（例如：各种纸张、纸板、胶带 / 胶水、订书机、纸壳管、纸板箱、黏土、颜料）		
26. 准备教师和 / 或儿童制作的单词卡片。卡片上面有插图，放在班级单词墙和书写区（例如：儿童可以提出新的与主题相关的单词，儿童或教师将单词写到卡片上，儿童来画插画）		

续表

活　　动	填写：是、否、无	请记录您实施的活动及实施日期
探究与表征阶段		
27. 教孩子通过绘画的方式来记录信息		
28. 给孩子读具有事实信息的书，向孩子介绍新的词汇（例如：儿童参考书、非虚构类书籍、建立在事实信息基础上的故事）		
29. 教孩子用板夹和笔记录他们的观察		
30. 教孩子如何进行调查		
31. 在搭建自己或他们的三维建构物前，请孩子们画一个草图		
32. 鼓励孩子去寻求伙伴的帮助，或利用同伴的专长（例如：邀请一个擅长使用锤子的朋友来帮自己把板子连在一起；请别人帮忙扶着胶条，自己来剪）		
33. 问开放性问题来引发更深入的思考。(例如：是什么让你这么认为的？你怎么才能做到这个呢？我们还可以尝试做什么？你觉得如果我们……会发生什么？)		
34. 定期邀请孩子为"项目记录板"增加新的内容（例如：新的词汇、图表、样品、小故事、对话、照片、实物、绘画等）		
35. 定期给孩子机会回顾网络图上的知识，增添新的知识		
36. 定期给孩子机会回顾问题列表，记录新的发现、增添新的问题		
37. 邀请专家来到教室中，给孩子提供项目的背景知识、回答孩子的问题		
38. 给孩子提供实地考察的机会（例如：不管是在考察现场还是离开考察现场后，仔细观察与活动主题相关的内容）		
39. 让孩子准备好在实地考察中提问（例如：把孩子要问的问题写在卡片上，给孩子练习问问题的机会）		
40. 让孩子用不同的方法总结、可视化他们找到的答案（例如：画表格、画示意图、画图表）		
41. 问孩子们想要做些什么来展示他们学到的知识（例如：大型搭建、游戏景观、壁画或其他）		
42. 请孩子说出他们对于表征活动的计划（例如：他们到底想要做什么？他们要怎么做？他们需要什么材料？谁来做什么？）		

续表

活　　动	填写：是、否、无	请记录您实施的活动及实施日期
探究与表征阶段		
43. 定期邀请回顾孩子更新他们的表征活动计划（例如：一周 2 ～ 3 次）		
44. 提供足够的时间和空间让孩子创作表征作品（例如：至少一个小时不间断的时间，规划作品制作区域和 / 或学习中心让小组成员可制作表征作品的不同部分）		
45. 提供多种开放性材料，让孩子使用他们进行建构		
46. 教孩子能帮助他们完成项目的新技能和策略（例如：写作、描、粘贴、测量、钻、钉，缝、粘或折）		
47. 表征作品某一方面的制作，超出了孩子的能力范围，要给孩子提供适当的支持（例如：锯木、剪钢丝、缝布料）		
分享与展示阶段		
48. 询问孩子想要如何庆祝他们的成就（例如：一个家庭公开日，邀请其他班级来参观，在公共区域展示自己的作品）		
49. 邀请孩子来为分享与展示活动做详细的计划（例如：决定邀请谁，决定当天会发生什么，制作展示，设计邀请函，和 / 或做海报）		
50. 支持孩子去实施自己为分享与展示活动的计划（例如：邮寄邀请函，准备茶点，和 / 或和行政人员进行沟通）		
51. 整理出包含重要事件的整个项目的记录（例如：项目是怎么开始的？孩子的问题是什么？有哪些重要事件？有哪些挑战？有哪些孩子从中获得显著成长？这个班级收获了什么？达成了哪些发展目标？）		
52. 总结项目，和家庭、管理层沟通项目信息（例如：在楼道展示记录，和 / 或给家长寄一份报告或笔记）		

二、探究式学习项目课程实施效果的评价

教育评价通常分为正式评价和非正式评价。正式评价是指建立标准化常模的评价方法，如传统的标准化测验。非正式评价的一个共同特征是更为注重用质性的方法来

描述发生在特定情景中的行为。真实性评价是非正式评价中越来越受大家关注的一种新的评价范式，它是一种为矫正标准测验的弊端而使用的质性评价，测量“可依赖的、可持续的21世纪型学力”的评价。维金斯说，这是评价的一种理想状态。当直接探讨幼儿面对有价值的课题表现时，评价才是真实的。这种表现性课题与解决预先决定了标准答案的问题的标准测验迥然不同。表现性课题属于最复杂的能够体现儿童学习实际成绩的内容。①

在真实性评价中，最普遍的是档案袋评价。所谓档案袋评价，是指为了促进儿童的学力形成，收集能够进入档案袋的资料与信息。所以，“档案袋”意味着每一个儿童的学习过程及其成果的信息与资料，长期地、有目的地积累起来的积聚物。它不是儿童作品单纯的文件夹，而是可以作为儿童学习足迹的资料，具有某种目的、按照时间序列、有计划地收集的。

幼儿园探究式学习项目课程的评价既要注重对课程实施过程和实施效果等“事件”的评价，又关注对教师、儿童等人的发展性评价；更注重内部评价，园长与教师之间、教师与教师之间、教师与儿童之间、儿童与儿童之间的自我评价和相互评价；更注重发展的差异性、促进师幼共同进步，更关注教师与儿童的生活意义、生命价值，在此基础上追求意义的生成。

因此，探究式学习项目课程实施效果的评价更适宜采用真实性评价的方法，尤其是真实性评价中的档案袋评价方法。在档案袋评价方法中，最重要的是收集能够进入档案袋的资料与信息。在瑞吉欧教育中，这些收集的资料与信息叫作记录。

通过这些记录，可以看到幼儿在项目过程中所发生的学习、监测每个幼儿的成长与发展，评估幼儿的进步。教师自己也可以利用记录，促进自己的专业成长。记录可以为教师调整、修改教学策略提供依据；教师在加深对幼儿的深入理解后，也能想出新的教学策略。擅长记录的教师可以在设计教育活动时、与幼儿与家长互动时、给幼儿提供支持时，做出适宜的决策。

在探究式学习项目课程实施过程中，教师在收集、展示记录时，需要借助三个窗口的概念性结构聚焦于对记录的讨论与反思。

三个窗口的概念是一个理论框架，它能帮助教师决定记录什么、何时进行记录、记到什么程度？记录如何展示。这三个窗口分别是儿童发展的窗口、学习经验的窗口和教师自我反思的窗口。

（1）儿童发展的窗口为教师记录幼儿个体的成长与发展，与他人分享幼儿个体的成长与发展提供了一个框架。对于这个窗口中的记录，教师要聚焦于幼儿个人的作品或小组活动中幼儿个人参与的部分。作为记录的幼儿个人作品，包括幼儿的绘画、书写、建构或音乐等。教师收集的记录越多，教师就越能精准判断幼儿的发展水平，就越能为教学设计做出正确的决策。作为儿童发展窗口的记录，还包括幼儿的自我反思。这些自我反思可以是音频的形式或视频的形式、轶事记录、幼儿个人做的网络图或列表、

① 钟启泉.“真实性评价”的由来与做法[J].基础教育课程，2017（17）：84-85.

集体活动中幼儿个人对小组的贡献等。

(2）学习经验的窗口是教师记录班级中发生的某个学习经验、向他人分享班级中的某个学习经验对幼儿的学习所产生的影响时采用的一个框架。当教师进行记录的目的是为了与他人分享与展示班级某个学习经验在知识、技能、情感、态度等方面给幼儿带来的成长时，教师可以选择这个学习经验的窗口进行记录。作为学习经验窗口的记录，可以是小组活动产生的作品，如歌曲、书写、建构物、网络图、绘画等。这样的记录通常是由教师、幼儿或教师与幼儿一起书写。

(3）教师自我反思的窗口为教师记录自己在幼儿的学习中所起的作用提供了一个框架。作为教师自我反思的记录，包括教师日志里的记录、来自同事的观察与建议、幼儿家长提供的反馈、幼儿的反应等。教师可以利用这些记录评估自己在探究式学习项目课程中引导方式的有效性，估计自己在促进幼儿发展时所起的作用，或调整自己支持的策略。

教师可以根据评价的目的，来选择开启这三扇窗口中的哪扇窗口。第四章中的项目案例主要为未来的教师开启了一扇学习经验的窗口，帮助教师理解探究式学习项目课程的开展过程，以及幼儿在探究式学习项目课程中可获得的发展。

思考题

(1）幼儿园探究式学习项目课程评价的取向有哪些?

(2）请尝试运用“探究式学习项目课程实施检核表”中的内容分析第四章中某个项目案例的实施过程。

第四章 幼儿园探究式学习项目课程案例

学习目标

（1）了解探究式学习项目课程在幼儿园实践中的实施样态。

（2）了解探究式学习项目课程设计与实施策略在实践中的落实方法。

学习重点

了解探究式学习项目课程设计与实施策略在实践中的落实方法。

概　述

本章呈现了9个北京不同城区、不同类型的幼儿园所实施过的探究式学习项目课程案例。其中，小班年龄段三个项目案例，分别是泥巴、蜗牛、停车场；中班年龄段三个项目案例，分别是葡萄干、蛋、披萨店；大班年龄段三个项目案例，分别是照相馆、图书借阅馆、天坛。教师通过阅读这9个项目案例可以了解探究式学习项目课程在幼儿园实践中的实施样态，了解探究式学习项目课程设计与实施策略在实践中的落实方法。

第一节　幼儿园探究式学习项目课程小班案例

一、项目一　泥巴

北京市东城区向日葵玉河幼儿园班学存、李佳妮、于丽爽。

（一）班级基本情况

本班幼儿为小班年龄段，共24名幼儿，教师3名。2020年9月14日，幼儿们第一天走进幼儿园。对于刚入园的幼儿来说，他们不可避免地会哭闹。幼儿园为幼儿创设了一个探索自然、探索泥巴的机会，幼儿自然地融入了幼儿园，找到自己的安全基地，入园分离焦虑也得到缓解。

（二）项目主题的选择

入园第一天，教师们带领幼儿参观完幼儿园后，发现幼儿讨论最多的就是泥巴厨房。泥巴厨房似乎有着神奇的魔力，能让幼儿们停下脚步，情不自禁地走进去。入园第二天，幼儿们已经迫不及待地要进入泥巴厨房。小溪发现土地上长出很多小草，就蹲下来用手拔草；喜悦和其他几个小伙伴看到了小铲子和水桶。于是，喜悦就带着其他小伙伴用铲子开始挖草（图 4-1）。他们开始将草放在桶里，之后倒在案板上，用塑料刀切切切，把草切成了一段一段的。此时，顾伽端着锅过来了，里面还有很多泥土。喜悦就把草放在了顾伽的锅里。顾伽开始将泥土和小草进行混合搅拌。喜悦和顾伽把勺子放在了一旁，直接用手开始捏起来，边捏边说："咱们一起来做泥巴披萨吧，给小恐龙吃。"越来越多的幼儿参与进来。有的在泥坑里给小动物洗澡；有的将花瓣放在泥巴上，做成了泥巴派；有的捡来了小石头放在碗里，和泥土、沙子混合搅拌；有的拿着小桶开始运来运去……连续几天，大家对泥巴的兴趣越来越高，就这样关于泥土的探索开始了。

图 4-1　小朋友们在用铲子挖草

开放性的天然材料——泥巴为幼儿提供了无尽的学习和乐趣的可能性。幼儿喜欢把手指伸进泥里，也会轻嗅这来自大自然的味道——泥土的清新。无疑，泥巴为幼儿提供了更多感官上的体验。触觉、嗅觉、视觉和本体觉等感觉器官共同操作，让幼儿在自己舒适的水平上探索，可以提高幼儿的感觉统合能力，为幼儿各种能力发展奠定良好的基础。

（三）项目的实施过程

1. 提出问题阶段

雨后，我们继续来到了泥巴厨房，大家发现很多器皿里都有了雨水。这对爱玩水的小班幼儿来说，简直太令人兴奋了。喜悦说："下雨天的时候，小猪佩琦最爱和爸爸一起踩泥坑了。"其他小伙伴听后也附和着说："对对对。"于是，教师就和幼儿用铲子和勺子在泥土里开始挖坑（图 4-2）。不一会儿，地上就出现了一个个小小的坑。美拉首先端来了灶台上的锅，将里面的水倒进了坑里。妞妞看到了，就端来灶台上的盆，将盆里的水也倒进了坑里。接着，他们开始用树棍和勺子不断地搅拌（图 4-3），泥和土混合起来了（图 4-4）。滔滔拿来了擀面杖，这样搅拌起来就更顺利了。一会儿，八喜捡来大树下面的树叶、花瓣放进去了，模仿着做饭的样子，最后做了一锅泥巴粥。幼儿开始忙碌起来，用小铲子铲泥巴并给泥喷水（图 4-5），放到盆里、锅里、碗里，用不同的工具印出不同的形状，放到蛋糕盒里就变成了好吃的蛋糕了。

图 4-2　幼儿在用不同的工具挖土

图 4-3　幼儿在不断地搅拌

图 4-4　幼儿在和泥

图 4-5　幼儿在给铲到的泥浇水

一组幼儿将泥巴放在灶台上，用手不断地揉搓，之后搓成了一个一个圆球球，他们说“是汤圆”，然后用模具弄出了更多泥巴饼干——小汽车、小恐龙、小猫咪、小兔子、小乌龟等（图 4-6 ～图 4-9），还将这些饼干放在了盘子里，要去用烤箱烤一烤。

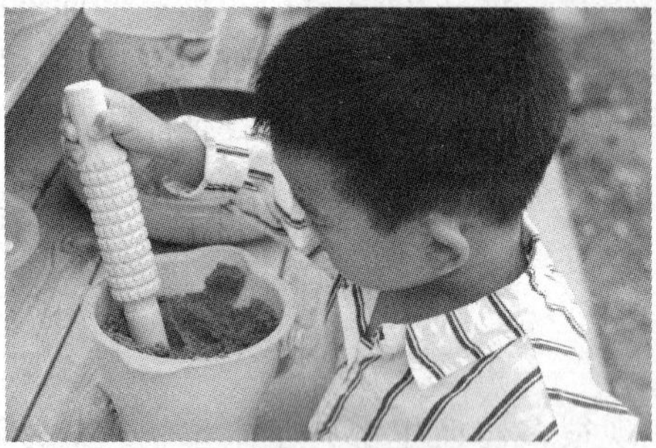

图 4-6　将泥巴放在容器里

图 4-7　寻找不同的模具

图 4-8　泥巴多一点会很好

图 4-9　泥巴饼干

另一组幼儿正在木房子里面。有的拿着头纱装扮自己；有的拿着做好的"饼干"装盘、摆桌，准备请小客人"品尝"；有的坐在沙发上开心地聊天，"我一会儿带着小猪去你家做客。""我要给小恐龙吃点泥巴饼，它都饿了。"（图 4-10 ～图 4-15）

图 4-10 装扮成小仙女

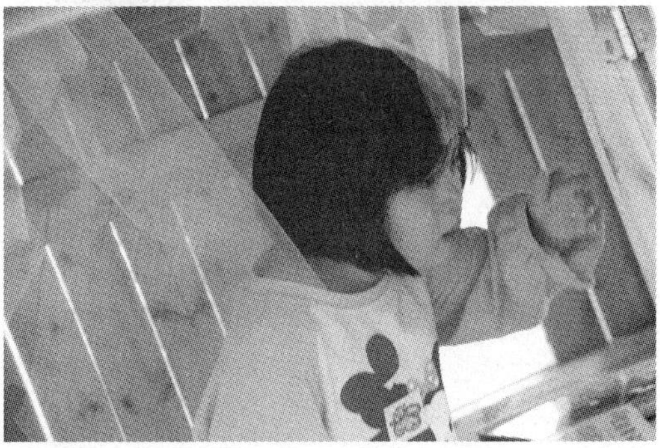

图 4-11 收拾小房子

图 4-12 准备迎接小客人

图 4-13 小公主做菜有模有样

图 4-14 找到花瓣、泥巴、树枝、草和蛋糕拖

图 4-15 做成的泥巴蛋糕

教师们耐心地观察着幼儿的行为，及时记录幼儿谈话和聊天内容。教师在研究了所有记录的内容后，整理了幼儿在玩泥巴时使用的材料、工具及所表征的内容，并进行了总结（图 4-16）。

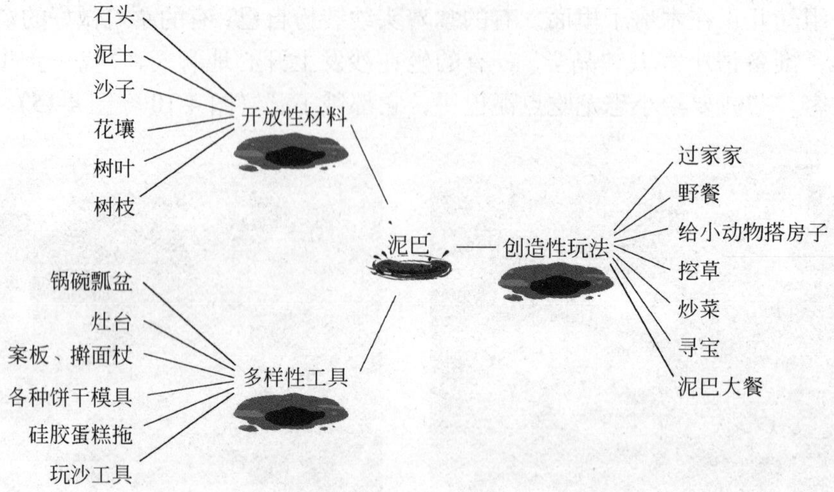

图 4-16　教师总结的幼儿们的自发游戏内容

由于泥巴厨房是开放性的厨房，中班的哥哥姐姐们有时也会加入他们的游戏。在和哥哥姐姐游戏和讨论的过程中，教师记录了幼儿提出的问题。

(1) 泥巴从哪里来的？

(2) 泥巴可以用来做什么？

(3) 在泥巴里面能发现什么

(4) 泥巴可以怎么玩？

(5) 我能用泥巴做出一辆小汽车吗？

(6) 我可以用泥巴做出漂亮的公主吗？

(7) 泥巴的用途有哪些？

(8) 我们可以开始一场泥巴大战吗？

(9) 小动物们喜欢在泥巴里玩吗？

2. 探究与表征阶段

分析幼儿提出的问题后，根据幼儿新入园的特点，以及第一次接触探究式学习项目课程，我们决定将幼儿们的项目方向聚焦到“泥巴可以怎么玩？”和“泥巴从哪里来？”这两个问题上。

1）问题一　泥巴可以怎么玩？

(1) 收集生活中玩泥巴的工具和材料

① 家里的厨具

为激发幼儿探究泥巴的多样玩法，我们及时向家长们征集了各种各样的厨具，这些都是我们和爸爸妈妈一起收集的家庭中的厨具（图 4-17）。当然这些厨具都是废旧的。我们提倡将废旧的物品（安全无毒）变废为宝，为玩泥巴提供多样可操作的可能。

② 掉下来的树叶

随着季节的变化，幼儿在院子里发现了的像扇子一样的银杏叶。我们一起将落下的叶子捡起来（图 4-18 和图 4-19）装进箱子里、桶里。我们有了很多的树叶，可以和泥巴一起玩了。

(a)

(b)

(c)

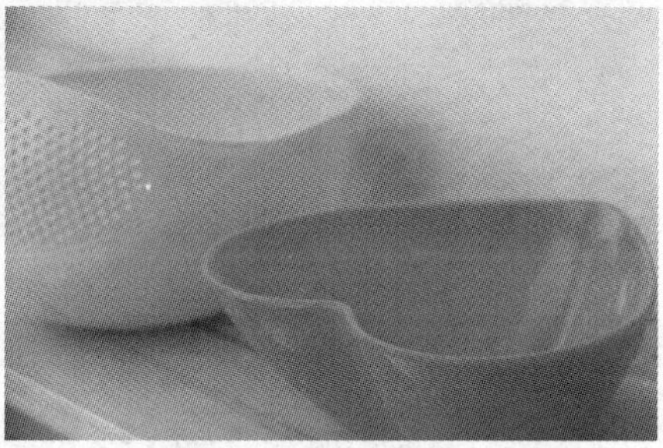
(d)

图 4-17　家长收集的各种废旧且安全的厨具

图 4-18　幼儿在捡落叶

图 4-19　幼儿收集到的落叶

③ 果皮和菜叶

一天中午吃完水果后，佳佳说：“老师，我想把果皮留下来，拿到泥巴厨房做水果蛋糕。”于是我们一起收集各个班级的果皮，正好遇到中班的浩浩。浩浩说：“你们也可以收集一些菜叶，菜叶也可以和泥巴一起玩哦。”于是中班的浩浩和幼儿一起找到厨师于师傅，询问是否可以将每天摘下的菜叶（图 4-20）留给我们泥巴厨房用，于师傅答应了。幼儿可以游戏的材料就更加丰富了。

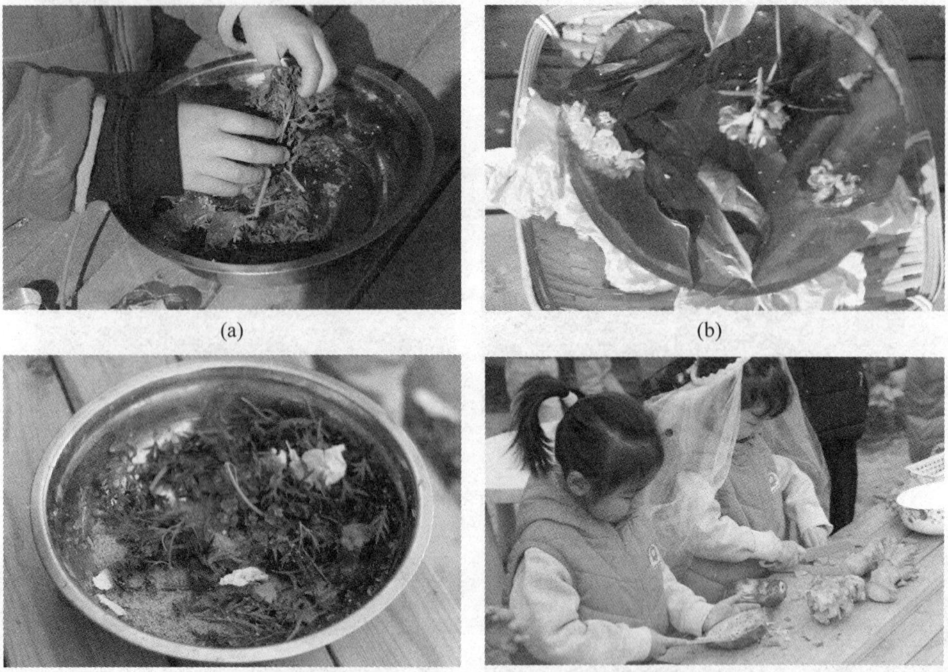

(a) (b) (c) (d)

图 4-20　厨房中剩余的菜叶，洗干净之后投入泥巴厨房

④ 布置有情景的环境

有情景的环境将会更加吸引幼儿，木房子、沙发、桌子、椅子、各种装扮的衣服、图书、头纱、纱布、生活厨具等这些富有生活气息的物件（图 4-21～图 4-23），给幼儿营造了更多创造的可能性。

图 4-21　泥巴厨房

图 4-22　泥巴厨房大树下面的微景观

图 4-23　幼儿们在泥巴微景观中探索

（2）泥巴的多样玩法

① 角色扮演类游戏

有情景的环境布置后，激发起了幼儿的游戏愿望，他们使用这些低结构材料，化妆成心中喜欢的人物形象，进行扮演游戏。

“快看，我是美丽小仙女。”

“我变成了艾莎公主。”

“我是一个小王子。”

“大家快来我家做客吧！”

“今天我做了好吃的泥巴蛋糕。”

“我拿来了泥巴布丁送给你。”

“今天到小熊家做客。”

“在这块草坪上，我们拿出自己做的好吃的野餐吧。”

随着游戏材料的不断丰富，幼儿们扮演的主题内容也变得饱满起来，如花仙子们坐在草丛上看书、小熊请客、一朵彩虹色的花等有趣的游戏内容在幼儿们之间散开。

② 建构小动物的栖息地

花花在草丛里看到了很多的动物模型。于是，花花用小铲子挖了一个浅浅的坑，作为小动物的家。正好琪琪手里的瓶子里有水，花花就让琪琪倒了一点水在坑里。琪琪又从旁边抓了一些干草。就这样，干草、泥、土、沙、水混合在了一起。花花说：“这就像小恐龙生活的地方一样，我在恐龙博物馆看到过。”接连几天，有的给小动物搭家，有的给小动物洗澡（图 4-24 和图 4-25），有的给小动物做美味的食物。

图 4-24　给小动物搭家

图 4-25　给小动物洗澡

③ 艺术创造类游戏

● 沙土作画

西西发现桌子上有沙土。她试着将这些沙土摊开，小手随意地在桌子上划动。她突然停了下来，发现用手指可以在沙土上画画。这样的发现让西西尖叫起来。之后她不断地尝试着画出不同的东西来。然后她用双手把沙土抚平，画一下子就消失了。天天在旁边看到花花画完之后，他也试着用手画起来，看着用双手画的两条竖着的线，说：“这个很像小汽车走过的路。”接着两人又画了很多不同的轨迹（图 4-26）。

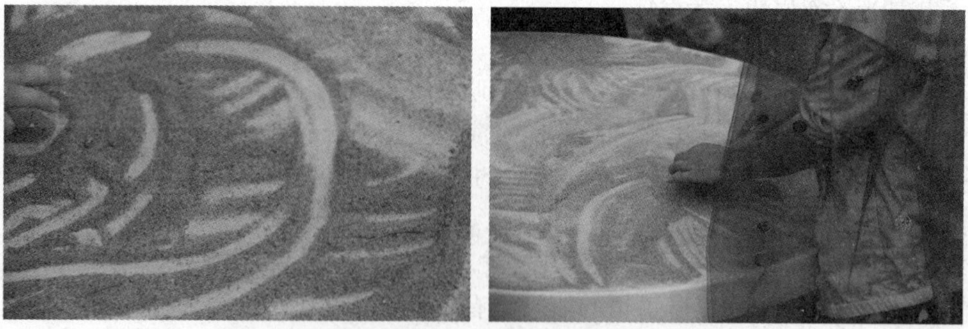

图 4-26　桌面上的沙画

● 自然材料创意

幼儿们找到很多树叶和小树枝。有的用树叶放在沙土上面开始拓印；有的用树叶和树枝绑在一起变成一把扫帚，扫帚在沙土上面走来走去，就像走迷宫一样；有的把小树叶碾碎，和沙土混在一起，弯弯曲曲，像很多星星在上面一样。

刮了一场暴风，幼儿从后院里捡来很多树枝。“我们可以像小猪盖房子一样，盖一座木头房子。”说着大家开始和泥巴，将捡来的树枝分成粗和细两种，用泥巴和树枝、落叶、松果搭成了一个木头房子（图 4-27），邀请了不同的小动物进去做客。

图 4-27 小动物的房子

● 泥巴布丁

根据上次压模饼干的经验，现在大家琢磨了一种软软糯糯的布丁。西西用捡来的树叶、剥下的果皮、掉落下来的花瓣混合起来，做成布丁，QQ 弹的布丁让大家忍不住想要尝一口。幼儿给不同颜色的布丁赋予了不同口味，例如，绿色青苹果味道的泥巴布丁（图 4-28）、红色草莓味道的泥巴布丁（图 4-29）、橙色柠檬味道的泥巴布丁（图 4-30）。最后用柚子皮包裹起来，再用锡纸包裹起来（图 4-31）。这样的美味佳肴肯定能吸引更多的森林小动物来到我们的院子里玩耍。

图 4-28 青苹果味泥巴布丁

图 4-29 草莓味泥巴布丁

图 4-30 柠檬味泥巴布丁

图 4-31 用锡纸包裹能保鲜

● 泥巴馅饼

在泥巴厨房玩耍一段时间后，幼儿逐渐掌握了如何将泥土、水混合之后成型。大家根据自己吃过馅饼的经验，尝试在泥巴厨房做馅饼。大家找来附近的树叶、花瓣、掉落的栗子、菜叶、干草等当作泥巴馅饼的馅儿，将泥巴团成一个圆球，之后压一下，用擀面杖擀一擀，再把自己选择的馅儿放进去，再团成圆球，用手压扁，泥巴馅饼就做好了（图 4-32）。

图 4-32　泥巴馅饼

幼儿也会在泥巴馅饼上面做上不同的标记，有的会用小树枝，有的会用不用的树叶拓印，有的会用其他的自然物（如栗子、松果等）。做好后，大家会用锡纸包起来，让泥巴馅饼保鲜，晚上拿回家就可以和家人一起分享。

④ 微景观的创作

微景观的创作总能引起幼儿讨论的欲望。泥巴、石头、沙土、昆虫模型、恐龙模型、动物模型、其他自然物（树叶、花瓣、树枝、干草、松果、栗子、榛子等），大家每次摆弄的微景观都不一样。每个微景观都能激发幼儿讲出一段美妙的故事。他们可以边拼摆，边表达自己的想法，随着加入的不同物品，情节也在跌宕起伏。

泥巴花园（图 4-33）像一本读不完的故事书，每时每刻都在发生变化，在幼儿园的角角落落都能听到幼儿讨论交流的声音。

图 4-33　幼儿创作的泥巴花园

2）问题二　泥巴从哪里来？

幼儿也提出了这样的疑问，“我们院子里的泥巴是从哪里来的？这些泥土用不完吗？如果我们一直挖土，这个院子会不会变成一个大泥坑呢？”这些问题，我们应该怎么解决呢？在讨论中，幼儿寻找到了这些解决问题的方法。

（1）周末，可以和爸爸妈妈一起去图书馆查阅图书。

（2）回家的时候，可以和爸爸妈妈上网查一查。

(3) 可以回家问问爷爷奶奶。

(4) 可以问问正在大学读书的姐姐。

(5) 和中班、大班的哥哥姐姐商量一下。

(6) 我记得以前看过这样的故事。

有了方法，幼儿选择用自己喜欢的方法去寻找问题的答案。他们用不同方法找到自己的答案，然后进行分享（图 4-34）。

图 4-34　小朋友在分享自己查阅的内容

小天：我和爸爸一起上网。爸爸找到了一段视频。我和爸爸一起看。上面说到很久很久以前，就是地球刚刚形成的时候，天空会降雨、降雪，当然也会降沙、降土，慢慢地就形成了沙漠和泥巴。

龙宝：我和哥哥去图书馆了。有一本书《十万个为什么》。地球的泥土也是宇宙的产物，别的星球也是有的，只是干燥没水分，变成了沙子或矿石之类的。

八喜：爷爷说，在他那个年代就有泥巴了，爷爷小时候也特别喜欢玩泥巴。

喜乐：姥姥说，小时候她在成都。门前就是一个一个的沙坑。她和小伙伴们整天在里面挖土，特别好玩。

幼儿通过查阅资料和阅读图书，最后得出结论：泥巴是大自然的产物，就在我们身边，是我们的好朋友，就和院子里的花花草草、树叶、树枝一样，可以陪伴着我们一起成长。

3. 分享与展示阶段

随着幼儿对泥巴的兴趣减弱，我们一起进行了“泥巴”展准备工作。教师和幼儿讨论展示什么内容，需要做哪些准备工作。

(1) 泥巴创作区：泥巴蛋糕、泥巴披萨、泥巴馅饼、泥巴饼干、泥巴花园（图 4-35）。

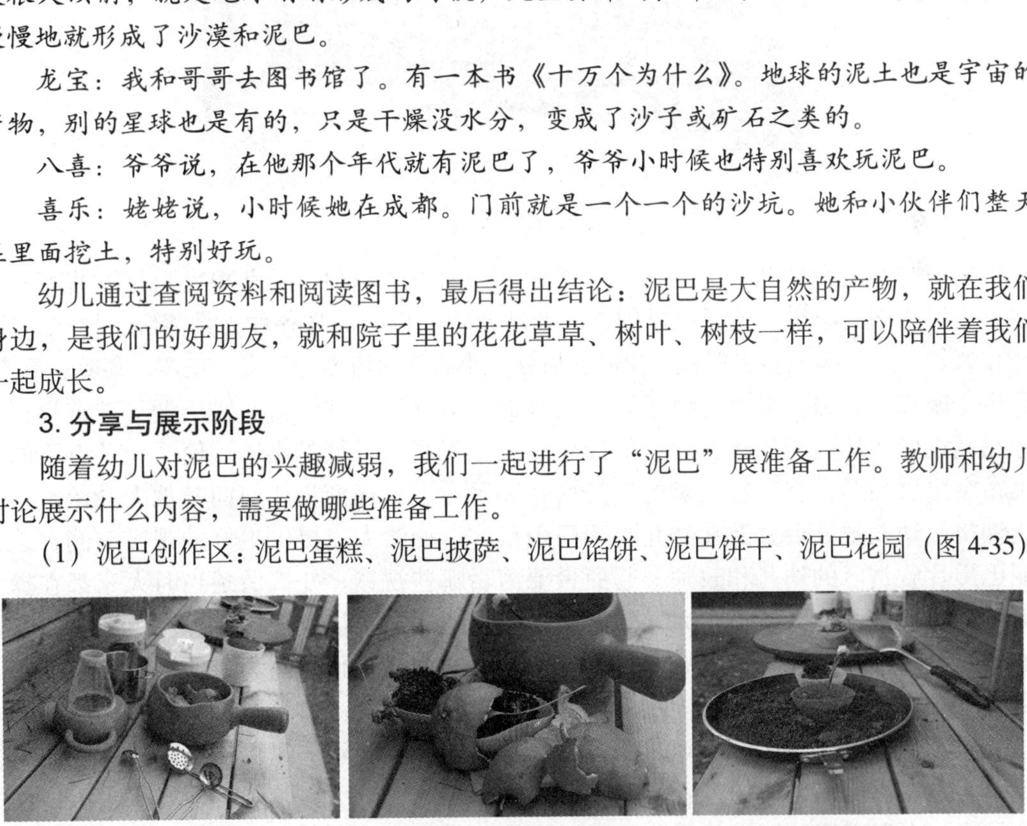

图 4-35　泥巴创作区

（2）泥巴作品展览区：泥巴实物展览（图 4-36）。

图 4-36　泥巴作品展览区

（3）泥巴影片欣赏区：幼儿在玩泥巴过程中的视频收集剪辑成片。

（4）泥巴故事回顾区：幼儿探索泥巴过程中精彩瞬间，将照片打印出来，在幼儿园公共区进行展示（图 4-37）。

图 4-37　泥巴故事回顾区

接下来我们和幼儿一起准备每个展示区中需要的材料。幼儿根据自己的喜好和兴趣分成了不同的小组。选择泥巴创作区的幼儿在泥巴厨房将各种厨具清洗、擦拭干净，还和家长一起收集很多蛋糕托、树叶、树枝、小石头、流沙、贝壳、花瓣、菜叶、果皮、花生、南瓜、红薯、栗子、榛子等，还有很多蛋糕盒、披萨盒、饼干桶等；选择泥巴作品展览区的幼儿开始布置自己的展位，搬来了高高低低的桌子、椅子，还有不同的桌布突出层次感，将以往大家的作品摆在展示台上，还商量如何向其他人介绍。为防止拥挤，幼儿把展台分散在幼儿园不同角落，以便给大家提供更好的观赏空间；选择泥巴影片欣赏区的幼儿和教师一起商量要剪辑哪些视频，并搞清楚当时大家都在探索哪些内容，方便进行解答，为方便大家观看，还制定了场次表；选择泥巴故事回顾区的幼儿和教师商量要打印哪些图片，这些图片的意义是什么。为方便讲解，还准备了讲解员挂牌和小喇叭。

周五是预定日期，每组幼儿都迫不及待地向大家展示。泥巴创作区的幼儿非常忙碌，因为泥巴可以创作的东西太多了，家长们在泥巴厨房里也玩得不亦乐乎。创作的作品能放在泥巴展览区进行展览。泥巴展览区的幼儿给家长和哥哥姐姐解说作品都是什么，用到哪些材料，每个展品都有一个美妙的故事。泥巴影片欣赏区笑声不断，家长们看到了幼儿在探索过程中的兴趣、专注、创作、合作、沟通以及如何解决问题，都非常欣慰。在泥巴故事回顾区，小解说员为大家解说每一张图片背后的故事，大家听得津津有味。

（四）家长的反馈

有些家长在参加幼儿的分享与展示活动后，表达了自己对于幼儿参加这个项目的看法。

“我在泥巴厨房玩沙子、玩泥土、做饭了”，他的小眼睛里面都是闪闪发光的小星星。

——李星哲妈妈

宝宝每次让我把果皮留下来，他说可以拿到泥巴厨房里面做蛋糕，所以我就养成了习惯，每次吃完的橘子皮、火龙果皮、橙子皮就放在冰箱里，第二天他就开开心心地拿着这些果皮到幼儿园。

——顾伽妈妈

收拾物品的时候，正好有一些废旧的锅碗瓢盆要扔掉，没想到宝宝说可以洗干净之后，拿到幼儿园，放在泥巴厨房里面玩泥巴，原来幼儿园每天的游戏这么丰富，我也想去幼儿园玩泥巴了。

——八喜妈妈

小时候的童年就是在泥土里面度过的，那段时光真的很美好，很庆幸我家宝宝的童年里面也能有泥巴的陪伴，每当宝宝回家给我分享在泥巴厨房里面玩的游戏时，我和他一样兴奋。

——阳光姥姥

（五）教师的反思

从幼儿开始入园到现在，他们对泥巴的探索一直持续着。《3 ～ 6 岁儿童学习与发展指南》中指出：“幼儿的学习是以直接经验为基础，在游戏和日常生活中进行的，要最大限度地支持和满足幼儿通过直接感知、实际操作和亲身体验获得经验的需要。”所以追随幼儿的脚步，贴合幼儿的生活经验，从大自然中、从幼儿的生活中，寻找可以使用的材料，从家园合作一起收集各种废旧且安全的厨具、容器等生活材料，到和幼儿们一起收集幼儿园的花瓣、树叶、干草、石头、栗子、榛子、树枝等自然材料，这些都在为幼儿探索泥巴提供强大的支持。泥巴是一种开放性的材料，泥巴的开放性激发了幼儿更多的想象力和创造力。在一起学习的过程中，幼儿逐渐学会合作、沟通、分享、比较、测量、解决问题等，同时也感受到自然界的一切事物都是相互联系的。

二、项目二　蜗牛

北京市朝阳区北辰福第幼儿园董蕊、赵亚娜、张静。

（一）班级基本情况

本班为小班，班中有 27 名幼儿，其中 13 名男孩，14 名女孩。幼儿年龄是 3 ～ 4 岁。共有 3 名教师，一名班长，工作 8 年；一名教师，工作 8 年；一名保育教师，工作 23 年。蜗牛项目于 2020 年 10 月开始，一直持续到 2021 年 1 月。

（二）项目主题的选择

蜗牛是小朋友们经常能够见到的小动物。在户外的时候，小朋友在种植箱里发现了一只小蜗牛（图 4-38）。她拿在手里说："老师，我捡到了一只小蜗牛。"其他小朋友的目光立刻被吸引了过来。有的小朋友们说："这只蜗牛怎么不动了呀？它是死了吗？"有的小朋友说："老师，我在下雨的时候见过蜗牛，它会在地上爬。"有的小朋友说："天气太冷了，它是不是冬眠了呀？"有的小朋友说："它上面的壳就是它的房子。"……小班幼儿对自然界的动物有着极大的兴趣，这种对生命的好奇心能够吸引幼儿仔细观察和探究。因此，结合幼儿的兴趣点和幼儿的发展目标，我们班决定一起研究蜗牛。

图 4-38　寻找小蜗牛

（三）项目的实施过程

1. 提出问题阶段

确定了项目的主题后，我们和幼儿一起在植物角饲养了白玉蜗牛。我们和幼儿一起观察蜗牛，采用谈话的方式向幼儿提出一些关于蜗牛的问题，例如，你在什么时候见过蜗牛？你见过的蜗牛是什么样子的？有的幼儿说在下雨天见过蜗牛，它会在地上爬；有的幼儿说他见过的蜗牛壳是圆圆的；有的幼儿说在家里和妈妈养过蜗牛；有的幼儿说蜗牛身上的壳就是它的房子。我们通过谈话、观察等多种方式了解了幼儿对蜗牛的原有经验，例如，蜗牛的生活习性，蜗牛的特征等。在教师的引导下，幼儿通过观察饲养的蜗牛，提出了很多关于蜗牛的问题，例如，小蜗牛有眼睛吗？小蜗牛有嘴巴吗？在饲养的过程中，通过喂小蜗牛食物，幼儿问："老师，小蜗牛喜欢吃什么呀？"在一次观察小蜗牛时，发现菜叶上留下了尖尖的痕迹，幼儿有了新的问题，小蜗牛有牙齿吗？等等。随着小朋友们对小蜗牛的饲养和观察，大家对小蜗牛产生了很浓厚的情感。随着项目的开展，小朋友们在观察中不断生出新的问题。例如，小蜗牛粑粑的颜色，小蜗牛为什么不从壳里出来，等等。

2. 探究与表征阶段

因为我们在班级中饲养了蜗牛，幼儿们提出的问题都是通过对班级中饲养的蜗牛进行观察、实验和动手操作而获得答案的。

1）问题一 小蜗牛喜欢吃什么？

我们一起开展了小蜗牛吃什么的探究活动。小朋友们在自然角观察小蜗牛时，涵涵说："老师，我家养过小蜗牛，妈妈给它吃菜叶。"有的小朋友猜小蜗牛喜欢吃菜叶，有的小朋友猜小蜗牛喜欢吃水果。我说："那咱们给蜗牛喂一些蔬菜试一试吧。"

我们把油菜叶拿来喂给小蜗牛。小朋友们发现小蜗牛并没有马上从壳里钻出来吃蔬菜。圆圆说："它是不是不喜欢吃呀？"涵涵说："再等等吧。"过了一会儿，有一只白玉蜗牛伸出了触角。圆圆说："老师你看，它伸出触角了（图 4-39），它慢慢地爬到了蔬菜旁边吃蔬菜了（图 4-40）。"

图 4-39 小蜗牛伸出了触角

图 4-40 小蜗牛吃起了菜叶

小朋友们经过观察发现小蜗牛很喜欢吃菜叶。接下来的几天里，很多小朋友从家里给小蜗牛带来了蔬菜。一冉主动从家里带来了菜花叶子喂给小蜗牛吃（图 4-41）。妥妥从家里带了一根胡萝卜，他说："老师，我给小蜗牛带来了胡萝卜，它肯定喜欢吃。"于是，我们将妥妥带来的胡萝卜喂给了小蜗牛。小蜗牛很快就爬到了胡萝卜上，吃了起来（图 4-42）。

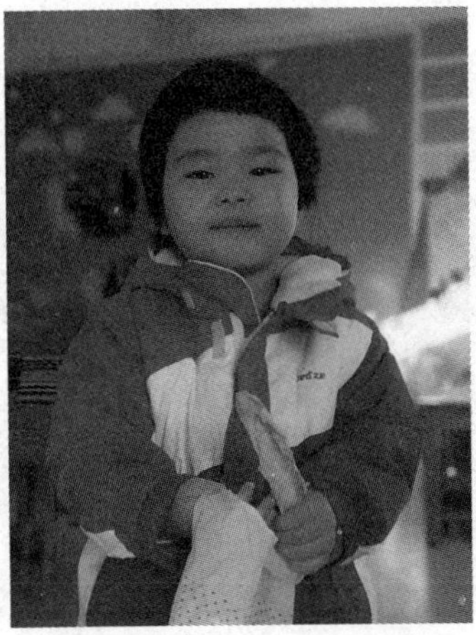

图 4-41 带菜叶喂小蜗牛

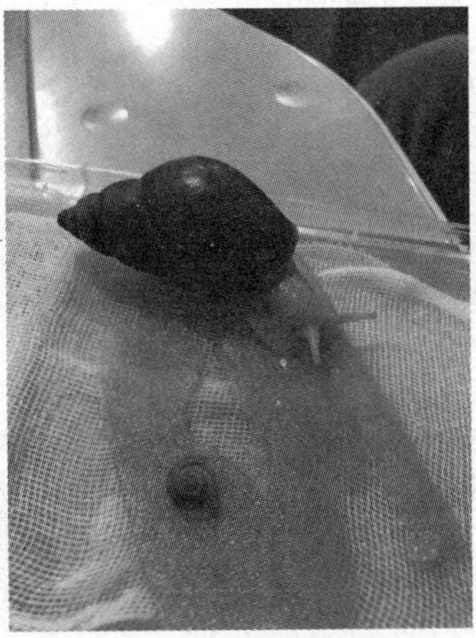

图 4-42 小蜗牛吃胡萝卜

一次吃水果时，有小朋友说："老师，我想给小蜗牛喂点水果。"圆圆说："这个瓜太甜了，它肯定不喜欢吃。"明明说："这个瓜太好吃了，它肯定喜欢吃。"我们决定试一试，看看小蜗牛喜不喜欢吃白金瓜。第二天，区域活动时，涵涵去看小蜗牛有没有把白金瓜吃掉。拿过饲养盒后她发现，小蜗牛并没有吃白金瓜。圆圆说："肯定是因为瓜太甜了，所以小蜗牛不喜欢吃。"明明说："看看明天吃什么水果，咱们再喂给小蜗牛。"

为验证小蜗牛是否喜欢吃水果，在接下来的几天里，他们又分别给小蜗牛喂了梨、橘子、香蕉，通过尝试、观察以及查阅书籍和观看相关视频，他们得出了以下结论：小蜗牛喜欢吃油菜叶、白菜叶、菠菜叶、胡萝卜；小蜗牛喜欢吃的水果有梨、橘子、香蕉。

2）问题二　小蜗牛的粑粑是什么颜色的？

在区域活动时，小朋友发现饲养盒上面有一条长长的、绿色的东西。耀予说："老师，你快看，这个是什么？怎么是绿色的？"有的小朋友说："这是干了的菜叶吗？"有的小朋友说："这不会是小蜗牛拉的粑粑吧？"这时，耀予将鼻子凑过去闻了闻，发出了"咦"的声音，说："好臭好臭，这肯定是小蜗牛拉的粑粑。"耀予问："老师，为什么小蜗牛的粑粑是绿色的呢？（图 4-43）"我说："昨天小蜗牛吃的是什么颜色的蔬菜？"他们说："是绿色的。"耀予说："我知道了，因为它吃了绿色的菜，所以拉出来的粑粑就是绿色的。"这时，当当说："那小蜗牛吃胡萝卜，拉出来的粑粑颜色会变吗？"耀予说："咱们试一试。"我们一起给小蜗牛喂了提前准备好的胡萝卜。

第二天，当当说："老师，你快来看，小蜗牛的粑粑是两种颜色的（图 4-44）。"我走过去发现，蜗牛的粑粑是一段绿色，一段橘色的。我说："好神奇呀！你们还记得昨天蜗牛吃了什么颜色的蔬菜吗？"当当说："橘色的胡萝卜。""前天呢？"耀予说："前天是绿色的蔬菜。"当当说："我知道了，所以小蜗牛的粑粑是两个颜色。"当当说："那小蜗牛完全吃胡萝卜拉出来的粑粑会不会全是橘色的呢？"我说："咱们可以试一试。"我们继续给小蜗牛喂了胡萝卜。第三天，当当拿起饲养盒很开心地说："老师，小蜗牛吃了胡萝卜，粑粑的颜色就变成了橘色的（图 4-45）。"

图 4-43　绿色的粑粑

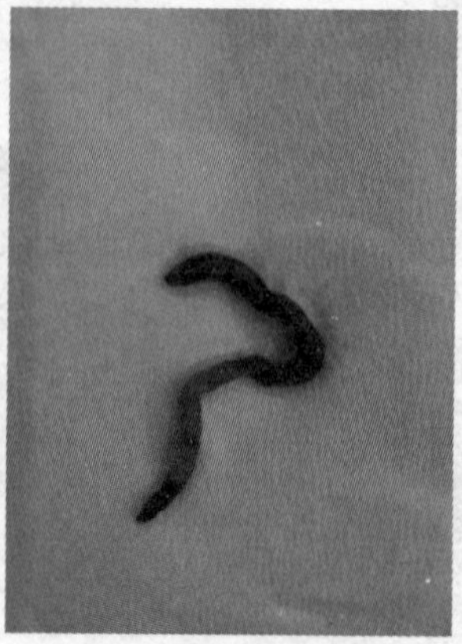

图 4-44　两种颜色的粑粑

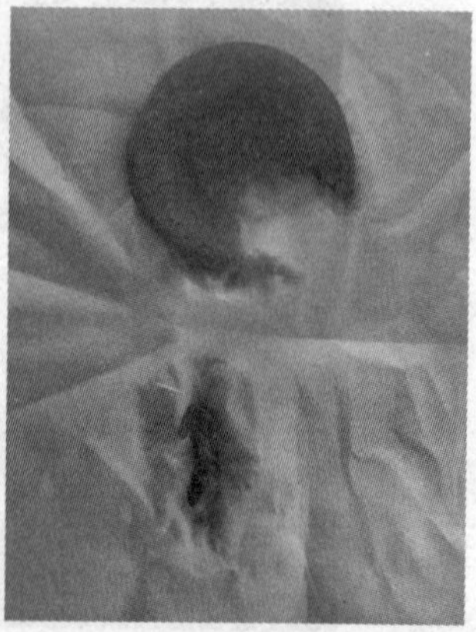

图 4-45　吃胡萝卜后粑粑是橘色的

接下来的几天里，小朋友们又给小蜗牛喂了白菜，通过几天不断的观察，小朋友们发现小蜗牛吃白菜和吃油菜拉出来的粑粑的颜色也是不一样的。

通过探索，我们发现了关于小蜗牛粑粑颜色的信息。小朋友们通过不断的观察发现小蜗牛粑粑的颜色和它前一天吃的食物颜色是有关系的。吃了深绿色的菜叶，第二天粑粑的颜色就是深绿色的，吃了橘色的胡萝卜，第二天拉出来的粑粑就是橘色的。如果吃了两种颜色的蔬菜，拉出来的粑粑就会是两种不同的颜色。

为了让更多的小朋友发现小蜗牛粑粑颜色的不同，我们用记录表的形式，将小蜗牛粑粑的颜色记录下来（图 4-46 和图 4-47）。

图 4-46　小朋友进行记录

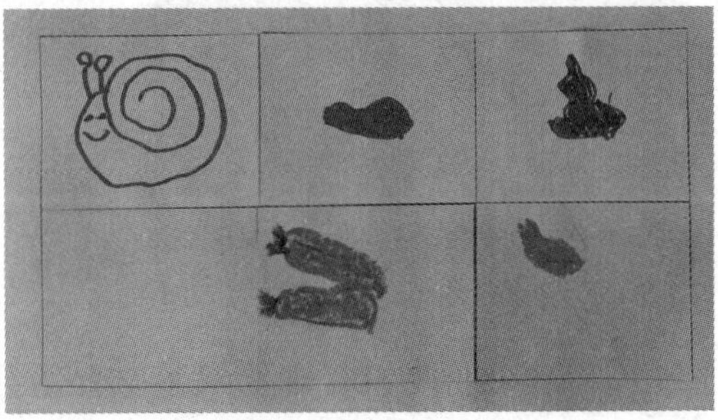

图 4-47　记录表

3）问题三　小蜗牛有牙齿吗?

小朋友们在观察小蜗牛吃东西的时候，有小朋友发现蔬菜上留下了尖尖的痕迹（像锯齿一样的形状）（图 4-48）。一冉说：“老师，你看这是什么？菜叶怎么变成这样了？”我走过去看了看说：“呀！蔬菜叶怎么会变成这样了呢？”一冉说：“是不是小蜗牛吃东西留下的呀？”戚朗说：“它吃东西的时候没看见有牙齿呀！”“小蜗牛有牙齿吗？”一冉说：“它肯定有牙齿，要不然怎么会有这个尖尖的痕迹。”戚朗说：“我觉得它肯定没有牙齿，我没见到过。”第二天，区域活动的时候，我们一起翻看了《蜗牛的日记》绘本。在翻看的过程中，王珞璎突然很大声地说：“你看，蜗牛的牙齿是这样的（图 4-49），怎么长

图 4-48　发现蔬菜上的痕迹

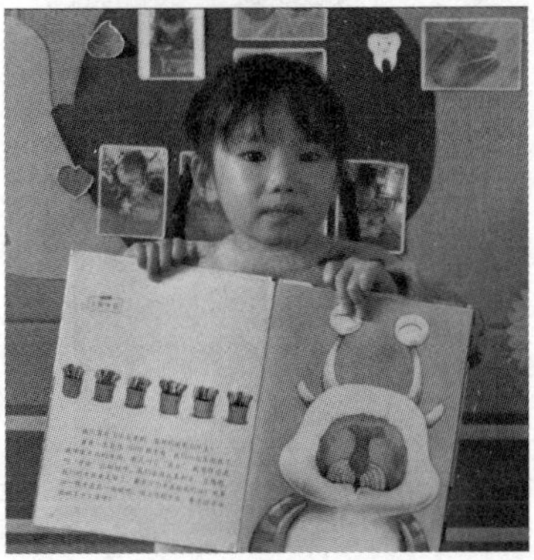

图 4-49　蜗牛的牙齿

在舌头上呀？”其他小朋友被她的声音吸引过来。我们一起从书中了解到蜗牛的牙齿比鲨鱼的牙齿还要多，有几万颗，人们叫它“齿舌”。小朋友们通过观察蔬菜的痕迹和翻阅图书，最后找到了答案。小蜗牛是有牙齿的，它叫“齿舌”。

第三天，我们在观察小蜗牛的时候，一冉发现黄瓜上有一个洞。一冉说：“这是小蜗牛吃的吗？怎么是个洞？应该是尖尖的呀！”我将之前观察小蜗牛吃蔬菜时留下的照片找了出来说：“我们再一起看一看。”大家将黄瓜上的洞与之前蔬菜上留下痕迹的照片进行了对比。一冉说：“我知道了，小蜗牛吃蔬菜留下的是尖尖的痕迹（图 4-50），吃黄瓜片留下的就是洞洞（图 4-51）。”

图 4-50　尖尖的痕迹

图 4-51　黄瓜上的洞洞

通过观察，小朋友们发现小蜗牛吃食物会留下不同的痕迹，有时候会是尖尖的痕迹，有时候会留下一个圆圆的洞，真的很神奇。

4）问题四　谁来照顾小蜗牛？

在一次观察小蜗牛时，小朋友发现小蜗牛缩进了壳里。杨杨说：“老师，小蜗牛今天为什么没有出来呀？”圆圆说：“它不会是死了吧？”其他小朋友听到圆圆的话，也都围了过去，然后着急地叫着我：“老师，快来看看小蜗牛怎么了？”我走过去看了看小蜗牛说：“小蜗牛喜欢住在什么样的地方？”小朋友们说：“湿湿的地方。”我说：“你们看看盒子里的纱布怎么了？”杨杨说：“纱布都已经干了。”我说：“纱布都已经干了，那怎么办呢？”杨杨说：“我给小蜗牛换一块新的纱布吧。”杨杨用小镊子将干的纱布夹了出来，并清洗饲养盒（图 4-52），然后往饲养盒里放了一块新的纱布（图 4-53）。

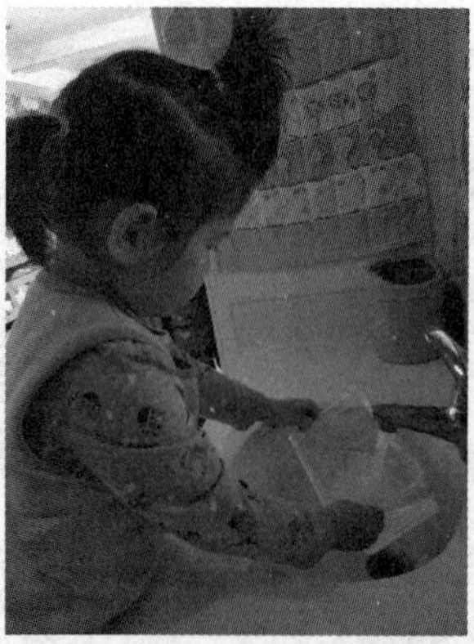

图 4-52　清洗饲养盒

图 4-53　给小蜗牛换纱布

看到杨杨的举动，小朋友们也想为蜗牛做点什么。圆圆说："我用刷子给小蜗牛'洗洗澡'吧！（图 4-54）我在家里妈妈就经常给我洗澡。"妥妥说："那我往小蜗牛的身上喷点水吧(图 4-55)，湿湿的，它就该出来了。"于是，小朋友们照顾小蜗牛的活动开始了。圆圆在给小蜗牛洗澡的时候，一边刷小蜗牛的壳一边说："小蜗牛小蜗牛，马上你就能变干净啦！"其他小朋友纷纷说："我想给小蜗牛喂点蔬菜吃。""喂胡萝卜吧。""还是喂油菜吧。"戚朗说："咱们都喂一点吧，看看小蜗牛先吃哪一个。"圆圆说："用不用给小蜗牛把菜洗一洗呀？奶奶做饭的时候就会把菜洗干净的。"杨杨说："那我去给小蜗牛洗洗菜吧。"照顾小蜗牛的活动在小朋友们的对话中开始了。

周五很快就到了，小蜗牛在班里度过了一个周末。星期一，小朋友们观察小蜗牛时发现蜗牛缩进了壳里，纱布也变得很干，饲养盒里面还有小蜗牛拉的粑粑，小朋友们很着急。涵涵说："放假都没有人照顾小蜗牛了，也没有人给它喂吃的了，怎么办呢？"结合小朋友们发现的问题，围绕周末没有人照顾小蜗牛，我们开展了一次谈话活动。

涵涵说："可以让幼儿园里的人照顾小蜗牛。"戚朗说："小朋友可以把小蜗牛带回家吗？"我说："当然可以了。"小朋友们知道周末可以把小蜗牛带回家的消息后非常开心。当当说："我要第一个把小蜗牛带回家。"涵涵说："我要第一个把小蜗牛带回家。"其他小朋友也纷纷说要把小蜗牛带回家。我说："都想把小蜗牛带回家，但是只有两只小蜗牛，怎么办呢？""带小蜗牛回家需要先跟爸爸妈妈商量一下，如果爸爸妈妈同意了，就可以带回家照顾小蜗牛了。"晚上离园后，我将小朋友们的发现和想法发到了班级群中，班级群里一下变得非常热闹，家长们都纷纷在班级群里报名要把小蜗牛带回家照顾(图 4-56)。

图 4-54　给小蜗牛洗洗澡

图 4-55　给小蜗牛喷喷水

图 4-56　在家照顾小蜗牛

3. 分享与展示阶段

我们将幼儿们发现的问题和找到的答案呈现在了主题墙上。但是，怎么样能让更多的小朋友知道关于蜗牛的秘密呢？澜芯想出了一个好方法，可以把关于小蜗牛的秘密画下来。我问："都可以画哪些内容呢？"小朋友们纷纷说出了自己的想法。经过讨论，我们决定将小蜗牛喜欢吃什么、小蜗牛粑粑的颜色和小蜗牛的牙齿等内容用小朋友们看得懂的方式画下来。我问："那我们用多大的纸张合适呢？用什么笔画呢？"有的幼儿说用图书那么大的纸，有的幼儿说用画画纸，有的幼儿说用水彩笔，有的幼儿说用油画棒。经过商量，我们最后商量出了用水彩笔绘画小蜗牛的秘密。

在绘画的过程中，我们一起商量谁来画哪部分的内容。澜芯说："老师，我想画小蜗牛吃的菜（图 4-57）。"我说："那你想画哪些蔬菜呢？"澜芯说："我先画一个小蜗牛，再画菜。"澜芯画完小蜗牛后，她说："我要画一个白菜，但是白菜怎么画呢？"她看了看周围说："我看着图片画可以吗？"我点了点头说："你想看着哪里的图片画？"她说："图书区有蜗牛的书。"然后，她从图书区拿来书，翻到有蔬菜的那一页开始画起了小蜗牛爱吃的蔬菜。澜芯小朋友将关于小蜗牛的秘密绘画完成后，我们一起将所有的图片集中在一起，制作成了一本自制图书（图 4-58）。

图书制作好了，我说："怎样可以让更多的小朋友知道关于小蜗牛的秘密呢？"澜芯说："把这个书给他们看看。"于是，我们利用过渡环节，请澜芯小朋友将书中的内容分享给了其他的小朋友观看（图 4-59）。

图 4-57　画蜗牛爱吃的蔬菜

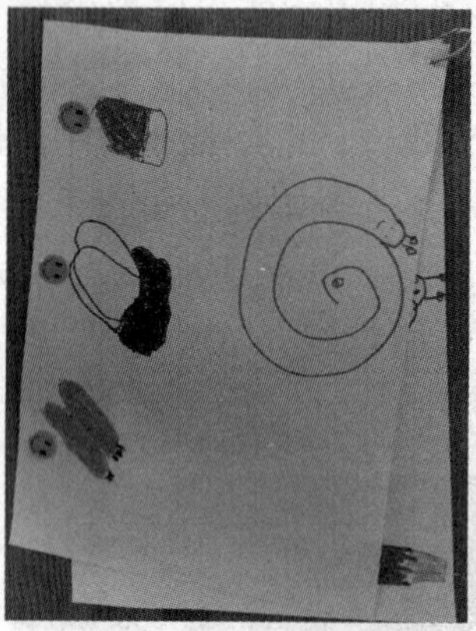

图 4-58　蜗牛的自制图书

图 4-59　分享蜗牛的自制图书

（四）家长的参与

小蜗牛来到小朋友们的家里，也引发了家长们对饲养小蜗牛的兴趣，家长们纷纷在班级群里分享起照顾小蜗牛时的发现。家长们还特意录下了小蜗牛进餐过程中的小视频，与大家进行分享。观看视频时，明明妈妈说："视频中都能看到吃进去的白菜叶子。"乐乐妈妈说："菜叶是一小片一小片运进去的，脑袋那里能看见。"家长们在观察小蜗牛的时候也会提出很多问题，同时带着问题与宝贝们一起进行探索。例如：小蜗牛真的喜欢吃胡萝卜吗？那么硬它吃得动吗？吃胡萝卜拉出来的粑粑颜色会不一样吗？不知道蜗牛喜不喜欢吃苹果？等等。此次活动，家长及幼儿共同参与，增进了亲子之间的感情，又建立了良好的家园共育，激发家长相互学习，交流探索经验。

（五）教师的反思

1. 幼儿的发展

在项目活动中幼儿的认知得到了发展。小班幼儿主要是通过对物体的看、听、摸、闻、尝等感知和操作活动进行的。在项目开展的过程中，幼儿通过直接感知、实际操作、亲身体验，探索和发现了关于蜗牛的很多小秘密。在尝试解决问题的过程中，又发现了新的问题，在不断地尝试、探索中得到了各方面的发展，对蜗牛的认知也越来越深入。例如：蜗牛喜欢吃什么？蜗牛的粑粑是什么颜色的？蜗牛有没有牙齿？……这些问题都是幼儿在不断观察探索中产生的。在饲养小蜗牛的过程中，幼儿会很自主地关心和照顾小蜗牛，他们会将自己亲身的经验运用到照顾小蜗牛上。例如，喂小蜗牛吃东西、给小蜗牛洗澡等。他们会把小蜗牛当作自己的朋友。他们经常会说："小蜗牛是不是饿了呀？""小蜗牛需不需要洗洗澡呀？""碰它，它会不会疼呀？"对小蜗牛的饲养、观察、照顾等活动激发了幼儿爱护小动物的情感，幼儿们愿意饲养、照料小蜗牛，并萌发出责任意识。

2. 教师的收获

在这个项目中，教师能够结合小班幼儿的年龄特点，很好地抓住幼儿的兴趣点，注重以幼儿为主体，采用直接感知小蜗牛，实际操作饲养小蜗牛，亲身体验的方式帮助幼儿对感兴趣的内容一直保持兴趣。在探究过程中，教师给予幼儿自由探索的空间，引导幼儿在观察中发现问题，并启发幼儿想一想、试一试，为幼儿的探究行为给予更大的支持和肯定。在满足幼儿兴趣需要的同时，必要时给予合适的帮助与引导，完善幼儿的探索活动。小班幼儿在教师的引导下，也能够积极主动、乐于探究、敢于探究和尝试。

三、项目三　停车场

北京市朝阳区启明东润双语幼儿园玫瑰分园王金花、侯艳茹。

（一）班级基本情况

停车场项目是小班第一学期进行的第二个项目。幼儿的年龄在 3 岁左右，有 5 名幼儿刚满 4 岁。班级共有 30 名幼儿，男孩 17 名，女孩 13 名。班级共 3 名教师，两名中文教师和一名外教，均从 2018 年 9 月 开始接触探究式学习项目课程。

停车场项目从 2020 年 11 月初开始，一直持续到 2021 年 1 月中旬。

（二）项目主题的选择

2020 年 11 月 5 日，照照从家里带了一辆玩具小汽车来幼儿园和小朋友们一起分享。其他小朋友知道后也像他一样第二天从家里带来玩具小汽车。慢慢地班级里大大小小、各种各样的玩具小汽车越来越多了。每次不玩时，这些玩具小汽车都会被装进筐里，玩的时候就从筐里面拿出来。中途还曾因为取放的问题，小朋友们之间发生了一些冲突。

于是，教师们思考这是一次很好的常规培养以及解决问题的机会，决定通过集体谈话听听幼儿们的想法。

教师："我们的小汽车现在都在筐里，你们取放小汽车方便么？小汽车应该停在哪儿呢？"

幼儿："停车场、车库。"

教师："有什么办法可以给我们的小汽车做一个停车场？"

幼儿："用积木搭一个车库。"

小朋友："用磁力片搭一个车库。"

在老师的鼓励下说干就干，小朋友们尝试用积木、磁力片、纸箱、拼插玩具等材料给小汽车搭建停车场。其中一个小男孩建议，因为小汽车很多，所以应该用积木搭建一个两层的停车场（图 4-60），而另外几个女孩则认为停车位是有白色条的，于是她们第一次尝试使用白色胶条粘贴在地面上来表征停车位（图 4-61）。

图 4-60　用积木搭建的两层停车场

图 4-61　用白色胶条粘贴的停车位

还有一些小朋友想到汽车从停车场开出来后会有马路，于是他们又在教室粘贴了马路（图 4-62），还有的用黑色卡纸制作马路，在马路上贴上白色胶条表示马路中间的白色线（图 4-63）。

图 4-62　用胶条粘贴马路

图 4-63　用黑色卡纸制作马路

幼儿都在按自己的想法搭建停车场，他们分享一些自己见过的停车场的样子，同伴之间围绕停车场这个主题的互动越来越多，教师们发现幼儿们的兴趣越来越高。

于是班级教师在集体备课时从三方面进行了思考和讨论。适宜性：停车场是幼儿在生活中常见的比较熟悉的，他们现有的经验、技能能够支持他们进行接下来的探究。价值性：能够让幼儿在学习过程中了解到一些交通常识、社会交往、语言表达等。可行性：在探究的过程中我们有很多可利用的资源，如家长、交通人员，可以进行实地考察，让幼儿们看得见、摸得着。同时，小班刚入园主要以生活常规培养为主，所以我们决定顺着幼儿们的兴趣以“停车场”作为第二个项目进行深入探究。

（三）项目的实施过程

1. 提出问题阶段

我们进行一次集体讨论：停车场是什么样的？这时他们对停车场认识的已有经验（图 4-64）。我们进行了概括，主要有以下几个方面。

（1）有停车楼。

（2）室内、地下的（黑黑的）在商场、小区。

（3）室外的在路边，在加油站。

（4）一排一排的，有白色线条，还有标志。

（5）有充电站。

（6）有很多不一样的车。

（7）一辆车停一个位置。

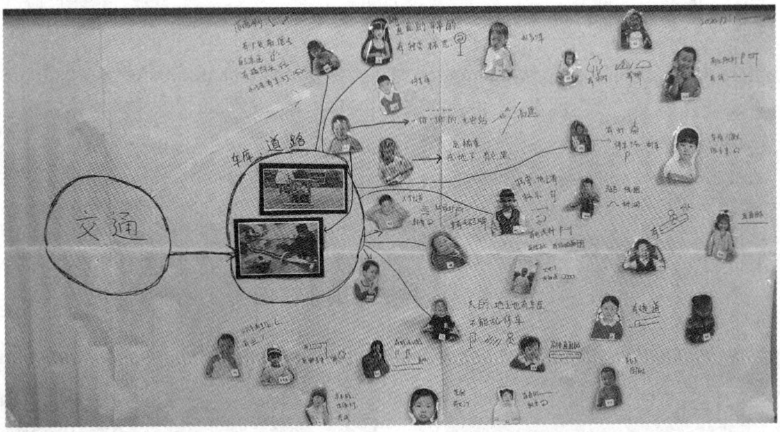

图 4-64 幼儿们的已有经验网络图

停车场与幼儿的生活经验有很大关系，每个幼儿看见的都不一样。他们到底对停车场里的什么感兴趣呢？我们决定进行一次实地考察，看看幼儿能看到停车场里的哪些物体呢？（图 4-65）第一次考察对小朋友们的帮助非常大，他们观察仔细，进行梳理后主要有以下方面。

图 4-65　去停车场寻找兴趣点

（1）车朝一个方向停放，每一辆小汽车根据车位数字停放。

（2）车位是长方形的。

（3）停车场有直行标志、拐弯标志、禁止标志、停车标志。

（4）标志中有正方形、三角形。

（5）有摄像头。

（6）有消防栓。

第一次参观停车场为教师们提供了一个观察幼儿兴趣点和已有经验的机会。实地考察后，在教师的鼓励下，幼儿们开始将自己在考察中的发现用材料进行表征——第二次建造停车场。他们用美纹纸在地面上粘出了车位。这时候有小朋友发现教室里的小汽车有大的也有小的，如果车位小了就停不了大车，于是大家决定根据车的大小做车位，然后把小车按照一个方向摆放（图 4-66）；还有的幼儿用美纹纸在地上贴出标志（图 4-67）；另外一些小朋友还发现这些标志表达的意思不一样，于是我们又找了一本图书《会说话的交通标志》进行了查阅（图 4-68）。幼儿们对材料如何使用非常清楚，他们用小棍和黏土制作形状，因为这些形状（图 4-69）和标志（图 4-70）在一起都是会说话的。

图 4-66　摆放好的小车图

图 4-67　用美纹纸在地板上贴标志

图 4-68　在书中看到标志

图 4-69　小朋友用小棍和黏土制作的形状

图 4-70　小朋友制作的标志

在小朋友们的努力下，第二次搭建的停车场逐渐成形。小汽车也被整齐地摆放在停车位上。但幼儿们继续讨论和表征。很明显，他们对停车场非常感兴趣。教师们对这些刚入园不久的幼儿的能力感到惊讶。

在区域活动中，我们观察到小朋友将小汽车从停车场拿到其他区域，有的是直接拿走，而有一些经验的小朋友则将车从两边的口滑出去。于是在区域分享环节时，就有一个小朋友分享自己坐爸爸车去停车时，爸爸在一个门口停了一下，还刷卡了，一个叔叔还检查一下。大家很快被这个小朋友的分享吸引了，开始提出一些问题，梳理后大概有以下几条。

（1）汽车从哪儿开进去？从哪儿开出去的？

（2）小车开进去的时候，司机需要做什么？

（3）坐在小屋的叔叔是负责干什么的？

（4）为什么用一个栏杆挡住？

（5）栏杆为什么会自动抬起来？

（6）停车牌上面写的什么？

（7）停车需要给多少钱？

幼儿们的问题聚焦在停车场的出入方式上。对于幼儿们提出的这些问题，如何找到答案，我们进行了深入讨论。有幼儿说，可以请别人给我们讲讲。还有幼儿说，可以去查阅一些书籍、去网上查阅一些视频。也有幼儿说，我们可以请人开着汽车进入停车场一次，然后出停车场一次，我们一起去看看。

教师反思

解决小汽车的停放问题成了我们探究项目的来源。在第一阶段，我们探寻幼儿们对停车场各方面可能产生的兴趣，于是我们通过一些策略去了解幼儿的已有经验和兴趣。

策略 1：提供环境及材料支持。因为小班幼儿语言发展不够完善，对于提出一些具有针对性的问题比较有挑战，于是教师通过与停车场有关的材料、环境让幼儿进行探索与表征。

策略 2：提供图书。通过书籍，从中获取一些新的信息。

策略 3：愉快的讨论氛围。通过交流、倾听幼儿之间的谈话，教师帮助记录。

通过这些策略我们了解到了幼儿们的已有经验，也发现大家的已有经验不一样。

为了让幼儿们对停车场有一个共同的理解，于是，我们去了实地考察；去实地考察，同时也是为了在现场发现幼儿们的兴趣，通过观察幼儿的表现，发现幼儿们的已有经验。而在这个阶段中我们没有邀请专家介入讲解新的内容。

2. 探究与表征阶段

1）实地考察

对停车场项目进行的许多调查是通过实地考察和询问专业人员了解进行的。我们找到了离幼儿园比较近的停车场，刚好此停车场围着一个超市，所以幼儿们只需要围着超市绕一圈就能看见车进和车出的整个过程。于是我们又找来班级的一位家长，由他开着车从停车场的入口开到出口，孩儿们全程观察（图 4-71）。他们发现当车开到入口时，栏杆自动就打开了，还听到栏杆旁边的机器说“欢迎光临”，汽车开走后栏杆就放下来了。为什么栏杆会自动下来而不需要人来操作？家长介绍说：“在栏杆旁边有一个识别摄像头，它可以扫描到车。只要来车，它就会自动抬起来。”然后家长开着车又绕到出口，小朋友们又来到出口进行观察。而这一次小汽车要出去时，司机需要停车下来，把钱递给房子里的人，最后栏杆会自动起来并说“一路顺风”。我们又询问了当时在岗亭收钱的工作人员。通过他的介绍，幼儿知道了：这是出口，汽车需要从入口进来然后从出口出去，它们的方向是不一样的。

图 4-71　小朋友们在观察汽车从停车场的入口开到出口

当幼儿们知道停车场出口、入口不是同一个地方时，他们在班级也用积木和美纹纸把考察中看到的“出口”两个字在第二次建造的停车位中模仿粘贴出来（图 4-72）。在游戏时，他们会把车从出口开出来（图 4-73），因为不能做一个自动栏杆，于是会有两名小朋友分别在入口和出口来扮演栏杆，当有车开入或开出，他们的手就会抬起来。

图 4-72　停车场上有了“出口”

图 4-73　小朋友们模拟小汽车的出入

在考察中，我们还请收费员和管理停车场的负责人解答了小朋友们的问题。收费员向小朋友介绍了自己工作的屋子和主要负责的工作。小朋友们知道原来这个房子是收费亭，汽车停放在停车场是需要付费的，停放时间越长需要付钱的就越多。

通过实地考察，幼儿们的问题得到解答。于是我们进行了一次考察后的集体分享活动。我们得出以下结论。

（1）入口和出口是分开的。

（2）入口时，栏杆会自动抬起来说“欢迎光临”，然后汽车才能进来。

（3）出去时，需要将停车费在收费亭处交给工作人员，然后栏杆抬起来说“一路顺风”，汽车离开。

（4）每个停车场都有一个停车标志。

2）第三次建停车场

（1）设计停车场

经过这次考察和工作人员的解答以及幼儿们在观察中的发现，幼儿们明确了给班级的小汽车搭建停车场的目标。于是通过讨论一起设计要搭建的停车场（图 4-74）。从图中可见，停车场有车位，有出口和入口，有栏杆，有家乐福。

有了设计图，我们就更清楚想要搭建一个什么样的停车场了。教师提议：“我们可以进行分工。”小朋友表示赞同，因为这样停车场能很快地完成。于是我们通过一日问题的形式让小朋友们自由选择（图 4-75），最后形成小组。

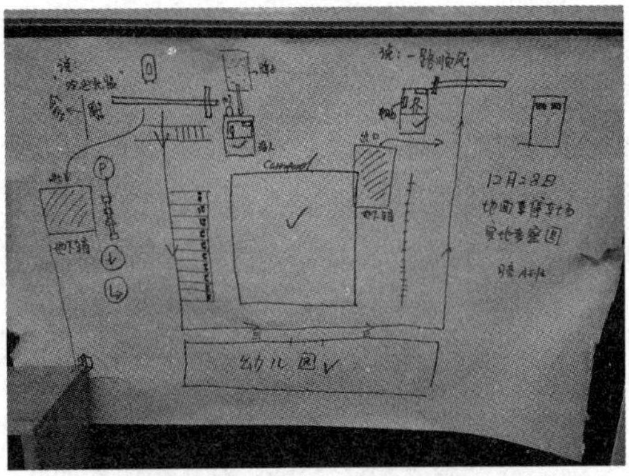

图 4-74 教师根据幼儿的回忆画的设计图

图 4-75 幼儿们拿着自己的照片进行选择

共同搭建停车场让所有小朋友的兴趣点集中到一起了，大家开始为同一个目标努力。

（2）制作停车位

因为停车位是白色的长方形。于是大家第一考虑的就是用白色胶条来粘贴。可是怎么确定车位的大小呢？小组成员开始想办法，最后发现教室地砖上有缝隙，可以每 2 块地砖粘上一条美纹胶。因为每个车位后面有一个“轮挡”，于是他们用黑色的水彩笔涂上“轮挡”的颜色。大家还一起数了班级的小车，一共有 12 个大的，10 个小的。所以需要做 12 个大车位和 10 个小车位（图 4-76）。

(3) 搭建拦车杆

另外一组小朋友负责搭建入口和出口处的自动拦车杆。在决定用什么材料做自动拦车杆时，大家开始进行讨论，有的小朋友说可以用一根棍子，还有小朋友说可以用拼插玩具。于是一个小朋友把拼插棒连接在一起制作成拦车杆（图 4-77）。

图 4-76 小朋友们在制作停车位

图 4-77 用拼插棒连接成的拦车杆

(4) 制作停车标志

怎么让别人知道这是停车场呢？两位小朋友决定要制作一个停车标志。一位小男孩说："需要大一点的停车标志。"一位女孩儿："我们可以让教师帮我们画一个 P。"于是教师协助他们在一张纸上按照他们的要求写了一个大写的 P。可是纸上的 P 并不明显，于是两人又去美工区找到超轻黏土沿着字母 P 粘了一圈，然后用其他颜色的油画棒涂上颜色（图 4-78）。

(5) 搭建收费亭、家乐福超市

幼儿们在搭建家乐福超市时，还注意到家乐福大楼是有颜色的。可是班级没有带颜色的积木。于是大家想到用磁力片代替。而收费亭大家还是想到用积木搭建成一个小房子（图 4-79）。关于出口和入口说的"一路顺风""欢迎光临"，小朋友们想到的方法是用教师的 iPad 录下"一路顺风""欢迎光临"的声音然后放在蓝牙音箱里，要是有车进出就由收费人员播放。

图 4-78 用超轻黏土、油画棒装饰停车标志

图 4-79 用积木搭建的收费亭

停车场在大家的合作下逐渐成形，幼儿们的兴趣也逐渐平息下来。大家开始分享着自己和小朋友搭建的心情和自己参与的部分。本以为幼儿们的搭建就到此了。于是

我们就组织了一次集体谈话，大概内容是："停车场搭建好，怎么将它玩起来？小汽车开到哪里去？"很快有小朋友就提到在考察的时候，他看见车上了马路。大家的兴趣点很快被这一次谈话拉回来集中到马路上去了，大家还特别积极分享自己见过的马路有红绿灯、有树、有垃圾桶、有标志、有行人……

于是我们又开始在平板电脑上找到了一些马路的照片。幼儿们看过以后，他们想到了之前用黑色卡纸制作的马路，接着他们继续用黑色卡纸按照熟悉的方法进行制作（图 4-80），并将制作好的马路从停车场的出口一直粘贴到更远的地方（图 4-81）。

图 4-80　用黑色卡纸制作马路

图 4-81　马路到了更远的地方

幼儿们还不会绘画，所以教师给他们提供了简笔画的树模型。幼儿们涂上颜色后用剪刀剪下来，然后用胶棒粘贴在立体的小积木上，最后放在马路边上（图 4-82）。幼儿们又发现了很多交通标志，于是在大家共同决定下，选择了直行、拐弯、红绿灯标志放在道路两边。

在大家合作下，停车场完成了（图 4-83）。幼儿开始模仿爸爸妈妈有序地将小汽车从停车场开出去，有序地将小汽车开回来停好。

图 4-82　在制作马路边的花草树木

图 4-83　搭建完成的停车场

教师反思

在这个阶段，我们运用了一些有效的策略来支持幼儿们寻找问题的答案。

策略 1：学习如何提问。帮助幼儿学习一些提问常用到的语句，例如，什么？什么时候？在哪里？为什么？引导幼儿使用这种类型的句子提出自己所好奇的东西。同时，教师在这些提问中抓住幼儿的核心问题进行深入探究。

策略 2：提供聆听专家说话的机会。第二次考察让幼儿们学会了寻找答案的方法，例如，观察、询问都能得到答案。

策略 3：支持幼儿表征获得的新信息。在幼儿得到答案后，如何将答案内化成自己的经验，教师提供材料的支持，鼓励幼儿们大胆尝试。

策略 4：增加同伴协作及解决问题的机会。最后一次搭建非常重要，教师提议让幼儿们尝试第一次合作，让同伴之间有了更多的互动交流。

3. 分享与展示阶段

幼儿们的兴趣开始分散，从提出问题到最后解决问题，我们持续了一个月。于是我们又组织幼儿们进行了一次分享活动，分享自己在参与过程中的一些感受和收获。我们将这些感受录制出来与家长进行了分享。幼儿说到的感受主要有以下一些。

七月：我喜欢和小朋友们一起搭建。

韩途：在搭建中，我还跟照照吵架了，因为我们的标志做错了，后来我们两个又和好了，因为我知道了他想放在一个大家都能看见的地方。

天天：我们分工了，这是我们班级的车库。

好奇：和大家一起做车库很有意思，我觉得小雨点不调皮了。

早早：一起搭建很快乐。

照照：我开始的时候着急，喜欢抢东西，我现在不抢了。

安安：我认识了很多标志，这些标志是我以前不认识的。

佑佑：车库是按号停的，我告诉了我爸爸要遵守交通规则。

美美：我学会了把胶条从胶座上撕下来，我粘贴车位时学会的。

布克：我们好棒，我们的车位做得真好，我想让爸爸妈妈都看见。

小七：我认识了很多形状和标志。

辰辰：我负责做了马路，我觉得很开心。

橙橙：我原来喜欢吵架，现在不吵架了。

米连：是我们大家的车库。

小毛：爸爸说这个叫合作。

胡墨远：我喜欢帮助小朋友。

……

（四）家长的反馈

当我们把视频发到家长群里后，家长们纷纷表达了自己看到视频后的想法。

豆豆妈妈：当看到教师分享给我们幼儿搭建和分享视频后，我是非常意外的。幼儿给了我惊喜。从最初我看到教师给我们的一封信时，我还带着怀疑的心思与教师反馈说："老师，停车场可以探究什么？确定幼儿能学习到一些东西么？我们可以做些什么？"当时，老师给我的回复是："要相信幼儿。"老师的话让我尝试着去相信幼儿的能力。直到收到老师和宝贝的消息说要举办线上“分享与展示”活动，看到视频后，我感觉我比孩子还激动。孩子刚上幼儿园一个半月，在短短的时间里他不仅适应了幼儿园生活，更重要的是他知道如何在教师的引导下去寻找自己想要的答案和解决问题。

小雨点妈妈：停车场项目很有趣，看见幼儿园的小朋友们主动参与、进行深入学习的过程，作为家长，我们被探究课程的理念所感动，它也慢慢转变了我们家长的观念。我们平常工作比较忙，可能很少在意幼儿的学习方式，大部分时间都是按照自己童年的学习经历去引导幼儿。所以给我最大的感受是成人应该抓住幼儿的兴趣，基于他们已有的生活经验再提供帮助和支持。

土豆妈妈：在教师的分享中，我们看到了幼儿经历了一段宝贵的学习过程。幼儿们由实际参观、询问专家、亲自动手搭建，一步一步进行深入探究，幼儿在这样的学习环境下更加主动。

龙宝妈妈：我印象比较深刻的是第三次搭建。我感受到幼儿的能力，他们其实是强大的、有力的。教师们在项目过程中的支持是需要我们家长反思和学习的。教师没有直接告知幼儿应该怎么做，而是通过提供新的学习机会（考察、询问专家、提供材料、提议分组）去帮助幼儿。

（五）项目反思

“停车场”这个项目的结果是令人喜悦的。虽然项目进展并非一帆风顺，教师也曾经想放弃，但这是师生共同努力出来的课程，它让我们看到幼儿能通过主动探索进行更深入的活动。幼儿们的这份学习动力也支持着我和幼儿们一同学习、成长。

一次区域整理意外地促使我们开始了一次搭建“停车场”的探究之旅，而且持续了很长时间。幼儿们在整个过程显示出的能力令我惊奇。刚入园一个半月，他们能主动尝试用不同的材料、方法将自己理解的、看到的、听到的表征出来；从自己单独玩，学会了和同伴一起合作。我想一定是环境让他们感受到安全和接纳，所以他们才会专注投入到自己的学习中。通过这次项目的开展，教师们感受到，我们应该相信幼儿的能力，可能一件微不足道的小事就能引起班级所有小朋友的兴趣。小朋友们通过这个项目学习到了探究的学习方式，学会了思考。

通过三次的表征作品比较，我感受到幼儿们在这个过程中真正经历了一次深入的学习。例如，在第一次搭建中，幼儿们只是凭借自己的已知经验搭建，无论是材料的选择还是搭建的方式都比较单一；经过第一次考察接触到了新的信息后，幼儿开始模仿，重新调整，再次搭建。第二次搭建明显比第一次更加细致，他们开始尝试运用身边的材料、工具进行表征。当幼儿专注地投入到一件事情时，他们总会产生许多“为什么”。于是第二次考察时，我们是带着问题去寻找答案的。因此，第二次考察对幼儿们的搭建有了更大的帮助。在第三次搭建停车场的过程中，幼儿们除了在材料、工具和细节上有了更丰富的表征外，更重要的是他们意识到一个大的工程是需要同伴之间进行合作才能完成的。

第二节　幼儿园探究式学习项目课程中班案例

一、项目一　葡萄干

兵器工业机关服务中心幼儿园马悦、余瑞娜。

（一）班级基本情况

班级一共30名幼儿，其中男孩15名，女孩15名，人数较为均等。班级有27名幼儿已到4岁，3名幼儿5岁。新学期开始，幼儿们从原来幼儿园的北楼换到南楼，全新的班级环境。班级三位教师都是新接手这个班级。班级中两位教师都有着十年以上的教育经验，在幼儿园长期带中大班，熟知这个年龄段幼儿的年龄特点。对于这些幼儿们来说，他们开学的第一个月面临着全新的班级环境、全新的教师。

在与幼儿短短一个月的相处中，幼儿已经与三位新教师建立了亲密感；适应了全新的班级环境；适应了自主、有序的中班生活。班级里大部分幼儿思维活跃，他们喜欢问问题，喜欢探索，对有挑战的活动感兴趣，持续关注的时间也很长。

（二）项目主题的选择

十一长假过后，幼儿带着还未散去的愉快情绪来到了幼儿园，一见面便忍不住交流起来，说着自己在旅游当中发生的各种各样的精彩故事，脸上洋溢着幸福的喜悦。结合幼儿们如此浓烈的兴趣点，班级开展了交流与分享活动。幼儿们争先恐后地表达自己的想法和情绪。

有的幼儿说："我去河南了，那里有龙门石窟，爸爸、妈妈带我去的。"

有的幼儿说："我去山东了，我的奶奶在山东住。"

"山西乔家大院很好玩。"

"我妈妈带我去新疆了。"

"新疆！我也去过。"有几个小朋友有了共鸣。"那里有好多水果，可甜了！""那你在那里都吃过什么水果呢？"结合幼儿的话语，我把问题抛给了幼儿。"哈密瓜、西瓜……"，过会儿大家异口同声，"葡萄干！"

幼儿们纷纷讨论起了葡萄干。他们有的说自己在家里吃过葡萄干，有的说："幼儿园的花卷里、饭里也有葡萄干。""葡萄和葡萄干不一样！""我还知道葡萄干是葡萄做成的。"幼儿们你一言我一语，说着他们眼中的葡萄干，根本没有要停下来的意思。本以为这是一次普通的谈话活动，用来抒发幼儿们的喜悦之情，拓展幼儿们的视野，没想到大家表现出了对葡萄干浓烈的兴趣。

兴趣是最好的教师。于是我们决定一起研究葡萄干，让幼儿们在探究中发现，在操作中表达，在游戏中创造，在获得与运用知识技能的同时获得全面发展。

（三）项目的实施过程

1. 提出问题阶段

教师准备了一些葡萄干，放在教室里，激发幼儿们对葡萄干的进一步讨论。幼儿们看到葡萄干后，说道："葡萄干比我吃过的葡萄小多了。""葡萄干上皱皱巴巴的。""我的是绿色的。""我的是紫色的。""我的葡萄干比他的葡萄干大。"……慢慢地，幼儿们一个个轻轻地、似有不舍地从盘子里拿起了一粒葡萄干，放到嘴里尝了起来。瞬间就听到班级中回荡着赞叹声："真甜呀！""好吃！""和我吃过的葡萄干一样。"

幼儿们回家后，兴奋地介绍了在幼儿园品尝到的葡萄干，和家人去菜市场的时候也会不断地询问有关市场中看到的各种葡萄的问题。来到幼儿园，他们又会与同伴交流自己对葡萄新的发现："葡萄有很多不同的名字，比如巨峰葡萄、玫瑰香……""有的葡萄大一些，有的却小一些。""还有着绿色的、紫色的不同的颜色。"……

听到幼儿的谈话后，我制作了一个调查表格，请幼儿将表格拿回家和爸爸、妈妈共同寻找里面的答案。幼儿果然不负众望，将自己收集的资料用自己喜欢的方式进行了记录，并与大家进行了分享。

小白说：我和爸爸从网上查到，全世界约有 8000 多种葡萄，中国有 700 多种，栽培有 40 ～ 50 种，葡萄喜欢在 20 ～ 30℃的环境生长，它们喜欢阳光，葡萄里含有大量的微量元素钙、铁、锌等（图 4-84）。

青青说：我和妈妈调查了珍珠葡萄，它的特点是果皮紫黑发亮，果形圆润，酷似黑珍珠（图 4-85）。

图 4-84　小白做的调查记录

图 4-85　青青做的调查记录

了解到了幼儿们对葡萄干、葡萄的已有经验后，我和幼儿们一起讨论了他们下一步想要知道的问题。

（1）葡萄干里为什么没有籽？

（2）巨峰葡萄里有几个籽儿？

（3）葡萄干为什么皱巴巴的？

（4）葡萄干为什么颜色都不一样？

（5）葡萄干怎么晾晒成的？

(6) 葡萄干还会变成葡萄吗?

(7) 葡萄干怎么吃更有营养?

2. 探究与表征阶段

1) 问题一　葡萄干里为什么没有籽?

"葡萄干里的葡萄籽呢?"随着一名小朋友的疑问，其他小朋友也议论了起来。他们发现刚才吃的葡萄干里确实没有葡萄籽。教师也问道:"葡萄籽去哪里了?请小朋友们猜想一下。"大家纷纷猜测着:"在晾之前把葡萄籽抠出去了。""葡萄籽也和葡萄一样被晾干了。"果果说:"上网查查，爸爸、妈妈说网上能告诉我答案。"我立刻说:"请你帮助大家上网查一查答案吧。""好!"果果说。

第二天早上，果果很早就来了，兴奋地举着查到的资料(图 4-86)，问老师什么时候可以分享给大家。我及时给予他鼓励，并邀请他声音洪亮地把查到的答案分享给大家:"葡萄干以无籽葡萄晾晒为主，在它晾晒之前就是没有籽的。""还有些葡萄干的籽会在晾晒过程中变小，吃起来就像没有籽一样。"这下我们大家都明白了，果果脸上也流露出了小小的得意。

2) 问题二　巨峰葡萄里有几个籽儿?

我买了巨峰葡萄，在加餐时，洗干净后，请小朋友进行品尝，大家都小心翼翼，生怕葡萄籽被咬坏或被吞下。轻轻吐出后便放在手心里仔细地点数，发现有的葡萄籽是 3 个(图 4-87)、有的是 4 个。这下我们明白了，原来虽然都是巨峰葡萄，但里面的籽却不一样多。

图 4-86　无籽葡萄更容易制作成葡萄干

图 4-87　幼儿用超轻黏土记录观察到的巨峰葡萄和葡萄籽

3) 问题三　葡萄干怎么晾晒成的?

(1) 讨论晾晒的方法

我们和幼儿们进行了讨论。白梓源说:"这还不简单，放到太阳下去晒不就得了。""对、对、对，太阳下晒就可以了，太阳能把衣服晒干，肯定也能把葡萄晒干。"刘济源跟着说到。于是一大部分幼儿点头同意他的说法。这时，瑶瑶涨红了脸说道:"不对，我妈妈跟我说过，葡萄干是要放在一个通风的地方，让风把它吹干。你看我的嘴就是风给吹干的。"个别幼儿一听她说得好像有些道理，于是又站到了她这头儿。刘笛雅认真地说道："是要放在通风的地方，不过，要挂起来。"马源博说："老师，是这样的！只要不下雨都放在外面，这样有风吹它、又晒它，能干得快点。"一些小朋友结合日常生活中的实际经验，觉得自己说得很有道理。当看到开始跟自己站到一起的小朋友倾向于别人的时候，他们开始着急了。"不对，要放在太阳下晒。""不对，要放在屋里。"幼儿们都在坚持着自己认同的理由。

这时，我给幼儿们提供了纸和笔，让幼儿们用绘画的形式表现他们各自的想法（图 4-88 ～图 4-92）。

图 4-88　羊羊想把葡萄放到通风的地方

图 4-89　暖暖想把葡萄放在架子上进行晾晒

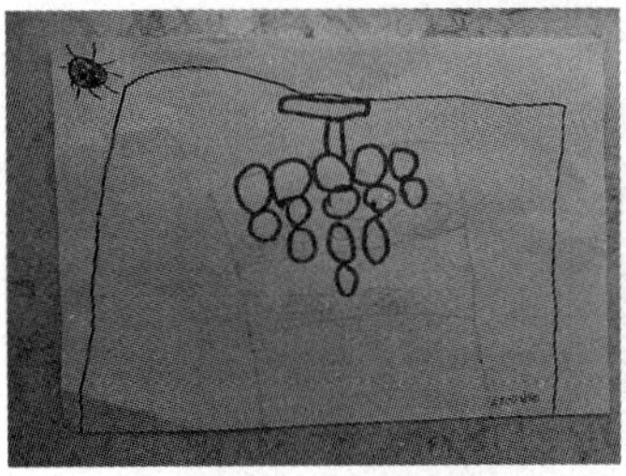

图 4-90　昭昭想把葡萄放在有阳光的地方

图 4-91　熙熙想把葡萄挂起来并放在有阳光、通风的地方

图 4-92　小白想把葡萄挂起来进行晾晒

幼儿画完后，把他们的作品展示在教室里，大家对这些绘画作品进行分类，把相同的一类放在一起。经过分类后，幼儿们发现班级中出现了四种方法：太阳下晒葡萄干、大风吹、通风处、通风处挂起来。

（2）寻找适宜的晾晒地点和工具

确定了方法，接下来就要寻找适宜的晾晒葡萄干的工具。这时，翰棠拿出了以前娃娃家用的塑料盘子，并把葡萄放到了里面。看到翰棠拿盘子后，幼儿们都去拿餐厅的盘子，不到两分钟餐厅的塑料盘子一抢而空。芷茝焦急地问我："我能用美工区的纸盘子吗？"教师及时认可幼儿的想法："当然可以。"清漪和伊伊从阳台找来了晾晒拖鞋的鞋架，对我说："老师，我们找来一个特别好的东西，你看这个木架能把葡萄挂在上面。"我伸出大拇指对她俩说道："给你俩点个赞，这个想法很新奇。"小朋友纷纷地找到了自己认为合适的工具（图 4-93 ～图 4-100）。

决定将葡萄挂在通风处吹干的幼儿，找来美工区的毛根把葡萄挂了起来；同意太阳晒的幼儿把葡萄送到了阳台的窗台上；认为应该放在通风处的幼儿们端着自己的葡萄在屋里找最佳通风位置，一会儿楼道、一会儿教室内窗台……幼儿们进行了讨论，

图 4-93　睿睿想用玩具筐晾晒葡萄

图 4-94　琦琦想用玩具筐晾晒葡萄

图 4-95　然然想用美工区的纸盘晾晒葡萄

图 4-96　小白想用大一些的筐晾晒多一些葡萄

图 4-97　镜然想用加餐盘晾晒葡萄

图 4-98　呆呆想用这个带轱辘的车晾晒葡萄

图 4-99　呆呆在幼儿园的旧物收集架上找到了纸箱

图 4-100　思慎找到了蛋壳盒

最后在他们的一致认同下放到了阳台门处（图 4-101 和图 4-102）。他们想阳台门总是开着的，可能会有风，而且也是在室内存放。幼儿们都将葡萄放到了自己认为合适的位置后才安心地去进行其他活动。

图 4-101　幼儿们将葡萄放在阳台进行晾晒

图 4-102　幼儿们将葡萄放在窗台上

（3）小鸟吃了葡萄怎么办

一天，户外活动时，回班换衣服的思颖突然飞奔向我跑来，着急地说道："不得了了，小鸟吃葡萄了。快回去看看吧。”听到这一消息，我们迅速收好玩具集合回班。我怕惊飞了小鸟，看不到现场，就带着幼儿们悄悄地走进教室，远远地就看见阳台外面有几只喜鹊正在吃葡萄。看到这一场景，这一组小朋友可着急了，他们都想冲过去，把喜鹊赶走，正在外面享受美味葡萄干的喜鹊们，听到了屋里面的声音，便飞走了。我先安抚了幼儿们的情绪，然后引导幼儿讨论我们应该如何做，防止喜鹊把葡萄吃完。大家积极地为晾晒在外面的葡萄想办法。济源说：“我去过我奶奶家，看见地里有稻草人，奶奶说是轰鸟的。咱们也做一个吧。”“这个主意不错。那咱们开始做吧。”正在大家寻找材料准备进行制作时，馨乐从表演区找来了表演手偶用的娃娃，笑着说：“大家快谢谢我，不用做了，我给你们找来娃娃了，可以直接放到外面。”于是他们拿来矿泉水瓶，把娃娃放到上面，摆在了葡萄的边上。而且这个组的小朋友约定每天早上把娃娃拿出去晚上收回来。

（4）葡萄往下掉怎么办

一天下午，殷郡跑过来跟我说：“老师不好了，葡萄都掉下来了你快看看吧。”听到这个消息后，我随着幼儿们一起来到了挂晒区。一看，葡萄掉了一地。“哎呀！这是怎么回事呢？”幼儿们都皱着眉头思考着。上午刚挂的葡萄怎么都掉了。周子惠拿起一颗葡萄看了一下，跟发现新大陆一样，说道：“老师你看，是葡萄坏了才掉下来的。”于是，手里拿着葡萄的小朋友开始仔细观察手中的葡萄。张景程拿着他手里的葡萄说道：“老师，我手里的葡萄没有坏。”于是，我拿过他手里的葡萄看了看，又给边上的小朋友看了看，说道：“那你们想一想、找一找、看一看是什么原因让葡萄掉下来了。”一向爱思考的张子兮对大家说：“是这样的，咱们挂的葡萄太重了，让有些葡萄掉了下来，坏掉的葡萄也掉了下来。所以，咱们不能挂这么重的葡萄。”“那挂多少葡萄合适呢？”我问道。爱走捷径的张士渤说道：“老师别急，咱们把葡萄挂上，坏了的自己就会掉下来，太重的也会掉下来，等葡萄觉得重量合适的时候就不掉了。”“那掉下来的好葡萄怎么办？”我继续提问。邓涵之说道：“哪个组捡到了就放到那个组的盘子里不就行了。”我认为幼儿们会进行复杂的一系列猜想和实验等环节的问题就这样简单地被他们解决了。

（5）制作晾房

有一天，一个小朋友带来一张晾晒葡萄干晾房的图片（图 4-103），大家很感兴趣，也想要制作晾房。

有个小朋友说：“做个箱子，把葡萄盖上。”“可是箱子会把阳光挡住，葡萄就没办法变成葡萄干了。”“把箱子挖出洞来，让阳光从洞里进入不就行了”……最后经过大家的讨论，我们把大箱子开了几个口，并用布条把箱子留有缝隙地包裹起来（图 4-104），幼儿们在制作的过程中开动脑筋，用水彩笔的宽度作为标准逐一对照，确保布条的缝隙一样宽。这样既透气、透光，还能保护葡萄不被小鸟吃掉。完成后小朋友们为自己欢呼了起来，为自己的付出感到骄傲。

（6）招来了小飞虫怎么办

葡萄干已经在班级中晾晒了半个月的时间。周一早上，幼儿们高高兴兴地来到了班级，突然孔维敏和郭伊伊在钢琴后面大叫到，“好可怕，老师不得了了，这里都是小

图 4-103　小白和爸爸一起从网上查找到的晾房的图片

图 4-104　幼儿们在用纸箱、布条等材料制作葡萄干的晾晒房

飞虫。”“啊！是吗？”我急速来到钢琴后。“哎呀！这么多的小飞虫哪来的？”保育老师也跟了过来，看完说道：“咱们班肯定有东西坏了，快找。”于是，幼儿们开始在班级里的每一个角落、垃圾桶、厕所、餐车、角色区……开始寻找。只听王一然一个尖叫，“老师，是葡萄这里的小飞虫。这里更多。”胆子大的小朋友走到了葡萄架的边上，仔细翻看着。“老师有好多葡萄都烂掉了，是它们招来的小飞虫。”“你是怎么知道的？”我问。邢澄澄说道：“我家有一天吃西瓜，西瓜放到桌子上忘收了，第二天上面全是小飞虫。我妈妈说西瓜太甜了，小飞虫喜欢甜的。葡萄也甜，小飞虫也喜欢。”“那怎么办呢？”我皱着眉头说道。棠棠说道：“老师咱们先把坏掉的葡萄扔掉，小飞虫闻不到甜味就不会来了。”听到这个建议，害怕小飞虫的幼儿马上说道：“快，你们快把坏葡萄扔掉。把小飞虫赶走。”于是，胆大的幼儿们开始整理挂着的和盘子里坏掉的葡萄。不一会儿工夫，坏葡萄都被清理走了，小飞虫也随着甜味的转移离开了。于是，为了让小飞虫不再来，幼儿们约定每天来观察的小朋友都要负责看盘子里是否有坏掉的葡萄，以便发现后及时清理。

3. 分享与展示阶段

一颗颗辛勤晾晒好的葡萄干（图 4-105 ～图 4-107）牵动着幼儿们的思绪。终于到了要分享葡萄干的日子了，所剩不多的葡萄干要怎么分呢？

图 4-105　赤霞珠葡萄晒成的葡萄干

图 4-106　玫瑰香葡萄晒成的葡萄干

图 4-107　黑加仑葡萄晒成的葡萄干

分享葡萄干的日子定在星期三，所有的小朋友如约而至。我请幼儿们把他们的葡萄干一盘盘分类放在桌子里。大大的盘中放着为数不多的葡萄干。我问道：“你们准备怎么来分享这些葡萄干呢？”妞妞高举着手说道：“老师，我每种都想尝尝，尝一个就行。”元博拉着我的衣袖说道：“我想带回家给我妈妈尝尝，她可想吃我带来晾晒的日本葡萄

了。”堂堂有些着急地说道：“我想给我弟弟尝尝，他在小班。他们班的小朋友都想尝尝。”……幼儿们纷纷表达着自己的意愿。“你们都有自己的想法，葡萄干就这些，我们要怎么分呢？”子兮高举起手说：“先分给咱们班小朋友吧，每人选一颗自己最想吃的尝尝，然后看剩下多少再决定。我们劳动了，要分享劳动成果。”我把目光看向其他幼儿说道：“你们同意吗？”幼儿纷纷回答道：“好！”“同意！”很快每人选择了一颗自己最想品尝的葡萄干进行了品尝，每个幼儿脸上都洋溢着幸福的笑容（图 4-108）。品尝完后洋洋第一个走到我身边对我说：“我跟元博想拿回家，还有豆豆和妞妞。刚才的葡萄干特别特别好吃。我妈妈吃完会特别开心的。”豆豆凑过来说道：“对、对、对，我拿来的时候我妈妈就跟我说要是晾好了一定要带回家给她尝尝。”“那一人带几颗回家呢？”我问道。妞妞拉拉我的手凑到我耳边说：“家里有几个人就几颗吧。”我问小朋友们同意吗？小朋友们都给出了肯定的答案，在教师陆续分发完食品袋后，幼儿小心翼翼地数着、装着葡萄干给家人带回去分享。本就不多的葡萄干，在一次次的分享后所剩寥寥无几。剩下的也不够全园小朋友一起分享了，怎么办呢？

笑笑说道：“幼儿园的小朋友还没有一起分享呢？我们要把葡萄干给咱们幼儿园所有的小朋友一起分享，刚才我就想说。”我摸摸她的头说道：“现在咱们班剩下的葡萄干不够大家一起分享的，要不咱们一起想想办法？”她有些不开心地低着头小声说道：“我好想给我小班的妹妹尝尝。”多多看到她的好朋友不开心了就安慰说道：“别不开心了，咱们一起再晾点吧。”笑笑开心地露出笑容。我回答道：“好呀，这个主意真不错。咱们一起再晾点，这样幼儿园所有的小朋友都够吃了。那现在剩下的葡萄干怎么办呢？”我再次给幼儿们提出了问题。在幼儿们左思右想后决定把剩下的葡萄干分类放在透明的瓶子里，然后在旁边画上晾晒的过程，就像妈妈常用的菜谱书一样，一看就能明白！

于是，在过渡环节，我和幼儿们一起回忆了葡萄干晾晒的过程，幼儿们根据亲身体验在集体教学时间分组进行晾晒过程的绘制，还争当起讲解员把我们晾晒经历讲给其他小朋友们听（图 4-109）。

图 4-108　每位幼儿准备品尝 1 颗自己晾晒成功的葡萄干

图 4-109　将自己晾晒的经验进行分享

美味葡萄干已经产生了，你想分享给谁呢？幼儿们迫不及待地想拿给自己想分享的人。有了之前的班级分享经验，幼儿们这次有序多了。自发进行了分组，有分享给食堂叔叔阿姨的，有分享给后勤老师的，还有分享给园长的。仍然一起约定好了每个人只能拿1颗，因为还要分享给其他班级里的小朋友。

作为中班的小朋友，分享前还可以做些什么呢？幼儿们决定把我们与葡萄干的故事制作成小书分享给更多的人，这样先介绍再品尝，葡萄干就更美味了，就好像保育老师每天为我们介绍食谱一样！

美味葡萄干

羊 羊

第1页：你们看，这是我们自己做的葡萄干（图4-110），我们尝试了很多次才成功的，你们想知道葡萄干是怎么做出来的吗？我给你们说说。

第2页：先要和爸爸、妈妈一起去超市买葡萄，卖葡萄的阿姨说葡萄有好多种，有巨峰、奶葡萄、玫瑰香，还有黑珍珠……我们买了很多很多的葡萄（图4-111）。

图4-110 第1页

图4-111 第2页

第3页：我们买了很多葡萄，所以找了好多的盘子，把葡萄放在盘子上制作（晾晒）成葡萄干。可是，很多葡萄坏了，身上长出了黑黑的点，老师告诉我们那是发霉了，我们觉得是因为葡萄挨得太近、太挤了……好多葡萄都坏掉了（图4-112）。

第4页：葡萄不光烂了，还引来了小虫子（图4-113）。我们班里到处都是小黑虫子，还追着我们飞呢！我们把坏了的葡萄扔了就没有虫子了。

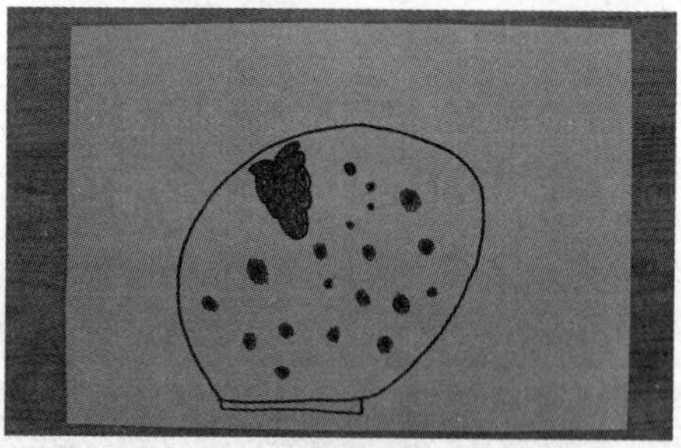

图4-112 第3页

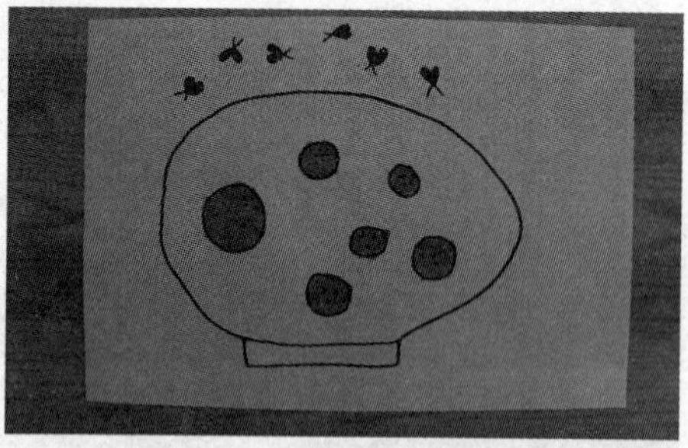

图4-113 第4页

第5页：我让妈妈上网查葡萄干是怎么做出来的，妈妈说要有太阳、要有风。所以我们就把葡萄放到阳台上了（图4-114），可没想到让小鸟（喜鹊）看见了，他们都飞下来吃我们的葡萄干。

第6页：为了葡萄干不被小鸟（喜鹊）都吃掉，我们用箱子、布条给葡萄干做了房子，这样小鸟（喜鹊）就吃不到我们的葡萄干了（图4-115）。

第7页：在晾晒的过程当中，我们发现了好多问题，然后把他们都解决掉了。最后葡萄干经过2个多月的晾晒成功了。我们特别开心（图4-116）。

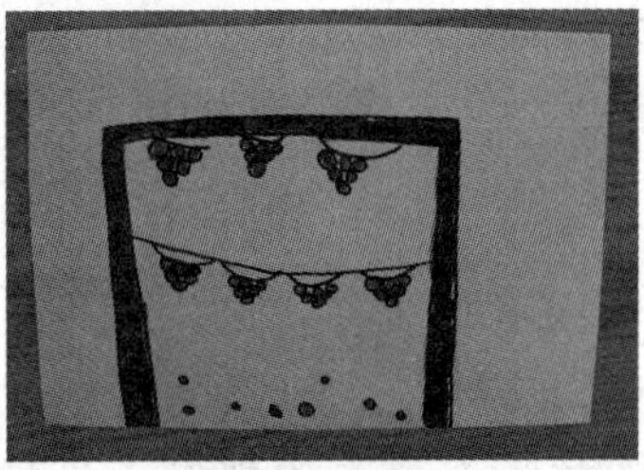
图4-114　第5页

图4-115　第6页

图4-116　第7页

带着精心绘制的小书，幼儿们迫不及待地分组到了不同的班级，有的负责讲解，有的负责拿“介绍稿”——小书，有的负责分发葡萄干，有的负责采访，忙得不亦乐乎。品尝到“来之不易”的葡萄干后，幼儿园的小朋友有的用拥抱表达感谢，有的脸上绽开笑容，有的说还想再吃一颗，有的进行了礼物交换。一次美味的分享串联起不同年龄幼儿的积极互动，也成为幼儿们美好的回忆。

（四）家长的反馈

我们把幼儿们晾晒葡萄干的过程通过文字、图片和视频的形式展示在班级群中，让家长随时了解班级晾晒葡萄干的动态。在葡萄干晾晒成功后，幼儿们也把自己晾晒的成果带回家与家人分享，讲述幼儿园晾晒葡萄干的故事。家长们在教师图片和文字描述下，了解了晾晒葡萄干的过程；通过幼儿回家的反馈，品尝幼儿的劳动成果，感受到来自幼儿成功的喜悦。家长有感而发，真诚地表达了作为家长们的真实感受。

感恩　成长

感恩：一直忙于工作的我们把教育幼儿的任务交给了家里的老人。只有教师发群通知的时候才会关注消息。直到一天堂堂拿着从幼儿园带回来的葡萄干，我才真正地感觉到我错过了幼儿的成长。我一边爬楼梯式地看群里教师分享的一个个小故事，一边听他给我讲葡萄干晾晒的过程。前所未有地感觉到他长大了，说话条理清晰。晾晒过程中的小故事是那么生动、有趣。每一个文配图的教育故事分享都让我们置身于其中，每一个提问和分析都给予我们家长日常带娃的启发。让我们学会从不同的点位去观察幼儿、提问幼儿、引导幼儿。感恩教师的对幼儿们的付出、感恩教师引领我们家长对幼儿正确的教育观。让我们逐步学会看懂幼儿，读懂他们的语言、他们的行为、他们的年龄特点、他们的发展轨迹。

成长：通过这次晾晒葡萄干的活动我看到了堂堂的成长。他能持续跟进一件事这么长时间是前所未有的。对于一个四岁的幼儿他能够坚持长时间的观察、记录、尝试、调查、比较、分享来完成一件事，让我看到了他的专注、主动参与、积极分享和发现问题、解决问题的能力。小小的葡萄干蕴含着教师的智慧、小朋友们的参与、大家共同探究共享智慧的过程。我相信在这三位教师的带领下他会成长得更快，我也要为做一个合格的好妈妈而努力。

——堂堂妈妈

来之不易的葡萄干

放学回家后甜甜开心地对她爸爸说："爸爸快尝尝我在幼儿园晾的葡萄干吧！"爸爸一脸茫然地回答道："你晾的葡萄干？你们幼儿园教你们晾葡萄干了？是你们幼儿园发的吧。"甜甜自信地说道："我们幼儿园没有教我们晾葡萄干，是我们自己学的。小朋友们和教师一起用三个多月的时间晾的……"听着甜甜和爸爸的交谈，我深深地感觉到甜甜的成长。不善表达的甜甜和爸爸讲幼儿园晾晒葡萄干的故事，葡萄的种类、葡萄的产地、葡萄干怎么晾晒、晾晒的过程有小飞虫怎么办？怎么制作晾棚……爸爸听得津津有味，直夸这个幼儿园没白上。我一直担心不爱提问、内向的她不会被教师关注到，通过教师图片和文字的分享，我看到了教师尊重幼儿的发展和对幼儿有针对性地提问与引导。几粒小小的葡萄干让幼儿们收获的不仅仅是成功的喜悦，更是幼儿们学会学习、学会分享、学会发现问题、解决问题的过程。这对幼儿们今后的学习是有很大帮助的，良好的学习行为和习惯的养成对她们来说终身受益。非常感谢三位教师这么长时间的持续分享，让我们随时了解项目的发展，幼儿的成长轨迹。同时感谢三位教师给予我们在学会观察幼儿、提问幼儿、反思行为上面的指导。看着甜甜的成长，我们真心觉得我们没有选错幼儿园，甜甜也非常享受在这个班的成长和生活。

——甜甜妈妈

（五）教师的反思

在这个活动中，我们没有把以往的经验直接给幼儿，而是发挥了幼儿的主导性，让他们从中发现问题、解决问题，然后不断改进。幼儿们也给我们带来了无限的惊喜。从起初萌发想晾晒葡萄干，到研究葡萄干，再到晾晒葡萄干，在晾晒的过程当中解决问题，最后到晾晒成功、分享喜悦，让我们看到了幼儿的成长。整个过程幼儿始终处于积极主动的探索状态，他们的思维能力、分析能力、社会交往能力、表达能力和审美意识等都得到了有效地发展，他们真正地成为了环境的主人、游戏的主人、活动的主人。在活动中我们也在不断为幼儿提供自由、自主的活动空间，让幼儿真正拥有游戏活动的决策权，让幼儿真正成为游戏活动的主人。

作为教师，在整个游戏的过程中，我们始终在一旁细致地观察幼儿，不轻易介入，放手让幼儿进行探索与调整，让他们自己发现问题、思考问题、解决问题。当幼儿遇到困难请求帮助时，我会给予适时的引导，让他们找到解决问题的途径。事实证明，做一个"管住手""管住口"的教师确实成效显著，幼儿们迸发出的想象力、创造力和解决问题的能力都让我们为他们感到骄傲。

当然，如果有机会再次与幼儿们一起重新做这个项目，有些地方，我会换一种方式来做，比如，通过视频的形式让幼儿了解葡萄干晾晒的过程；用相机记录他们想看到却不容易捕捉到的现场，如小鸟在吃晾晒的葡萄干；在班级当中提供低结构材料，幼儿通过自主操作解决所遇到的问题，如在小鸟飞来吃晾晒的葡萄干时，可以引导幼儿用班级中的材料制作驱赶小鸟工具；保留可发挥的创作空间让幼儿自主表达，如我们借助晾晒葡萄的经验还可以晾晒哪些食物。

二、项目二　蛋

北京电子城幼儿园甄瑞阳、朱小青。

（一）班级基本情况

幼儿是中班年龄。班里 31 名幼儿，其中男幼儿 16 名，女幼儿 15 名。在小班的时候这个班级开展过“兔子”“手套”等项目教学，因此有项目教学的活动经验，幼儿有问题意识，喜欢提出自己感兴趣的问题，并愿意尝试解决问题。班级教师有过项目教学的培训，且有开展项目教学的经验，这个项目“蛋”的活动持续了一个多月，幼儿一直很感兴趣。

（二）项目主题的选择

在春游采摘的时候，我们看到了农艺园里的鸵鸟。幼儿用蔬菜叶喂鸵鸟吃，在导游的指点下，幼儿发现了一枚大大的鸵鸟蛋。这个鸵鸟蛋和鸡蛋不一样，它特别大。幼儿特别感兴趣。在回园后，幼儿在幼儿园里找各种各样的蛋，小一班的教师自告奋勇地说：“我们班就有一个鸵鸟蛋，你们要不要来看看？”于是，我们选派了一组幼儿来到小一班借蛋，发现了一个用鸵鸟蛋做成的“蛋壳宝宝”。当把很大的蛋壳宝宝借到班里时，幼儿们兴奋极了，产生了好多问题：为什么鸵鸟蛋那么大？为什么鸡蛋那么小？鸡蛋为什么一碰就碎了？等等，因此，我们班的项目“蛋”就这样产生了。

（三）项目的实施过程

1. 提出问题阶段

幼儿有小班进行项目教学的经验，他们知道在项目的开始需要提出问题，由教师帮助来记录（同时也记录项目之初幼儿对“蛋”的了解情况）。因此，幼儿的第一次提问是在教师没有进行任何铺垫的情况下进行的。通过幼儿的提问，教师可以记录幼儿的已有经验。

怡然：鸡蛋皮为什么是硬的？

晗蕊：鸡蛋为什么好吃？

三九：鸡蛋为什么不好吃？

佳佳：妈妈给我买的书里说鸡蛋泡在醋里有变化，为什么？

非非：鸡蛋里面有鸡蛋清。

欣欣：我家有鸡蛋和鸭蛋。

沙沙：为什么我家有鸡蛋？

后成：为什么鸡蛋一碰就碎了？

童童：为什么鸵鸟蛋那么大？

宝宝：我家为什么没有鸵鸟蛋？

俊杰：为什么爸爸老让我吃鸭蛋？

荣荣：鸡蛋汤里面怎么有鸡蛋？

在幼儿第一次提出问题后，教师在家长群里和家长的交流，提出了现在班级正在开展项目“蛋”，希望家长能够在幼儿回家后倾听幼儿的对话和问题，并一起寻找关于蛋的问题，有了家长的共同协助，幼儿对蛋有了进一步的疑问，主要集中在怎样吃蛋的问题中，看得出来第二次提问幼儿的已有经验增加了，问题面也广了。

琳琳：为什么鸡蛋黄好吃，鸡蛋清不好吃？

怡然：你们都见过鹅蛋吗？

美美：我家狗生的是小狗，为什么生不出鸡蛋？

晗蕊：100个鸡蛋做出来的鸡蛋汤有多大？

佳佳：为什么鸡蛋里面有鸡蛋黄？

欣欣：咸鸭蛋为什么那么好吃？

霄霄：炒鸡蛋为什么这么好吃？

弘德：为什么我家的松花蛋和鸡蛋不一样

小欣：为什么姥姥总是让我吃鸡蛋？

荣荣：鸡蛋汤里的鸡蛋是怎样做的？

为了让幼儿能够近距离地接触蛋，更加熟悉蛋，我们开展了一项活动“照顾蛋宝宝的一天”。我们请幼儿每人领一个生鸡蛋（注明必须是生鸡蛋），然后自己成为这个蛋宝宝的妈妈或者爸爸并照顾它一天，睡觉的时候可以放在床边，也可以放在自己的兜里，或者自己手里拿着也行。幼儿把蛋宝宝领回去后有不同的照顾方法，一个幼儿用餐巾纸把蛋宝宝包了一层又一层，说怕蛋宝宝摔破了；一名幼儿一直握在手里，就连上厕所的时候都是请教师帮助拿一下，洗完手马上就拿回来；有的幼儿把蛋宝宝放在兜里，一会儿摸摸，一会儿看看，小心翼翼；有的幼儿把蛋宝宝放在桌子上，在玩游戏的时候蛋宝宝骨碌碌滚到地上摔碎了，他很难过，还哭了；有一个幼儿忘记了自己把蛋宝宝放在游戏区哪个柜子里，找了很久才找到。一天过去了，下午离园之前，我们清点了蛋宝宝，有22名幼儿保护了完整的蛋宝宝，9名幼儿不小心把蛋宝宝摔碎或者丢了。在照顾蛋宝宝的过程中，幼儿学会了责任和照顾，也感受到了失去蛋宝宝的难过心情，无论哪种情绪，都是幼儿真实体验出来的。

随着幼儿在一日生活中接触蛋的机会越来越多，幼儿会在一日生活中提出更多的问题，例如：在发现鸡蛋摔碎后，幼儿提出问题：“怎样让鸡蛋摔不碎？”在早餐吃鹌鹑蛋的时候，幼儿发现鹌鹑蛋和鸡蛋的皮是不同的，马上提出了问题；吃到食堂大师傅做出来的鸡蛋饼，幼儿提出问题：“我们可以做美味的鸡蛋饼吗？”此外还有家长和幼儿一起阅读关于蛋的书籍，里面有一些有趣的小实验也引发了幼儿的问题，例如，蛋泡在醋里有什么变化；在观看大家收集的关于蛋的资料时，发现还有美丽的蛋壳画，于是提出问题：“可以在蛋壳上作画吗？”等等。看到幼儿对蛋的问题在源源不断地提出，我们组织了第三次提问。

琳琳：鸡蛋黄好吃还是鸡蛋清好吃？

怡然：我吃过鹅蛋，为什么鹅蛋特别大？

敔敔：我的鸡蛋破了，怎样才能让鸡蛋摔不破？

美美：生鸡蛋一打就碎了，为什么熟鸡蛋可以剥开吃？

晗蕊：鸡蛋为什么好吃？生鸡蛋可以直接吃吗？

三九：为什么我生病的时候不能吃鸡蛋？

佳佳：生鸡蛋和熟鸡蛋可以分出来吗？

非非：鸡蛋羹是怎样做的？蛋糕里有鸡蛋吗？

欣欣：鸡蛋饼是怎么做的？我可以做美味的鸡蛋饼吗？

沙沙：鸡蛋掉在水里为什么在水底不在水上？

霄霄：妈妈做的炒鸡蛋为什么这么好吃？

后成：为什么鸡蛋一碰就碎了？

弘德：鸡蛋有个蛋黄，还有一个透明的是什么？

童童：为什么鸵鸟会生蛋？火星上有没有鸡蛋？

宝宝：为什么鸡蛋一炒就能吃了？

培根：鹌鹑蛋的蛋壳为什么是花的？

荣荣：鸡蛋汤里的鸡蛋是怎样做的？

轩轩：我爸爸问先有鸡还是先有蛋？

理岩：鸡蛋壳上可以画美丽的画吗？

凝凝：蛋糕里面有鸡蛋吗？

峥峥：蛋宝宝能很漂亮吗？

小欣：为什么姥姥总是让我吃鸡蛋？

第三次提问时，幼儿提出的问题更多、更广，这是源于幼儿和蛋不断的接触，已有的经验和现在的感受不断碰撞的结果。

在幼儿进行了关于蛋的提问后，班级中两位教师把幼儿的问题进行了分析和归类，教师把幼儿提问的每个问题写在小纸条上，形成词条，然后用合并同类项的方法进行归纳。例如：

（1）见过的蛋。（鸡蛋、鸭蛋、松花蛋、鹅蛋、鸵鸟蛋）

（2）什么动物能下蛋？（天鹅会生蛋吗？为什么小狗不会生蛋？咸鸭蛋是咸鸭下的吗？为什么鸵鸟会生蛋？）

（3）蛋是什么样的？（鸡蛋有蛋黄、透明的是什么？）

（4）蛋的营养。（为什么妈妈让我吃鸡蛋？姥姥让我吃鸡蛋？为什么生病的时候妈妈不让我吃鸡蛋？）

（5）鸡蛋做的食品。（鸡蛋饼很好吃，我可以自己做吗？为什么爸爸用火腿炒鸡蛋那么好吃？鸡蛋羹怎么做的？）

(6) 鸡蛋怎么玩?(鸡蛋怎么能摔不破?生的鸡蛋和熟的鸡蛋怎么看出来?书里面有好多关于蛋的小实验，我可以玩吗?)

问题网络图见图 4-117。

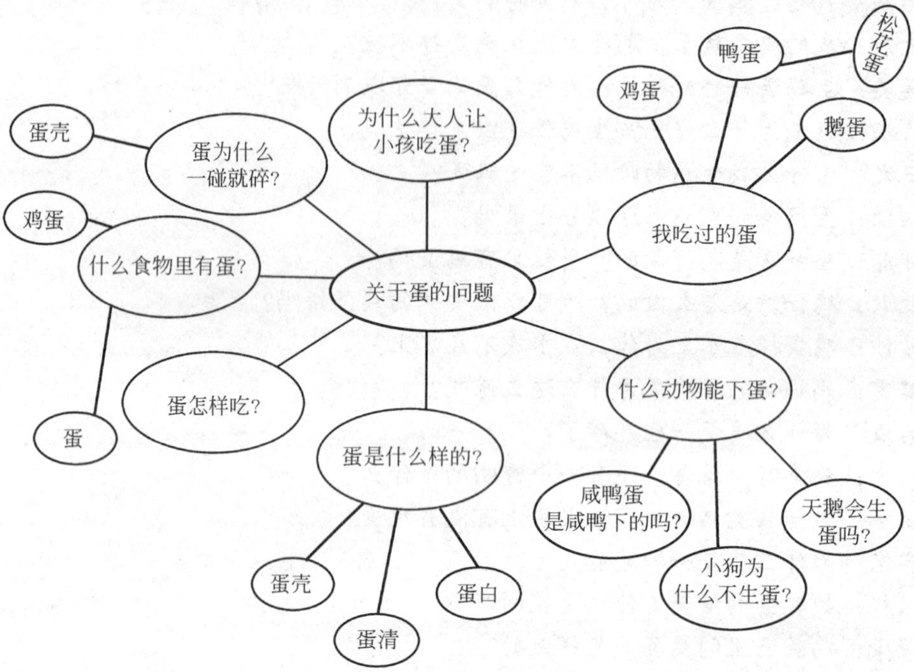

图 4-117 问题网络图

提炼出有价值的可以开展的子项目，例如，蛋怎样吃、蛋怎样玩、蛋的故事等。此外幼儿的问题很多、很广、很杂，有的问题不适合现在研究，例如。火星上有没有鸡蛋;先有鸡还是先有蛋，100 个鸡蛋做出来的鸡蛋汤有多大等。将问题进一步归纳、分析、诊断才能分清和聚焦适合幼儿继续研究下去的真问题，形成解决问题的网络图 (图 4-118)。

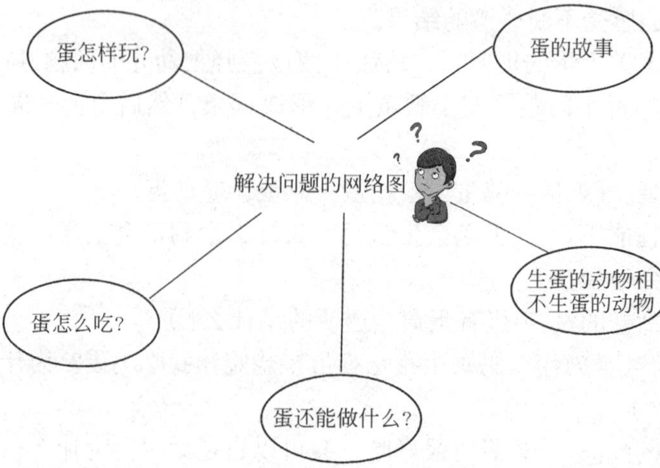

图 4-118 解决问题的网络图

2. 探究与表征阶段

1）问题一　怎样才能让鸡蛋摔不破？

在“照顾蛋宝宝”的活动时，一些幼儿不小心把鸡蛋摔破了。幼儿提出了一个问题：怎样做才能让鸡蛋摔不破呢？教师鼓励幼儿用各种常见的材料进行简单的尝试和探索，并支持幼儿形成小组讨论和探索。幼儿自愿结合成一组，一起讨论做实验。他们给自己的小组起名字、制订计划、讨论方法，每组都展示如何让蛋从高处摔下来不碎的方法，并分享和交流。

第一组：幼儿用水桶装上水，接住鸡蛋，鸡蛋没有碎（图 4-119）。

图 4-119　幼儿自己接水，并抬到约定的位置进行实验，鸡蛋没碎，实验成功

在这一组幼儿进行实验的过程中，他们首先决定用水桶装上水，然后把鸡蛋扔在水桶中，在准备的过程中，发现水桶不能在水池子中接水（因为儿童的水池太小）。遇到了问题后，他们开始想办法，三九说：“我想了一个好办法，咱们用水杯接水，然后倒在水桶里。”幼儿们开始实施，接了小半桶后，就把鸡蛋扔了进去，结果鸡蛋碎了，三九沮丧地说：“看来没有成功。”阳阳蹲在水桶边琢磨，好一会儿，他说：“我觉得咱们的水放得太少了，再试试多放些水。”接着三个幼儿继续往水桶里放水，一直到水桶快满了，三九来到教师的面前，说：“能不能再给我们一个鸡蛋，我们还想扔一次鸡蛋。”我故意出了一个“难题”，说：“别的组都只用了一个鸡蛋，你们组要两个鸡蛋，咱们还要节约一些呢。”三个幼儿你看着我，我看着你，最后，阳阳说：“要是再碎了，我明天从我们家拿一个来，您先借我行不行？这次肯定不会碎的，真的！我保证！”我笑着给了他们第二个鸡蛋，他们接着又做了第二次实验，果然鸡蛋没有碎，三个小伙伴做了个胜利的手势。

在这次实验中，我看到幼儿遇到了不同的问题：水桶接不了水；第一次实验鸡蛋碎了，需要第二个鸡蛋等，幼儿在不断地解决问题，他们学会了用变通的方式达到接水的目的，在第一次实验失败后，能够不气馁并动脑筋找到其中的原因，不断解决问题的过程就是幼儿成长的过程。

第二组：幼儿用小被子接住掉下来的鸡蛋，也没有碎（图 4-120）。

第二组幼儿选择了用小被子接住掉下来的蛋。幼儿先画了本组的实验方法：一名幼儿用手在规定的地方扔蛋，另外四名幼儿每人抓住一个被子角，想出这个办法的幼儿是征征。他说他爸爸是消防员，他看过在救人的时候用过这种办法，这就是幼儿把经验进行迁移的过程，能够从消防员救人想到用这种办法保护鸡蛋。在实验过程中，幼儿按照计划每个幼儿都做到了自己的工作，鸡蛋果然没有摔碎，第二组的幼儿成功了。

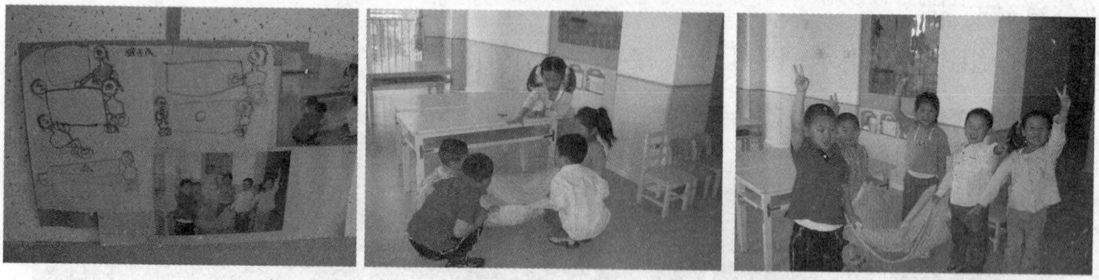

图 4-120　幼儿用小被子接落下的鸡蛋，鸡蛋没碎，实验成功

第三组：用废旧的衣服包裹住鸡蛋，扔下后，鸡蛋也没有碎（图 4-121）。

第三组幼儿本来想的办法也是用衣服接住掉下来的鸡蛋，但是看到第二组和他们想的办法一样，就果断地改变了方法。美美说："把好多衣服裹起来包着鸡蛋也可以不碎。"因为她在家的时候看到妈妈用旧衣服包着钥匙，扔给在楼下的爸爸。蓉蓉说："这是一个好办法，因为夏天穿的衣服少摔一跤可疼了，冬天衣服穿得特别多摔一下不疼，拍拍土就好了。"幼儿在鸡蛋外面包了好多衣服，然后开始做实验把鸡蛋从协商好的高度扔下，打开衣服看到鸡蛋完好无损，幼儿高兴极了，做出了胜利的手势。

图 4-121　用衣服包裹住鸡蛋，鸡蛋没碎，实验成功

第四组：用报纸把鸡蛋层层包裹住，扔下后，鸡蛋没有碎（图 4-122）。

第四组协商了好久，想了很多的办法，都被自己一一推翻。看到幼儿在专心致志地解决问题，教师没有马上干预幼儿的计划，而是给幼儿时间和空间。在几轮反复讨论后，第四组幼儿选择了用报纸包裹鸡蛋，因为一名幼儿看到他家快递的盒子四周都是放了报纸并塞得满满的，爸爸从外面买的酒杯一个都没有碎，所以鸡蛋和酒杯一样，如果用报纸包得厚厚的也不会碎的。第四组幼儿从办公室要来好多报纸，包了七八层，掉在地上后，鸡蛋没有摔碎，他们很高兴。

图 4-122　幼儿用报纸包裹鸡蛋后自由落地，鸡蛋没碎，实验成功

2）问题二　怎样区分生鸡蛋和熟鸡蛋？

在研究第一个问题怎样让蛋摔不破时，有幼儿提出来，煮熟的鸡蛋摔不破，他就把熟鸡蛋摔在地上，鸡蛋没有流汤，但是幼儿不知道怎样区分生鸡蛋和熟鸡蛋，所以生成了这次活动（图 4-123 和图 4-124）。首先拿出十个生、熟混合的鸡蛋请幼儿动脑筋想一想如何区分两种不同的鸡蛋。然后请食堂的大师傅来帮助如何区分生鸡蛋和熟鸡蛋，用手转，生鸡蛋转得快，熟鸡蛋转得慢，幼儿自己动手做实验，区分生、熟不同的鸡蛋。

图 4-123　幼儿对比生熟鸡蛋，一个是液体一个固体

图 4-124　幼儿摸摸生鸡蛋的蛋黄是什么感觉

3）问题三　怎样让鸡蛋站起来？

从开始研究“蛋”的项目以来，家长非常支持我们，有家长为我们拿来一本《身边的科学》，书里面有关于“蛋”的小实验。幼儿看到后一下子产生了兴趣。原来蛋还可以做实验，教师利用这个契机鼓励幼儿开始进行“怎样让蛋站起来”的实验，利用

班内常见的材料，帮助蛋站起来：幼儿自愿结成小组或者自己独立完成，把想法表现出来（绘画、泥塑、肢体语言等），并初步进行猜想，哪种方法会让蛋站起来，每组把站起来的蛋放在自己实验的桌子上，全班进行参观、交流和分享。幼儿利用玩具、水彩笔盒子、小筐等让鸡蛋站起来，享受到了探究的快乐（图 4-125 ～图 4-128）。

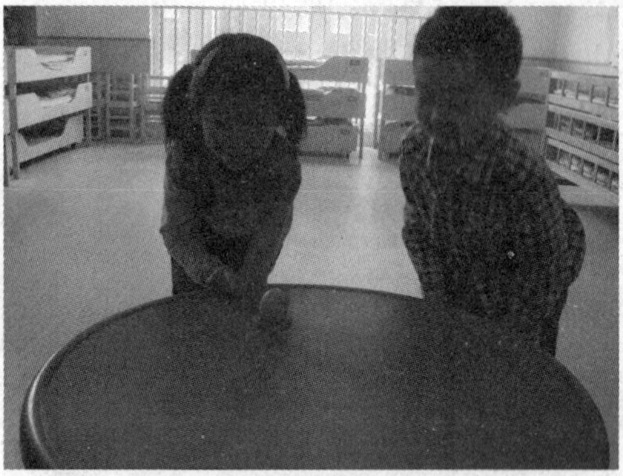
图 4-125　幼儿用玩具托让鸡蛋站起来

图 4-126　幼儿把鸡蛋放在画笔盒里站起来

图 4-127　幼儿用鱼缸和小筐把鸡蛋夹住站起来

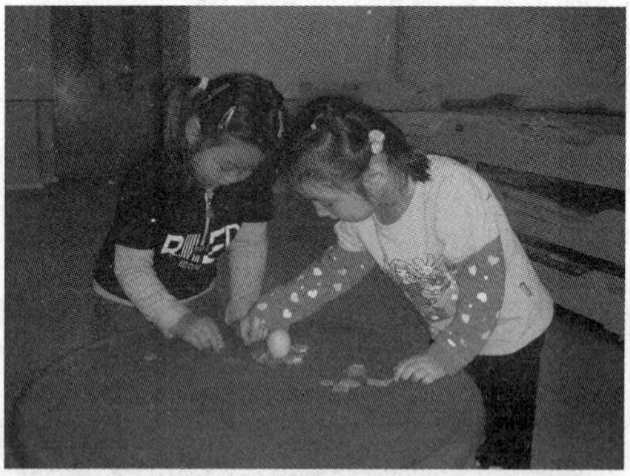
图 4-128　幼儿用拼插玩具围拢让鸡蛋站起来

4）问题四　鸡蛋在水里能不能浮起来？

在“怎样让鸡蛋摔不破”的实验中，幼儿看到鸡蛋在水里一会儿浮起来一会儿沉下去，于是就提出了问题：鸡蛋在水里到底是沉下去还是浮上来？这是由一个问题衍生出来的问题，教师抓住机会告诉幼儿要通过做实验获得答案并一起商量做实验的材料：需要一个透明的容器和一个鸡蛋。材料找好了，幼儿开始猜想，他们选择集体记录：在展板上列出表格，一起商量“沉”和“浮”的标志如何表示；在猜想的表格中，幼儿按照自己的猜想在对应的沉浮标志下，写上自己的名字（图 4-129）。开始进行实验，我们

图 4-129　幼儿进行“蛋的沉浮”的猜想记录

把鸡蛋投入容器中看是沉是浮，和幼儿一起把鸡蛋沉或浮的实际情况展示在展板上（商量如何进行记录的过程也是幼儿发现问题、解决问题的过程）。实验过程的一些照片如图 4-130 和图 4-131。

图 4-130 幼儿分组，认为鸡蛋沉下去站左边，浮上来站右边

图 4-131 猜对幼儿合影

5）问题五 怎样让沉下去的鸡蛋浮上来？

在鸡蛋沉浮实验中，看到鸡蛋是沉在水底的，幼儿提出了新的问题：“怎样能让这个鸡蛋浮上来呢？”已经学会查资料的幼儿拿出自己带来的书籍《身边的科学小实验》，里面有一个特别好玩的实验，就是如何让沉下去的鸡蛋浮上来。教师请幼儿看书，是否能够找出实验的用品，识字的幼儿看到书中的“盐”这个字，并认出了图中的意思，就说“是让用勺子往水里放盐”，幼儿自己找到了勺子，但是盐在哪里找？幼儿进行了讨论：家里和幼儿园都有盐，因为不能回家，只能在幼儿园里找盐。幼儿园哪里有盐？食堂！于是成立了寻找“盐”的大队，来到食堂，有礼貌地向食堂的叔叔要了一袋盐。“寻盐任务”顺利完成。找齐了用具后，幼儿和教师一起列出表格，请幼儿进行猜想“几勺盐能够让鸡蛋浮起来”，并把自己的名字写在猜想表格中相对应的几勺盐的下面（图 4-132 和图 4-133）。开始实验，幼儿开始放盐并记数，直至鸡蛋浮起来，把让鸡蛋浮起来的正确勺数做好标记（图 4-134 ～图 4-137）。

图 4-132 幼儿在做实验前的猜想和记录

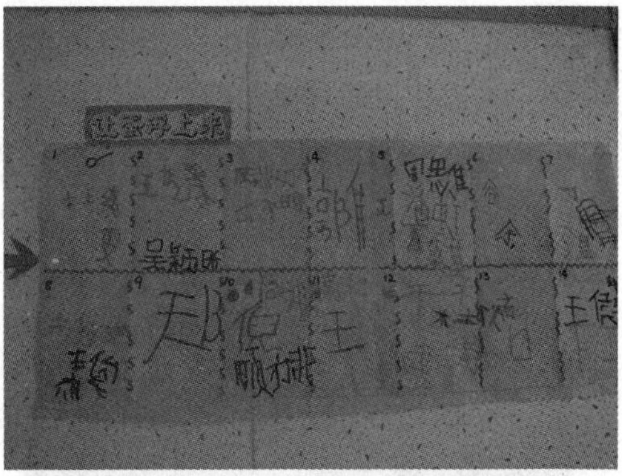

图 4-133 幼儿在实验前的猜想

图 4-134　幼儿开始实验并记录放几勺盐

图 4-135　幼儿在观察蛋在水中的沉浮变化

图 4-136　幼儿在对比猜想和实验结果

图 4-137　幼儿记录下来实验过程

6）问题六　蛋泡在醋里有什么变化？

幼儿在做完“让沉下去的蛋浮起来”实验后，对关于蛋的实验特别感兴趣，又从书中发现了一个小实验“泡在醋里的蛋”，幼儿自己根据书中的要求找需要的物品。一组幼儿在上次寻找盐的经验上，再一次出发去食堂有礼貌地向师傅借一些白醋，并说明理由，赢得支持（鼓励幼儿运用上次与厨房师傅交流的技巧，提高幼儿表述、交流的能力）；另一组幼儿寻找透明的瓶子，在活动区的小超市中找到了，开始进行实验，把白醋倒在透明的瓶子里，然后把鸡蛋轻轻地放进去。开始观察鸡蛋的变化：蛋壳上出现了很多的小泡泡，并且向上飘起来，幼儿每天观察，记录鸡蛋的变化。一周过去了，蛋壳变成了软软的（图 4-138 ～图 4-141）。

图 4-138　鸡蛋泡在醋里

图 4-139　幼儿每天都来观察

图 4-140　一周后鸡蛋壳变软

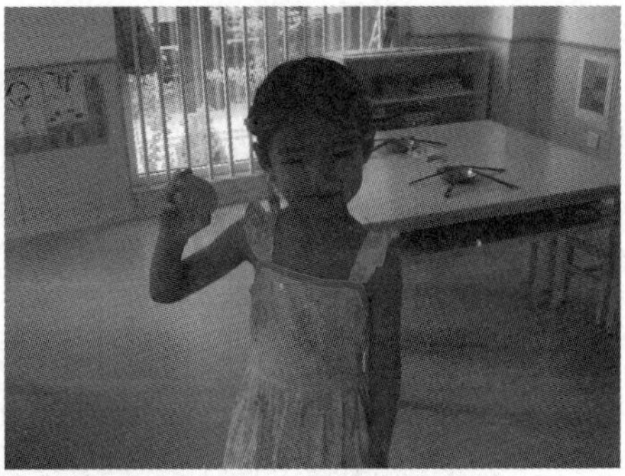

图 4-141　幼儿拿起软软的鸡蛋

7）问题七　吃鸡蛋有什么好处？

幼儿提出的问题：为什么妈妈总让我吃鸡蛋？为什么我生病的时候妈妈不让我吃鸡蛋？于是这方面的“专家”——幼儿园保健医李大夫来到我们班，为幼儿讲解鸡蛋的好处以及在什么情况下不能吃鸡蛋（图 4-142 和图 4-143）。幼儿分组把鸡蛋的营养画出来，制作一本《有营养的鸡蛋》自制书，投放在图书区。

图 4-142　请保健医为幼儿讲解鸡蛋的营养

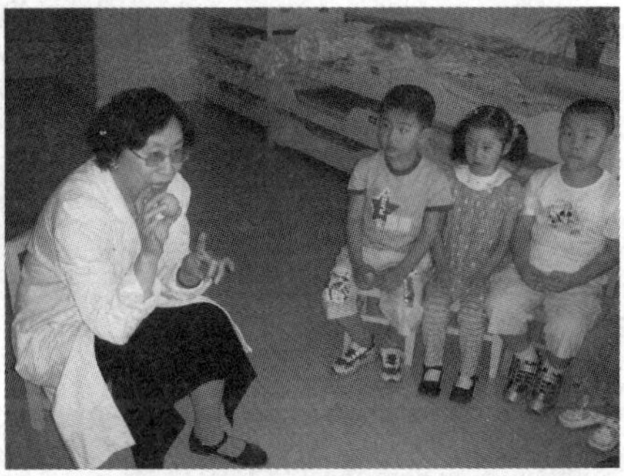

图 4-143　保健医告诉幼儿为什么有的时候不能吃鸡蛋

8）问题八　什么食品里有鸡蛋？

幼儿提出的问题：什么食物里有蛋？蛋可以怎样吃？带着问题，幼儿来到幼儿园的食堂里，请炊事员叔叔帮我们讲一讲鸡蛋可以做什么好吃的，并在洗净手做好消毒的情况下，为幼儿园的中午饭磕出了一大盆鸡蛋，幼儿高兴地合影留念（图 4-144 和图 4-145）。

图 4-144　炊事员叔叔讲鸡蛋如何做成好吃的

图 4-145　幼儿自己尝试打鸡蛋成功

9）问题九　我们可以制作好吃的蛋饼吗？

幼儿进行项目“蛋”已经有了一段时间，现在从“蛋”的小实验开始，兴趣点转移到“好吃的蛋”的活动中，幼儿想尝试自己制作鸡蛋饼。选择制作鸡蛋饼的幼儿开始听教师讲解制作鸡蛋饼的注意事项，并进行分工，开始制作，然后把做好的鸡蛋饼拿给客人分享（图 4-146）。

图 4-146　制作鸡蛋饼并请参加活动的客人尝一尝

通过本次制作蛋饼的活动，幼儿对于鸡蛋做的美食非常有兴趣，因此在报备了幼儿园领导之后，我们班级开办了一个蛋蛋美食角，有电烤箱、电饼铛、鸡蛋、面粉、蛋挞皮、牛奶等，由保育员教师负责这个区域的安全和制作，幼儿每天都非常高兴地到鸡蛋美食角进行制作，他们制作了鸡蛋饼、蛋挞，还腌制了咸鸭蛋、松花蛋等。在制作的过程中提高了生活自理能力和动手能力，同时做好的美食也分享给其他班级的幼儿，全园的教师、幼儿都知道我们班开展“蛋”的活动，也提高了本班幼儿的社会交往能力。

10）问题十　成语“杀鸡取卵”讲的是什么故事？

家长支持我们研究“蛋”的项目，把家中的成语故事“杀鸡取卵”视频拿到幼儿园，和幼儿分享关于“蛋”的故事。教师用提问的方式重温了这个故事：这个故事讲的是一个什么故事？故事的名字叫什么？故事里面都有谁？秀才那样做对吗？为什么？解释：卵就是鸡蛋的意思。幼儿自愿分组，制作故事的道具和服装，并进行故事表演，还邀请小班的弟弟妹妹来观赏（图 4-147）。

图 4-147　幼儿在表演

3. 分享与展示阶段

教师和幼儿一起进行“蛋”的展示会的准备工作，首先大家进行讨论，展示会需要从哪些方面进行展示，幼儿有以前做项目教学的前期经验，因此提出展会分为四个区域。

区域一　小剧场：观看“蛋”的童话剧和故事，并把演出剧目确定下来《杀鸡取卵》《以卵击石》《爱迪生孵鸡蛋》《达・芬奇画鸡蛋》。

区域二　品尝区：观看和品尝用蛋做的食品。确定了用蛋制作的食品有鸡蛋饼、鸡蛋羹、咸鸭蛋、蛋糕等。

区域三　小实验区：玩关于“蛋”的实验和游戏，确定了四个科学实验游戏有蛋的沉浮、浮上来的蛋、泡在醋里的蛋、站起来的蛋。

区域四　艺术展示区：欣赏和观看“蛋”的各种艺术品，有复活节的彩蛋、水墨画“蛋”、蛋的变形、蛋壳镶嵌（图 4-148）。

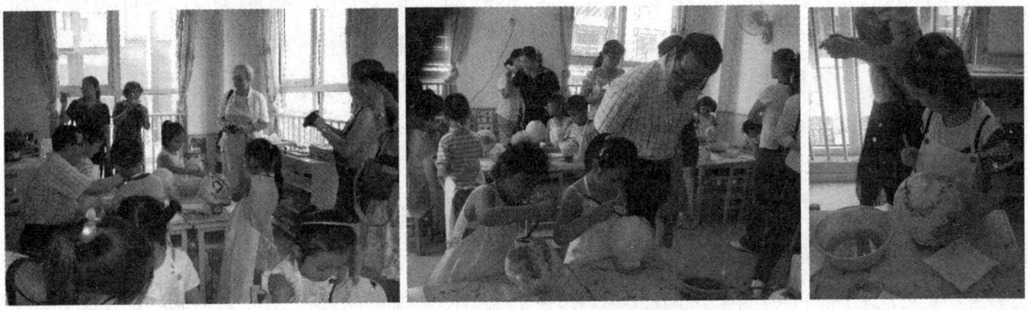

图 4-148　幼儿绘制彩蛋

确定了“蛋”展示会的四个区域后，幼儿开始自愿选择要去展示的区域。由于品尝区有厨房小家电，因此保育员老师在这个区域和幼儿一起进行展示。分组后的幼儿根据每组展示的内容选择了适合自己的区域位置：相对热闹的小剧场和品尝区在空间大的睡眠室，实验区和艺术展示区相对安静，在有工具材料的活动室。每组制定自己展示的计划和准备展示的工具。包括广告组绘制展示会的大海报张贴在幼儿园一进门的醒目位置，邀请其他班级的幼儿来参加展示会，制作邀请函，请爸爸妈妈和幼儿园其他工作人员参加展示会。

在预定的展示日期，幼儿做好充分的准备工作后，信心满满地在自己的区域里进行项目教学“蛋”的各种工作，艺术展示区吸引了外国朋友给幼儿拍照；食品品尝区里其他班级的幼儿一直在品尝着幼儿和保育员教师一起制作的各种食品；小剧场很热闹，为了维持秩序，幼儿自己制作了入场券，观众需要拿着入场券按照座位坐好看演出；实验区里很多参观的教师和家长都来好奇地做实验，感受科学研究的魅力。

（四）家长的反馈

活动展示会邀请了家长参加，展示结束后家长有很多感触，通过谈话、写纸条、发信息等方式和教师进行交流，表达了家长对于本次活动的感受。

三九妈妈：我觉得三九通过这个活动不挑食了，医生给他讲了鸡蛋的营养，他现在喜欢吃鸡蛋了。他自己说鸡蛋有营养，吃了可以长大个，不得病，补充蛋白质，真的特别有意思，小幼儿也知道蛋白质呢，非常感谢老师。

阳阳妈妈：真的不能想象，一个小小的“蛋”能够出现这么多的教育活动，而且幼儿乐在其中，好多活动都是他们自己想出来的，感觉幼儿在幼儿园有主动权。

Angle 妈妈：幼儿通过这么多项目活动，有了解决问题的能力，有一天，我们在公园玩找厕所，她自己去问清洁人员，彬彬有礼的。这种教育方法真好，挖掘幼儿的潜力。

甜甜妈妈：幼儿的胆子大了，喜欢问好多问题。在大家面前做实验，大大方方的，不怵场了。

（五）教师的反思

1. 通过自主探究获得越来越多的自信

活动开始的时候，幼儿在表达自己对蛋的看法时，经常眼睛看着教师渴望得到教师的鼓励，经过一步一步开展的主题，幼儿体会到在主题活动中自己是主人，于是特别愿意提出自己的想法，在蛋的展示会上，介绍环境的幼儿侃侃而谈，大方地为客人和家长讲解开展的关于蛋的各项活动。

2. 幼儿在不断发现问题、解决问题中得到成长

我们在进行“蛋”这个主题的时候，幼儿发现带来的鸡蛋特别容易摔碎，这可怎么办呢？发现了问题我们就要来解决它，于是幼儿提出了问题：蛋怎样才能摔不破？幼儿们开始想出各种各样的办法，有的说摔进水里就摔不破，因为我跳到水里都不疼；有的说我们用棉被接着鸡蛋就摔不破了，还有的说用报纸把鸡蛋包得厚厚的就肯定摔不破了。说干就干，幼儿们马上开始找可以用的材料，我也正好放开手，看着幼儿们有序地忙碌，拿起了照相机，捕捉各种有意义的镜头，因为是幼儿自己的兴趣所在，所以他们在试验中特别认真和专注，基本上不用教师的指导。看着他们成功后喜悦的笑容，看着他们失败后认真地讨论和分析原因，我发现教师只要放开手，就能让幼儿在不断发现问题和解决问题的过程中获得各种知识和能力，他们乐在其中。就是这样的一个观念，让我对幼儿们敢于放开手，相信他们能够做到，相信他们能够做好。改变了教育的角度，幼儿获得了自信。

在项目进行的过程中，幼儿学会了从书中寻找资料，家长带来一本关于蛋的科学实验的书籍，幼儿如获至宝：他们会从书中寻找实验并商量如何寻找实验材料，比如如何拿到盐和醋，这个解决问题的过程比幼儿得出结论更重要，应当充分地肯定与鼓励！

3. 教师在探究主题活动中不断的成长

在学习、研究和开展探究主题过程中，我的教育观念转变了，摆脱了传统观念的束缚，了解了儿童学习的本质，原来都是我拉着幼儿走，这次幼儿在前面走，成为了学习的主人。因此我有了轻松的教学氛围、开阔的学习空间以及引领着幼儿们不断向前发展的快乐。

当然，这个项目做下来后我发现还有很多需要调整的地方，例如，区域的延伸还可以做得更加丰富，表演区除了表演成语故事还可以表演更多关于蛋的情景剧，也可以鼓励幼儿进行更多的艺术创作；幼儿曾经提出小狗为什么不生蛋，这是一个关于胎生和卵生的问题，是一个很有价值的问题，但是因为后来兴趣点的减少没有进行研究，有些可惜；在今后的活动中我们要继续发现和挖掘幼儿提出的有价值的问题，进行深一步的研究。

三、项目三　披萨店

启明东润双语幼儿园玫瑰分园施巍、张丹丹。

（一）班级基本情况

我们的班级是国际双语班，班上有 24 名幼儿，年龄 4 ～ 5 岁。本学期开始时，有 4 名幼儿即将 5 岁，大多数幼儿四岁零三四个月。因为疫情在家休息了半年，本班幼儿在小班时进行过两个项目研究。本班有两名中文教师。班级中项目活动的开展主要是由中文教师带领。这个项目从 2020 年 9 月中旬持续到 2020 年 11 月中旬。

（二）项目主题的选择

1. 幼儿的变化

疫情休息了半年后，小朋友开始中班生活。时间没有拉开幼儿之间的距离，他们熟络地聊起来：认识的新朋友、知道的新病毒、用新学会的本领进行了比赛、我在新环境的生活……幼儿们从关注“我自己”这个话题，逐渐上升到自己和周围事物以及和这个世界的关系了。

2. 家长的担忧

家长们担心幼儿和小伙伴相处是不是融洽？发生争执怎么办？是不是会解决问题？能不能用语言和别人沟通？

3. 幼儿的兴趣

区域活动中一个很普通的“披萨”玩具引起了幼儿们强烈的兴趣，他们或两三个人一起游戏，将“披萨”一块块分开，分给每人品尝，将“披萨块”重叠后搭高，并尝试做不同的披萨，发现披萨的更多玩法……或组合成多个小组，开拓出新的角色游戏：外卖送披萨等（图 4-149）。

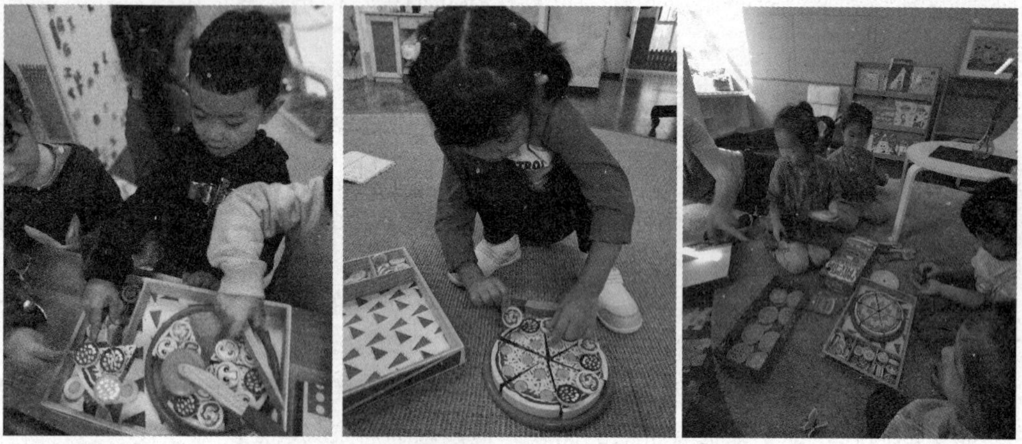

图 4-149　幼儿们在区域活动时进行各种和披萨有关的游戏

基于以上几点的综合考虑，我们将这学期的主题定为“披萨”。我们希望，通过“披萨”这个主题，可以帮助幼儿达到在社会、语言、艺术等不同方面的成长。希望幼儿将有机会在以下几方面有所提高。

（1）观察方面：能观察到所见事物的细节。

（2）合作方面：为一个共同的目标而努力。

（3）探究技能方面：学会如何调查、提问，获得更多经验；学会用多种方法记录和表达获得的探究发现。

（4）社会性方面：对商店的运营模式有所了解。

（三）项目的实施过程

1. 提出问题阶段

1）了解幼儿对披萨的已有经验

集体活动中我们和幼儿一起讨论有关披萨的话题：你吃过披萨吗？在哪里吃的？吃过什么口味的披萨？披萨上面都有什么？披萨是怎么来的？披萨是由哪些材料做的？

在自由绘画时，幼儿们画出了自己见过的披萨（图 4-150）。教师通过幼儿的绘画，进一步了解幼儿对披萨的原有经验。

图 4-150　小朋友根据自己对披萨的已知经验画披萨

2）设置激发物，激发幼儿们表达出更多的已有经验，让幼儿们之间建立一些共同的经验。

（1）在区域中提供新的披萨玩具和披萨相关的图书（图 4-151）。

（2）我们用点外卖的方式得到了一个食物“披萨”，让幼儿们用多种感官观察披萨（图 4-152）。

图 4-151 一起阅读有关披萨的绘本

图 4-152 大家一起用看看、摸摸、闻闻的方式来感知披萨

（3）小朋友进行观察绘画，边观察披萨边进行绘画（图 4-153）。

（4）提供多种材料，鼓励幼儿表达更多的已知经验。我们在区域提供纸黏土、新添加了面粉和谷物，供幼儿进行表征。幼儿用面粉、纸黏土、彩纸等材料做出他们所理解的披萨（图 4-154 和图 4-155）。

图 4-153 小朋友在画披萨

图 4-154 幼儿们做的面粉披萨

图 4-155 幼儿们在用纸黏土做披萨

在表征披萨时，幼儿们涌现出了新的问题。

① 还有什么其他种类的披萨呢？

② 披萨上的小点点是什么呢？

③ 披萨上为什么要放蔬菜呢？

④ 我们做好的披萨放在哪里呢？

⑤ 我们做好的披萨还可以有什么用呢？

3）家长在假期时带幼儿去披萨店进行观察、记录

十一假期前，我们给小朋友和家长留了一个小任务，假期中，家长有时间可以带领幼儿去披萨实体店吃披萨，并将观察到的事物进行记录。假期回园后，有此经验的幼儿在班上进行说明分享（图 4-156）。

4）与幼儿一起梳理幼儿的已知网络图

经过多次针对披萨内容的集体或小组活动，集体或个别谈话和讨论，我们将幼儿的已知经验进行汇总（图 4-157）。

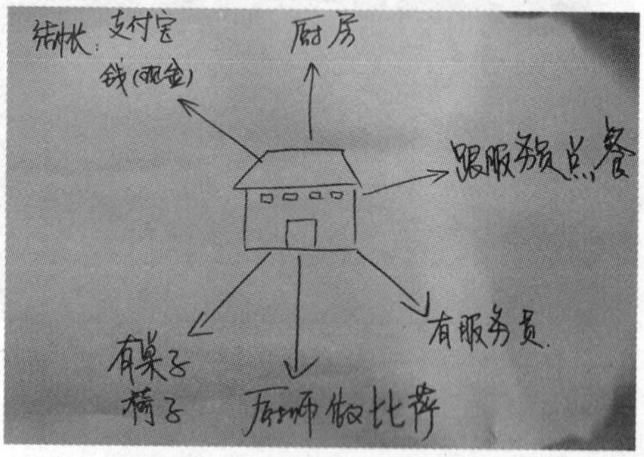

图 4-156　假期中去过披萨店的幼儿分享的内容网络图

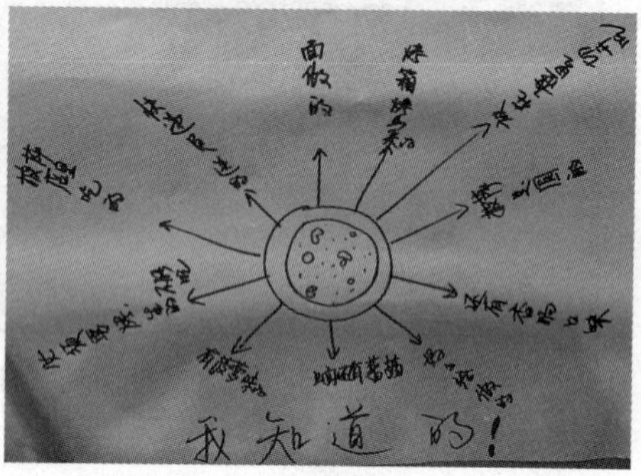

图 4-157　幼儿已知经验网络图

5）多次梳理幼儿想要了解的问题

经过多次针对披萨内容的集体或小组活动，集体或个别谈话和讨论，幼儿的经验不断更新，我们将幼儿对于披萨想知道的问题进行了多次汇总，并将新问题及时进行添加（图 4-158）。

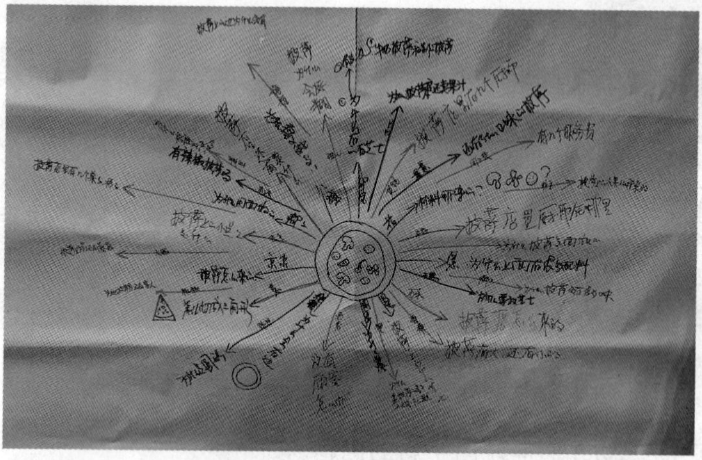

图 4-158　幼儿问题网络图

2. 探究与表征阶段

1）对于做出来的披萨的用处和去向，我们和幼儿一起进行了讨论

通过集体讨论，我们得到的答案：①送给别人吃；②卖给别人吃。

在讨论中又出现了新问题：①怎么卖披萨？②在哪里卖？

我们又得到了新一轮的答案：①开一个卖披萨的地方（注意不是披萨店哦）；②这个地方要有服务员去卖披萨和厨师做披萨。

2）为了解决幼儿们提出的问题，我们决定进行一次调查活动

幼儿去银河班找哥哥姐姐或教师进行调查，看看能否得到答案，并及时记录下获得的答案（图 4-159 和图 4-160）。

图 4-159 幼儿们在银河班找哥哥、姐姐或教师进行调查

图 4-160 幼儿在调查的过程中进行记录

3）幼儿根据讨论和调查的结果创设披萨售卖窗口

幼儿开始寻找合适的家具和适合的位置，一切妥当后，一个简易披萨售卖窗口就形成了（图 4-161）。

图 4-161 披萨窗口开始进行售卖活动了

4）运营披萨售卖窗口的过程不断进行调整

售卖披萨的情景游戏进行了几天后，问题又来了。

（1）由于买披萨的人比较多，场面比较混乱，你推我挤的（图 4-162）。

（2）买了披萨的人不想拿走，却没有地方吃披萨。

针对问题集体讨论后的结果如下。

（1）不能只有收钱的人，要有负责照顾顾客的人（服务员）。

（2）需要提供一些桌子让顾客可以坐下来吃披萨。

图 4-162　买披萨的客人排起了队

根据讨论结果，我们马上做出了调整（图 4-163 和图 4-164）。

图 4-163　一起搬桌子

图 4-164　客人在桌子上就餐

在营业过程中，我们又得到了“顾客”的反馈。

（1）你们有真的披萨吗？

（2）还有其他口味的披萨吗？有没有饮料啊？有什么饮料呢？

（3）能点餐吗？

（4）有没有我喜欢吃的意大利面呢？

针对顾客提出的问题，幼儿们又进行了集体讨论。通过讨论，我们得出结论：需要制作菜单。于是，幼儿们开始制作菜单（图 4-165 ～图 4-168）。

图 4-165　针对问题集体讨论

图 4-166　幼儿们根据经验在制作（绘画）菜单

图 4-167　幼儿们绘制好的菜单

图 4-168　将做好的菜单投入到披萨售卖中

根据“顾客”的需求，经集体讨论后，幼儿们整合了菜单，新添加了酒水和甜品菜单（图 4-169 和图 4-170）。

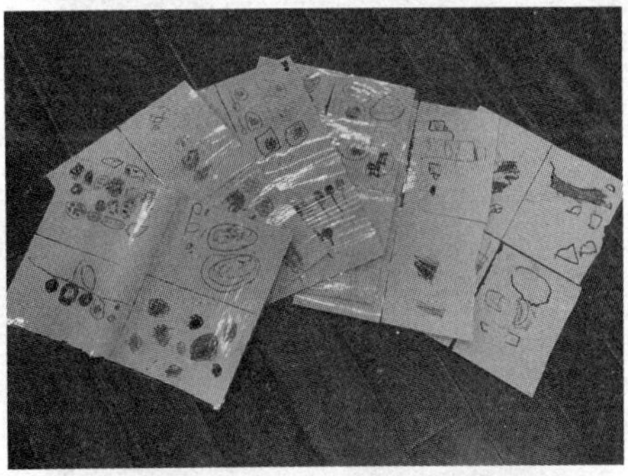

图 4-169　将之前的菜单进行整合

图 4-170　新添加了酒水和甜品菜单

披萨售卖窗口再次营业。“厨师”在制作披萨的过程中，不知道做披萨的顺序是怎样的，怎么能做出更多的花样来？这个时候，专家来访的环节就显得尤为必要了。

5）厨师来教室给幼儿们演示如何做披萨

我们请到厨房部门负责面点的李师傅为幼儿们进行了一次面对面地披萨制作演示活动。李师傅边制作边向幼儿们介绍制作的过程及方法（图 4-171）。

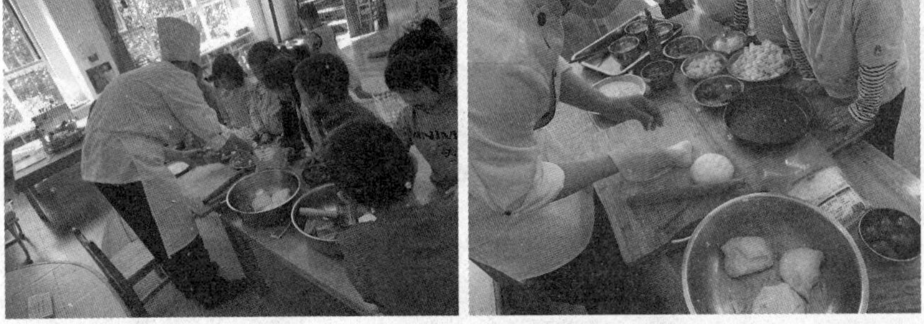

图 4-171　厨师为幼儿们讲解如何做披萨

在这个过程中，幼儿们之前提出的部分问题得到了解答。我们了解到披萨饼底上的小点点是用来透气的，知道了做披萨放材料的顺序；还了解到，如果没有饼边，馅料就会流出来了。

6）专家来访后的表征

每一步都是必不可少的。在专家来访后，幼儿们开始表征她们的学习成果和感受。幼儿们用多种材料和不同方式进行着表征活动。

（1）尝试制作真的披萨（图 4-172 ～图 4-175）。

图 4-172　小朋友在制作披萨饼底

图 4-173　小朋友在往饼底上刷番茄酱和放其他材料

图 4-174　小朋友独立制作放好馅料的披萨

图 4-175　烤熟的披萨

（2）用磁力片在灯箱上拼摆出披萨的基础造型（图 4-176）。

（3）用塑料插片制作披萨及与披萨相关的物品——酒杯（图 4-177 和图 4-178）。

图 4-176　磁力片披萨

图 4-177　塑料插片披萨

图 4-178　披萨和酒杯

(4) 用纸黏土塑型披萨（图 4-179）。

(5) 用纸材料做披萨（图 4-180）。

图 4-179 小朋友用纸黏土制作披萨

图 4-180 小朋友用纸做披萨

我们的披萨售卖窗口开始渐入佳境了：有丰富的菜单供顾客点菜，有服务员细致地照顾顾客，有专业的厨师在开发新菜式……当然问题也是层出不穷：①菜品需要有价格标注，需要价签；②顾客吃不了的食物怎么办？

针对这些问题，我们又进行了集体讨论。根据讨论内容，提供了真实“商品价签”和“打包盒”供幼儿们观察。再次和幼儿们进行讨论，进而提供了废旧纸盒和一些材料(图 4-181)。幼儿们开始制作打包盒、练习书写价签（图 4-182 和图 4-183）。

图 4-181 幼儿们利用废旧物品制作打包盒

图 4-182 幼儿们在练习书写数字

图 4-183 将书写好的价签投放到商品架上

7）随着披萨售卖窗口的深入运营，又提出了一些问题

幼儿们提出的问题主要有：

(1) 披萨店里有几个服务员？厨师？

(2) 顾客不来吃披萨怎么办？

(3) 披萨店里面还有什么东西？

(4) 为什么披萨店的披萨有大还有小？

针对幼儿们提出的问题，我们进行了集体讨论。根据讨论的结果，我们对披萨店各职位的人数进行了讨论和调整（图 4-184）。同时决定，我们可以去真的披萨店看看。

图 4-184 幼儿绘画的人员分配图例

8）实地考察披萨店

我们去了幼儿园附近的“披萨到”披萨店进行实地考察。

在考察过程中，大到器械设备，小到披萨配料，幼儿们都进行了认真地观察。在店长叔叔生动的讲解和操作中，幼儿们有不懂的事情会立刻询问，也得到了解答，并及时进行记录（图 4-185 ～图 4-188）。

图 4-185　店长叔叔给幼儿们讲解馅料台的馅料

图 4-186　店长叔叔给幼儿们讲解饼底的保存方法和温度要求

图 4-187　小朋友认真记录所看到的

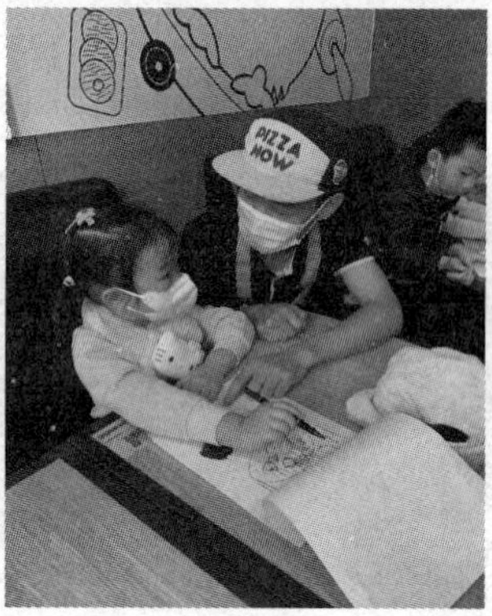

图 4-188　店长叔叔耐心解答小朋友的问题

9）披萨店实地考察后幼儿的表征

小朋友们带着满满的收获结束了实地考察。幼儿们对披萨店的经验有了很大的提升，我们进行了一次集体谈话活动“考察后的新经验分享和讨论”。分享与讨论内容集中在：①厨房的各种设备（烤箱、秤、馅料台）；②厨师叔叔的工作内容（有专门做饼底的厨师）；③披萨馅料的种类（肉类、蔬菜类、腌制类、水果类）；④服务员的工作内容（接待现场顾客、接网络外卖订单）；⑤服务员和厨师的衔接工作（沟通、合作）。

讨论结束后，幼儿纷纷提出了自己的想法。有幼儿说：“老师，我们的厨房太小了，需要大的地方。”有幼儿说：“我需要一些材料做个大烤箱。”有幼儿说：“老师，我需要个厨师帽子。”有幼儿说：“老师，我们的披萨店需要个大门吧。”（图 4-189）

图 4-189 幼儿们实地考察的记录

我们根据幼儿的需求提供了各色纸黏土、大小不同的废旧纸箱、纸盒、各种颜料、纸张、各种胶类等美工辅助材料和工具，幼儿就开始忙碌了起来。

（1）重新选址。有小朋友觉得制作披萨的美工区作为厨房太小了，准备找个大一点的地方做厨房（图 4-190 ～图 4-192）。

图 4-190 幼儿们在美工区忙着制作披萨

图 4-191 小朋友选的新厨房的地址

图 4-192 小朋友将厨房的设备搬移到新地方

（2）制作烤箱。实地考察中，小朋友对披萨店里面的大烤箱印象深刻，回来以后自行寻找材料，积极制作烤箱（图 4-193 和图 4-194）。

图 4-193 小朋友在反复尝试烤箱传送披萨的功能

图 4-194 小朋友合作给烤箱上色

（3）制作大门（图 4-195 和图 4-196）。

图 4-195　小朋友一起用废旧纸箱搭建披萨店大门

图 4-196　小朋友们一起给大门上色

（4）装饰甜品屋。在实地考察中，幼儿们知道了披萨店里面有卖饮料、甜品等，经过讨论幼儿们决定做一个单独售卖甜品的商店（图 4-197）。

（5）制作甜品。经过讨论，幼儿们决定做一些甜品和冰淇淋放在甜品商店进行售卖（图 4-198）。

图 4-197　小朋友装饰甜品屋的标识

图 4-198　小朋友们用纸黏土制作甜品

（6）制作秤、电话。看到披萨店的厨师们经常用到秤来称量披萨材料的重量，以达到配料的精准重量要求。幼儿们用废旧纸盒制作了秤。看到披萨店里有电话。幼儿们写出了电话号码，并在数字旁边粘上了电话的听筒。

（7）制作披萨配料（图 4-199）。

（8）制作披萨饼底（图 4-200）。

图 4-199　小朋友分类制作披萨的配料

图 4-200　小朋友制作披萨的饼底

(9) 制作宣传单（图 4-201 和图 4-202）。

图 4-201　小朋友制作宣传单

图 4-202　各种优惠活动的宣传单

3. 分享与展示阶段

1）为展示活动做准备

幼儿们的披萨店创设完成了。我们一起进行了集体讨论。在集体讨论中，我们讨论的内容主要有：①我们的披萨店快要开业了，怎么能让更多的人知道呢？②披萨店还需要什么岗位的人呢？③每个不同岗位的人需要跟顾客说些什么呢？

我们讨论的结果是：①可以发宣传单和优惠券；②除了正常的岗位，要有人售卖甜品，还要有歌舞队给客人表演；③给每个岗位设立一个负责人，将人员进行分工。

根据讨论的结果，幼儿们为展示活动进行了相关的练习。例如，①按需求分成六组工作人员：迎宾、服务、歌舞、甜品、厨师、收银；②各岗位人员的工作职责；③各岗位人员的站位；④各岗位人员的话术；⑤各岗位人员之间的配合。

2）展示活动：披萨店开业了

准备妥当后，披萨店开业了。小朋友们根据自己的组别站在相应的位置上，等待顾客的到来。

迎宾组：当隔壁班的小朋友结伴来到披萨店门口时，迎宾人员热情地和顾客打招呼、询问就餐人数，并把他们引领进披萨店里，和服务员接洽就餐客人的人数。随时和服务员进行沟通。

服务组：服务员按照自己的接待顺序接待顾客，热情娴熟地将客人引领到餐桌旁边坐下。仔细为顾客介绍店内的食品种类，得到顾客点餐确认后，和厨师进行简短沟通说明。其间还引领顾客去甜品区选购甜品、提示歌舞组可以开始表演等。随时和顾客及其他岗位的人员沟通。

歌舞组：随时观察和确认已点餐等待的顾客和进餐的顾客，及时为顾客进行歌舞表演，随时和服务员进行沟通。

甜品组：向顾客详细介绍和推荐店里的甜品种类，提示顾客拿好小票和结账地点，随时和服务员进行沟通。

厨师组：根据服务员交上来的点餐单制作食品，随时和服务员进行沟通。

收银组：根据顾客交上来的结账单收费。随时和服务员进行沟通。

（四）家长的反馈

在这次展示活动中，我们只邀请了其他班的小朋友来披萨店里进行体验，没有邀请家长。但是，教师们把幼儿们在营业当天的场景拍摄成视频，并在展示活动结束后，把营业场景的视频发到家长群里。家长们看到视频后，纷纷表达了自己的感受。

糖豆妈妈：本学期探究课程的第一个项目主题“披萨店”，既贴近幼儿们的日常生活又符合幼儿们的兴趣。在整个项目活动开展过程中，教师们准备了丰富的材料，让幼儿们充分了解披萨的构成并亲自参与制作。同时，教师们用心设计了多个活动，激发了幼儿的学习兴趣和探索欲望，比如请厨师来班级里现场制作、去披萨店实地考察、去隔壁班级做主题参访、讨论披萨买卖，以及角色扮演展示等活动，幼儿的参与度很高。整个活动的意义已经远远超过了对披萨店这一单个事物的认知，幼儿们在探索过程中提高了观察能力、提出问题及解决问题的能力、交流能力、协调能力等。小活动带来大能量，非常惊喜。尤其是在最后的展示活动中，幼儿在教师引导下，设计了披萨店的全流程，场景全复原，而且细节满满，非常出乎意料。小朋友们在各自岗位上也认真负责，激发了幼儿们的小主人翁意识，真正的寓教于乐。

贝宝妈妈：本学期对披萨店的探究能够基于幼儿们对披萨的兴趣，发展思维和认知。在探究学习期间，我看到幼儿们动手制作了各种各样的食物、工具、场景物料，通过对披萨店的实地考察，了解披萨的整个制作流程。贝宝回家会主动跟家长表达学到的知识点，包括如何点菜、如何与服务员沟通等。我们在家也跟幼儿一起亲手制作了几次披萨，每次幼儿都有不同的收获，都会跟在幼儿园学到的内容进行对比。最让我印象深刻的是展示活动前的情景，看到教师们精心剪辑的视频，幼儿们各司其职，在自己亲手搭建制作的场景里，与外班小朋友们互动，这不但能锻炼幼儿们的社交能力，还能发挥各自擅长的角色，为幼儿们营造了一个有趣又锻炼心智的场景。感谢教师们的辛勤付出，让幼儿们收获满满。

花花妈妈：在本学期的披萨店项目中，教师们通过一个浅显易懂、幼儿们都感兴趣的主题，带着幼儿们从观察、制作到披萨店营业，让幼儿在这个项目中“玩中学”，学习到了表达、等分概念、厨房认知、初识货币、动手能力、美育……

（五）教师的反思

在这个项目中，幼儿们获得最大的发展如下。

（1）探究事物时，能够对事物的细节进行观察并深入思考。

（2）通过诸多实践过程，遇到问题后的解决方法上升到更高的层次（调查、查阅专业资料），从而在生活中多角度考虑问题的能力也得到了相应的提高。

(3) 社会性合作和分工的能力得到很大提升，进一步优化了发生冲突时的解决能力。

(4) 做事情时，能找到重点：将自己的关注点或问题有针对性地进行记录。

幼儿们的点滴发展为接下来更深入的探究活动奠定了坚实的基础。探究是一种思维方式，能够帮助幼儿养成积极、乐观、自主的学习态度。

作为教师，我们需要不断探究，不断学习，观察幼儿，才能尝试找到最适宜的方法和策略。没有任何一本教科书可以提供直接的方案，这是做教师的最大挑战。

在“披萨店”的项目中，我们感受到了环境、材料、教师的理念导向为幼儿的探究提供了重要及有效的支持，同时，为幼儿们能力的发展奠定了基础。

在“披萨店”项目结束后的反思中，我们认识到：在幼儿们的披萨店创设好后，应该给他们提供更多的时间来“运营”这个披萨店，而不仅仅是通过玩两三天，了解了披萨店运营的流程；应该给他们提供更多的时间、更多的顾客，让他们迎接不同的挑战，正如《3～6岁儿童学习与发展指南》所说，“幼儿的社会性主要是在日常生活和游戏中通过观察和模仿潜移默化地发展起来的。”

第三节　幼儿园探究式学习项目课程大班案例

一、项目一　照相馆

北京市朝阳区团结湖第一幼儿园周慧楠。

（一）班级基本情况

实施照相馆项目的幼儿年龄是5～6岁，共有36名。他们大多数是一周5天全天在园，对照相馆感兴趣的人数占总人数95%，所有人都有过去照相馆的经验，知道基本流程。教室里有一名班长、一名副班教师、一名助教和一名保育教师。照相馆项目于2017年9月初开始，一直持续到2018年6月。

（二）项目主题的选择

进入大班后，幼儿的自主能力增强。户外活动时，教师在拍摄照片记录幼儿学习生活时发现，幼儿对照相有极大的兴趣。有一次，我在户外给洲洲拍照，当他发现镜头对着他时，他迅速伸出手指比“耶”，嘴角弧度加大。等我照完后，他跑到旁边要求看看拍摄效果，看完后很开心地和其他小朋友交流。过了一会儿，很多小朋友都跑过来，让我给他们拍照。这时洲洲说：要是班里有个照相馆就好了！瞬间，很多小朋友响应。看到这种情况，我心想：既然小朋友们这么感兴趣，顺应他们的兴趣点开展项目活动，应该效果不错。

创建照相馆对班级教师同样有挑战。教师们进行了一番思考与讨论。

反方：	正方：
1. 以往没有创设过，无经验可参考。 2. 社会性发展不够明显。 3. 照相机相对比较复杂，幼儿操作困难。 4. 环境布置、规则以及材料的准备都是空白，幼儿拍照的经验较少，不太贴合生活。	1. 因为没创设过，所以才更具挑战和探究性。 2. 照相馆发展幼儿的社会性，还能让幼儿掌握技能，一举多得。 3. 操作复杂可以简化，也可考虑使用手机。 4. 幼儿拍照经验少，但是有被拍摄的经验，也不算远离生活。

综合双方意见，经过班级教师共同讨论，最终达成共识：照相馆的创设以幼儿为中心，教师跟随幼儿的兴趣，适宜地给予支持。因此，对于照相馆项目，我们没有设定时间上的要求。虽然大家都是第一次，也感到未来有很多未知，但我们相信，按照探究式学习项目课程的思路开展，这会是一个幼儿们喜欢的项目，也会使幼儿们获得很多经验。

（三）项目的实施过程

1. 提出问题阶段

知道要创设照相馆，幼儿们都积极收集资料，有的和爸爸妈妈一起上网查，有的从书上找，还有人拿来了自己的照片以及查找到的材料进行交流分享。幼儿们的兴趣浓厚，因此谈话活动“我知道的照相馆”就这样生成了。

王祈天：照相馆里有照相机！

张诗琦：我照过相！里面有个灯，照相的时候会亮一下。

杨昊：我每年生日的时候都要去照相，照相馆里有很多漂亮的衣服。

张思栋：办理护照的时候要照相，有不同颜色的背景，还有一些很严格的要求。

王钰童：照相馆也有名字。

张睿希：我去照艺术照时，里面还有很多玩具。

想表达的幼儿有很多，我便根据人数，把幼儿分成 4 个组进行讨论，最终每组由一个小代表分享想法（图 4-203）。

小代表分别为自己的小组进行了分享，这其中包括了服装、道具、配饰等。就在分享的过程中，李雨晨说：“这些都是我们要准备的，我们还是记录下来吧。”综合各组的分享，晨晨用绘画的方法记录了需要用到的物品（图 4-204）。

幼儿分别根据头上戴的、腕上戴的、手里拿的进行物品的寻找和归类（图 4-205 ～图 4-207）。

经过整理后的材料已经变得很丰富，幼儿根据空间设置，将各类摆放好，材料的准备就算完成了（图 4-208 ～图 4-210）。

图 4-203　小组正在进行分享与讨论

图 4-204　晨晨记录的物品

图 4-205　头饰类物品

图 4 -206　腕部类饰品

图 4-207　手中道具

图 4-208　服装

图 4-209　道具

图 4-210　配饰

幼儿的原有经验很丰富，材料准备也很充足，教师们预测照相馆游戏会朝着“玩法”方面发展。在分析了记录的材料后，晨晨又发现了问题：在照相馆里怎么玩呢？晨晨的一句话，引发了幼儿的思考，于是，便有了更多的问题。

（1）照相馆设在哪儿？

（2）照相机从哪里来？

（3）照相馆需要有哪些人物角色？

（4）拍照需要怎样的流程？

（5）服务人员都负责哪些内容？

综合各种问题来看，游戏指向三方面：材料（已讨论并记录）、角色、玩法内容。接下来我们要解决的是——“怎么玩？”

2. 探究与表征阶段

1）在哪玩？

早饭后的过渡环节，我问幼儿想在哪儿创设照相馆？幼儿的答案主要有两个：阳台和睡眠室。在睡眠室玩是因为原有的玩具柜比较好放材料，布局方便；在阳台玩是因为阳光充足，不仅有室内风景，还有室外风景，场地足够大，能放很多游戏材料。双方各有理由，只好用投票的方式决定，最终，阳台以 28 票获胜。当幼儿们第一天游戏的时候，不到 3 分钟，我听到顾客林羽凡大声地对摄影师李雨晨说：“摄影师，你快拍吧，这样我很难受，眼睛睁不开！”这时李雨晨说：“你换个位置吧！你往旁边站站，那里阳光照不到你眼睛。”林羽凡照做，咔嚓一下，李雨晨拍完了照片。林羽凡跑过来说：“可以给我看看吗？”李雨晨同意了。两人一起回看刚才的照片。这时发现，照片上面“光”占据了很大一部分位置，两人互相对视了一眼，然后说：“为什么会有这么多阳光呢？”李雨晨沉默了一会儿，说：“照片里阳光太多了，我们去个阳光少的地方试试！”于是，活动室、睡眠室、盥洗室、厕所，就连阳台玩具柜挡住的地方，他们都拍了照片。然后，他们将照片一张张观看，最终得出了一个结果：睡眠室才是最适合拍照的地方。当他们把这个发现告诉我后，我将他们拍的照片导入计算机，用多媒体演示的方法，让他们分享各个位置拍照的不同效果。最终选出睡眠室才是最佳拍照的场所。

2）怎么玩？

对于幼儿来说，每个幼儿都有照相的经验，对于照相馆有一些了解，但给别人照相并且服务别人，这就显得有些陌生了。在第一次收集资料的时候，我得知田芷宁小朋友家有个照相馆，在和家长联系后，征得家长同意，我决定带幼儿们去实地参观。这次参观的主要目的是为幼儿们提供浏览整个环境以及聆听专业照相师分享的机会。他们听到后非常高兴，主动提出要做一份计划：①观察照相馆还有哪些材料？②记录照相馆有哪些职位？工作内容是什么？③他们和顾客说什么？在计划过程中，幼儿还提到，我们去参观的时候，说话声音要小一些，不能影响照相馆。小朋友们带着问题出发了。参观后，幼儿们的问题都得到了解答。他们将兴趣锁定在照相机的使用和怎样拍照上。

回到教室后，幼儿便开始讨论看到了什么以及有哪些收获，我们和幼儿一起交流自己的收获。

（1）照相馆里有不同类别的衣服，男、女、老人、小孩都可以找到自己穿的衣服。

（2）先见到顾客的是前台服务员，前台服务员一直是微笑的。

（3）照相馆里面有化妆师，先换衣服再化妆。

（4）摄影师在拍照的时候会提醒顾客，比如，眼睛看着灯、和好朋友再挨得近一些。

（5）拍照风格也是有一定规则的，穿了夏天的衣服就要配海滩等背景。

（6）摄影师不全站着拍照，还有趴着拍的时候。

（7）和顾客说话时，要有礼貌，还要给介绍照相的价格。

下面是幼儿用绘画进行的一些表征（图 4-211 ～图 4-213）。

图 4-211　配套服装

图 4-212　微笑

图 4-213　价格

这一次的探索性参访是有用的，因为实地参访能够提供足够的信息，燃起幼儿的好奇心，开阔幼儿的视野，激发幼儿对丰富区角内容的兴趣，还通过观察、服务了解了“态度”“服务意识”等词汇。在实地参观后，我将在照相馆拍的部分照片传输到计算机中，鼓励幼儿口述自己的感想和发现，并将照片贴到墙上，提供讨论或绘画时的参考，他们迫切地想要进行游戏，于是，我们一起对照相馆进行布局。

李雨晨在观察后说："门后面的位置比较隐蔽，适合当更衣室，顾客在换装的时候，需要帮助，由摄影助理帮忙。"（图 4-214）

李晨睿说："靠近小门的柜子正好有个圆形，像一面小镜子，把那个位置当成化妆间很合适。"（图 4-215）

图 4-214　更衣室

图 4-215　化妆间

林羽凡说："去庙会的时候会有那种脸挖洞的人偶背景，摆在空旷没有玩具柜的地方，中间的地方留给小朋友照相。"（图 4-216）

林柏滢说："服装有四季的，所以需要四季的背景图。"（图 4-217）

图 4-216　人偶背景板

图 4-217　四季背景图——夏季背景图

幼儿们你一言我一语，对照相馆进行了功能划分，但具体的玩法涉及较少……有了第一次的经验，幼儿们计划第二次参访照相馆，他们列出了可能看到的事物清单：照相机、闪光灯、幕布、雨伞、毛绒玩具、拳击手套、服装、化妆品、前台服务人员、摄影师、化妆师、收银台……显然，他们已经了解了许多关于照相馆的工具、人员及运作知识。第一次参访加深了他们对照相馆的了解，并使他们学会了新的知识和技能。

第二次实地参访是在一周后，起因是有位顾客想要拍摄一张黑白照片，摄影师被难住了，因此，幼儿们带着疑问再次来到照相馆实地参观。第一次实地参访时，他们看到摄影师在摆造型；第二次实地参访时很多幼儿被照相机吸引，有几位幼儿有幸被允许在摄影师的指导下使用照相机，观察照相机各零件。矫礼泽就是其中之一。在摄影师指导他后，他和摄影师说出了遇到的问题：怎样用苹果手机拍摄一张黑白照片？摄影师掏出自己的手机点开照相机图标，然后讲解三个圆圈并在一起的叫“滤镜”，里面有很多种款式可以选择，其中有一个滤镜可以拍出黑白的照片。接下来摄影师还介绍了怎样切换摄像头，怎样删除图片等。泽泽听得非常认真，他用绘画的方式记录下来。以整合的方式学习和应用这种技能，帮助他了解照相机的用途，同时，我请他将照相机的使用制作成册进行说明（图 4-218）。

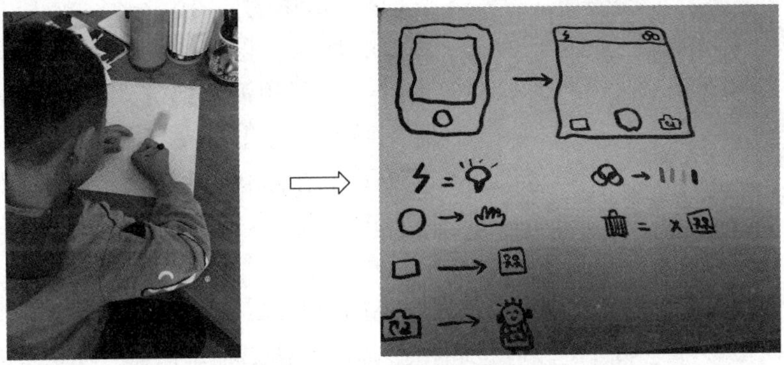

图 4-218　自制相机说明书

幼儿们实地参访回来后，提到要把照相馆建构得更像他们所看到的照相馆。于是，他们口述所需要的物品清单。我们讨论哪些物品要先做，谁可以完成，以及我们可能需要什么材料。当时恰逢春天，幼儿们结合季节讨论了要在美工区做一些花朵和藤蔓（图 4-219 ～图 4-221）。

图 4-219　幼儿分配任务

图 4-220　制作藤蔓

图 4-221　幼儿制作花朵

3）冷清的照相馆

开业不久，照相馆产生第一次小风波。虽然活动进行火热，但到游戏的时候，来光顾的顾客有些少。这可急坏了服务人员，他们找到我诉说：“周老师，我们这儿没有顾客……”他们以为我会指定小朋友去当顾客，但我对他们说：“小朋友选择活动区是自愿的，你们得听听他们的想法。”经过我这么一说，几位服务人员开始讨论要进行调研，以及调研的问题，由谁去哪个区角调研，小朋友们也给了他们很多答案。例如：

我的建筑还没搭完；我喜欢玩乐高玩具；我不知道照相馆能玩什么；我想画画；没有我喜欢的服装等。了解了小朋友的想法，服务员告诉我，很多小朋友不知道在照相馆能玩什么，不了解照相馆这个区角。

于是，我组织了一次谈话活动。我将问题抛给幼儿们，问："怎样介绍照相馆？用什么方式？"有人说："请一个小朋友讲解。"有人说："邀请小朋友来玩，再介绍给别人。"我肯定了幼儿们的想法，然后拿出了一张超市特卖的宣传海报。我问："这是什么？"有人大声说："这是超市里的。"接下来，我让幼儿们观察了海报的特点，指出能吸引人的地方。然后问幼儿们："如果用海报的方式来介绍照相馆，你们愿意吗？"幼儿们高声答："愿意。"然后一起设计了介绍照相馆的海报（图 4-222），就这样，顾客多了起来……

图 4-222　幼儿正在准备张贴宣传海报

4）两个摄影师

初期的游戏，工作人员有四位，四人分工比较明确。这一天，来拍照的顾客比较多。这边的顾客叫摄影师，那边的顾客也叫摄影师，而摄影师李雨晨一个人急得满头大汗。没过多久，双方的顾客就吵了起来。我赶忙走了过去，问："怎么回事？"双方顾客都很理直气壮："我先来的！我先来的！"这时，李雨晨小声地告诉我说："周老师，我一个人太忙了……"在游戏评价环节，我让顾客和摄影师情景再现，然后问小朋友们："如果是你，你会怎么做？"有人说："需要排队拿号。"有人说："可以预约。"有人说："可以增加摄影师。"我接着问："怎样增加呢？"小朋友们挠了挠头。我说："咱们去照相馆的场地看看，然后再想想。"这时，很多小朋友开始演练起来，好像自己是顾客。就在一个顾客等待的过程中，我问："你想一直等摄影师吗？"顾客环顾周围后，说："摄影助理在站着，不用布景，他也可以帮小朋友照相。"这个发现吸引了很多小朋友，最终，摄影助理的职责就这样丰富起来了（图 4-223）。

图 4-223　摄影助理工作内容逐渐丰富

5）拍摄流程

照相馆面临的大问题是不能限制顾客。那么如何在服务好顾客的同时又不拥挤，这可难坏了小朋友们。当我问“怎样才能不拥挤？”的时候，幼儿通过自身经验告诉我“排队”，我便继续追问：“怎样排队才能让顾客既有事做，又不乱走？”我将照相馆的布局用 PPT 展示出来，请幼儿用连线的方式设计一条路线，然后请幼儿分享，最终选出了一条最佳路线，并根据路线安排了服务人员的具体职责：道具师要在顾客拍照前帮幼儿挑服装；化妆师要给顾客化漂亮的妆，并在顾客换衣服的时候要帮忙系扣子等。拍照的时候，道具师整理服装，摄影助理要摆道具……这就是照相流程的产生，随后幼儿们让教师将流程放在规则墙上，方便不常来的小朋友观看和了解（图 4-224）。

6）拍摄角度

在小朋友们搜集的照片中，有一张照片吸引了很多人的注意力。珠珠在班里算年龄小的，但那张照片里的珠珠却显得很大，像个巨人一样。幼儿们一直怀疑照片里的人是珠珠的姐姐……

接下来，我组织了一次科学活动，主题是物体的远近。活动前，我请幼儿每人带一个小镜子来到幼儿园。把小镜子立在桌子上，伸出食指，观察有什么变化？有人说：“手指变大了。”有人说：“手指变小了。”我问：“为什么会出现这样的现象？”幼儿再次实验，我请个别幼儿进行展示，其余幼儿观察什么时候变大，什么时候变小？幼儿们告诉我：“手指离小镜子远的时候，手指变小、变细了；手指离小镜子近的时候，手指变大、变粗了。”我又问：“你们的手指变了吗？”幼儿们想了想，说：“没变，是距离变了。”我说：“如果把小镜子变成照相机，会怎样？”小朋友们纷纷回答：“离着近，照得大；离着远，照得小。”我再问：“珠珠的那张照片，是她的姐姐吗？”小朋友们一听，都笑了笑，说：“这次，我们再也不怀疑了！”随后，班级小朋友也开始拍起了这样的照片（图 4-225）。

图 4-224　流程

图 4-225　拍摄角度

有了照相流程，对内容也有了一些了解和探究，幼儿们统一要求：顾客到照相馆要听从工作人员指引，拍照的时候可以自己摆动作也可以请摄影师设计。为了明确各工作人员的职责，幼儿们请教师帮忙给每位工作人员做专属的挂牌。为了让顾客明确流程，班级出示了一块规则墙饰（图 4-226 ～图 4-232）。

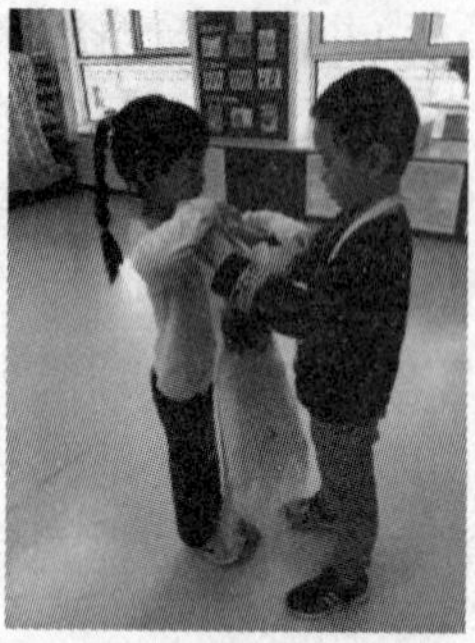

图 4-226　帮顾客挑衣服

图 4-227　帮顾客穿衣服

图 4-228　给顾客化妆

图 4-229　布景

图 4-230　给顾客介绍套系

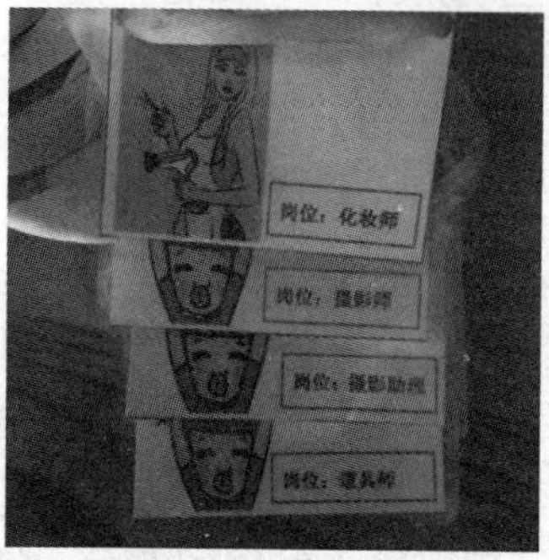

图 4-231　工作人员挂牌

图 4-232　规格墙饰

3. 分享与展示阶段

照相馆属于角色区，用于发展幼儿的社会性。幼儿在区角里，不仅关注到自己，还关注到顾客和同伴，积极交流、分享和解决问题。在这个过程中，幼儿的合作、分享以及个性品质都得到了一定的发展和锻炼。后期，我组织了一次谈话活动，我问幼儿们："通过照相馆的游戏，你有什么想和大家分享的？"

矫礼泽分享的是外出参观的照片。他说："我觉得去照相馆实地参观对设计幼儿园的照相馆帮助很大。正因为有了摄影师手把手的指导，这段特殊的经历给我的印象深刻，所以我能将照相机的使用记录下来，制作照相机说明书，也让我将我学到的分享给小朋友，很开心。"

叶小可分享的是一个记录。记录上面有四个人，有戴着相机的，有拿着刷子的，有拿着衣服的……她说：“有了记录才能更好地分配角色。”

叶非同分享的是他从网上查的资料，分别是各岗位的工作职责。

张庭宽说：“当照相馆没有顾客的时候，可以自己画海报宣传。”

珠珠说：“大家一开始对我的照片很好奇，我也说不清楚怎么回事，后来我们知道了近大远小的现象。”

张睿希说：“平时我胆子小，说话很少，当我是照相馆的服务人员时，我也能和顾客交流，解决问题；当我是顾客，害羞的时候，我可以变成印度女孩，用面纱挡住我的脸。”

李晨睿说：“平时化妆的大多数都是女孩，我们男孩也能化，我喜欢那种涂脸的感觉，能让我更快速地进入角色。”

吴昊晨说：“我们还把小朋友拍完的照片冲印出来制作了相册，还有很多照片放在相框里，粘在了墙上和柜子的旁边。”

一些照片如图 4-233 所示。

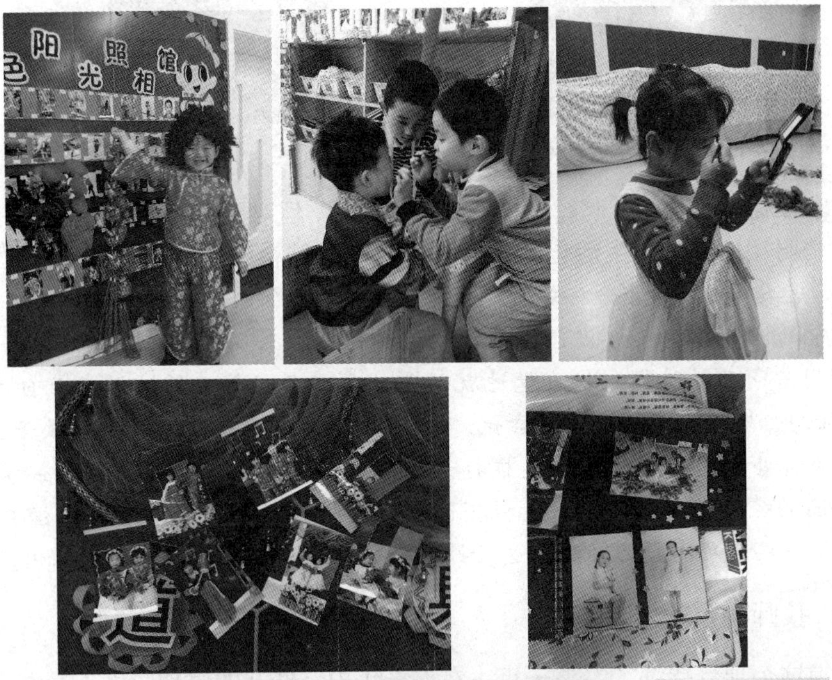

图 4-233　分享与展示阶段的照片

隔壁班教师在活动区看到小朋友们有序地游戏时，都伸大拇指夸赞他们游戏很专注，因为小朋友们都很进入角色。

由此可以看出，提前了解主题，收集资料，到实地参观，在参观前做计划，有目的地进行观察，再次搜集资料，幼儿间的互相讨论、解决问题这个过程，都充分地调动着幼儿的感官也激发了幼儿的兴趣，同样也是在这个过程中，幼儿通过不断探究使得照相馆从无到有。

（四）家长的反馈

活动初期，家长同幼儿一起收集了幼儿的艺术照和生活照，还与幼儿一起回忆了照相体验（图 4-234 和图 4-235）。

图 4-234　幼儿生活艺术照

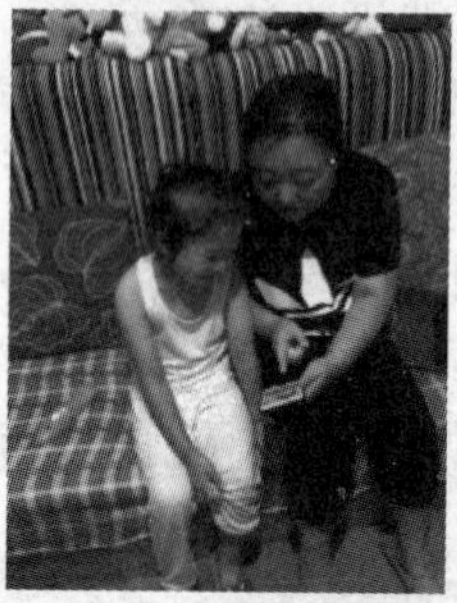

图 4-235　家长同幼儿回忆照相体验

班级家长和小朋友们一起经历了资料搜集过程，但对于“项目教学”还是有些模糊。当我们将“照相馆”这个生活化的主题与项目教学结合的时候，家长们非常感兴趣并积极参与，常常与幼儿讨论。

田芷宁的家长告诉我：“没想过自己家照相馆有那么多可以探究的点。当小朋友们围在身旁问东问西的时候，不自觉地就想要认真回答。最大的惊讶在于自己的宝贝，平时有些胆小，对于新事物也不敢尝试，但当她看到一款新相机的时候，敢于去摸一摸，然后还煞有介事地告诉其他人，怎样打开相机，哪个按钮是拍照；在服务方面，也能根据幼儿园的经验来和妈妈说，怎样提供更好的服务。原来在探究的过程中，幼儿已经学习到了一些解决问题的经验，这在她未来的人生中起着至关重要的作用。”

（五）教师的反思

照相馆这个项目持续了整整一年。在这一年中，幼儿的兴趣热度不减，究其原因，是游戏的内容是由幼儿创设的，当出现问题的时候，幼儿们知道首先要从自身去找问题，做调研，然后做调整，逐渐丰富内容，我想这就是项目教学的魅力所在吧。从不太了解照相馆，到经营得红红火火，这其中也遇到过问题，幼儿通过实地参观，分组记录观察的内容，参观后讨论、分享经验，大家同步解决问题，在这个过程中，幼儿学会了观察、探索、合作，在他们遇到困境时，我把问题抛给他们，让幼儿主动思考；在分享经验后，及时梳理、总结，让幼儿有所收获。为了帮幼儿们进行探究和学习，我也和幼儿们一样，用兴奋好奇的心情看待这个世界。在照相馆的探究活动中，我的诚心、兴趣及喜悦变成了有力的教学工具。而在照相馆的活动过程中，部分性格内向的幼儿参与活动的兴趣度仍然不高，作为教师虽然想过办法（鼓励或陪伴），都不太能够使得这些幼儿敢于表达自己，这将是我未来作为调整的部分；幼儿到了大班，开始趋于合作游戏，尤其在拍照的时候，喜欢找好朋友一起拍（图 4-236），他们在拍摄过程中已经有了“生活缩影”的定格瞬间，教师未来将抓住这个契机，引导幼儿留下更多、更加丰富的生活缩影。照相馆是个很棒的项目，幼儿们已经具备了一些关于照相馆的知识，并把它和生活联系起来，在项目过程中幼儿有许多动手做的学习经验，可以操作真实物品；项目也提供了建构、绘画及扮演戏剧的机会，幼儿们的表现远远超出了我的预期，照相馆从无到有的过程，虽然写出来只有这几千字，但对我来说却是一个大工程。无论如何，看到幼儿们真正地投入在探究活动中，那是一种很大的鼓舞。他们深具创意的点子、关心的焦点及深入的研究都让我印象深刻。让我觉得有趣的是，我看到不同幼儿扮演领导的角色并鼓励同伴加入，尝试新事物。当我发现他们相互切磋、分享、研究与解决问题时，更觉得是一种享受。所以，对于项目教学，我只想说：相信幼儿，大胆放手让他们去做，他们将呈现出不一样的精彩。

图 4-236　生活缩影

二、项目二　玩具借阅馆

北辰福第幼儿园孟惊涛、姜丽媛、陈丹阳。

（一）班级基本情况

幼儿园位于北京市朝阳区社区和商业区之间，家长都是外地进京落户的科技人才。“玩具借阅馆”这个项目涉及的班级共有幼儿 28 名，幼儿年龄在 5 岁左右，大多数幼儿是全勤状态。本班级有一名班长，两名教师，采用三教两换的教学模式。班长是区级骨干教师，从教 15 年，实施探究式学习项目课程 2 年；另外两名教师中一名园级骨干教师，从教 8 年；另一名教师从教 3 年，均参与探究式学习项目课程 2 年。班长实施项目课程期间会得到幼儿园领导、探究式教研组的帮助。“玩具图书馆”项目在 2015 年 9 月持续到 11 月中旬。

（二）项目主题的选择

幼儿园每学期都会有外出考察的活动，对于这一次去哪儿考察，幼儿们展开了讨论，有的小朋友说：“我去天街，那里面有很多玩的地方。”还有的说：“我去过欧尚，里面有卖图书和玩具的。”等等。讨论调动了幼儿原有的经验，并积极大胆地表达。教师又提出问题："你喜欢去哪里玩？""我喜欢去常营公园玩，里面能踢球。""我喜欢去游泳馆游泳。""天街旁边开了一个玩具借阅馆，那里很好玩，可以借玩具，玩具可多了""是吗？里面都有什么玩具？""玩具借阅馆和玩具店有什么不一样？""玩具借回家玩几天还可以换玩具？"等等，幼儿们纷纷开启了一问一答，或两两讨论的探讨过程。由于幼儿们有投票的经验，于是就"我最想去考察的地方"进行了投票，一名语言表达能力很强的幼儿组织大家投票，一名数学水平高的幼儿负责统计票数，还有一名幼儿负责将统计结果用涂色的形式记录下来，最终玩具借阅馆以7票胜出（图4-237和图4-238）。

图4-237　幼儿组织投票活动

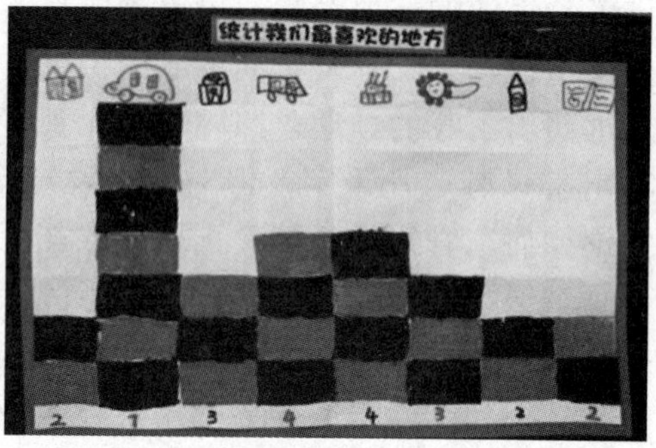

图4-238　投票结果确定考察玩具借阅馆

玩具借阅馆通过办卡的形式可以租赁玩具和图书，过一段时间可以将玩具带回，再换一个自己心仪的玩具带回家。大家对这种区别于以往的购买玩具的形式产生了兴趣，于是我们决定和家委会成员一起带幼儿们探究玩具借阅馆。

在这个项目主题中，幼儿将发展多种能力。例如：有探究玩具店的兴趣和欲望，能够大胆提出感兴趣的问题，并在探究过程中发现、解决方法；能通过多种方式、途径收集和整理相关信息，并能根据信息分析问题进而尝试自主解决问题，积极参加租赁玩具活动，能主动与同伴合作并愿意与小朋友分享玩具；在探究活动中，能够不怕困难，积极尝试解决探索探究过程中遇到的问题，敢于面对困难和挑战；能够用自己喜欢的方式（制作、绘画、拼贴等）大胆地表现自己的想法，富有个性地表达自己的情感和体验。

（三）项目的实施过程

1. 提出问题阶段

因为幼儿们想了解租赁形式的玩具借阅馆，所以教师鼓励去过玩具借阅馆的幼儿介绍自己的观察发现："那里有玩具。""办卡可以借走一个玩具。""玩一段时间还回去再借新的玩具。"这些是幼儿们对玩具借阅馆的表面认识，也代表幼儿们的原有认知，教师将去过玩具借阅馆的幼儿的口述做成个概念图（图4-239）。

听了这些介绍，没去过的幼儿跃跃欲试，更加确定要去玩具借阅馆，并期待早点儿去玩具借阅馆考察。

幼儿讨论并表征自己的经验。他们把自己知道的事情用笔画下来，并组织语言表达出来。教师提供了水彩笔，幼儿将自己的原有认知通过记忆画的形式表征出来（图 4-240）。教师预测该项目将会朝着研究玩具借阅馆里借阅的概念和借玩的形式继续发展下去。

图 4-239　去过玩具借阅馆的幼儿关于玩具借阅馆的概念图

图 4-240　凭记忆画自己看到的玩具借阅馆

在去玩具借阅馆考察之前，所有幼儿在过渡环节提出了要考察的问题列表。当知道要去玩具借阅馆考察之后，幼儿的想法被激发了，他们分组提出很多问题，并希望在考察和探究中找到问题的答案（图 4-241）。

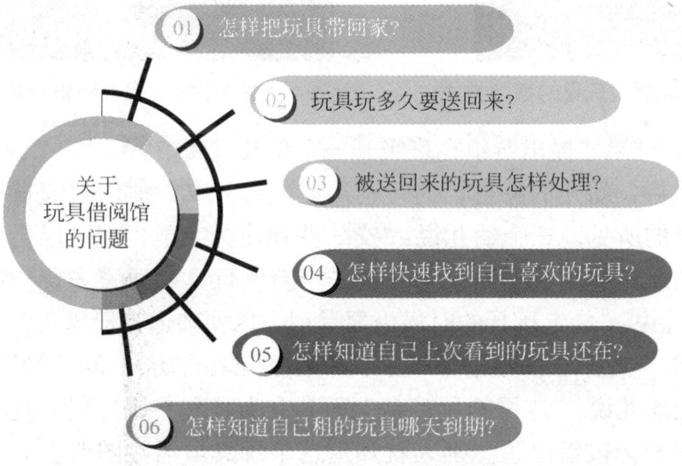

图 4-241　幼儿提出的问题列表

2. 探究与表征阶段

为了支持幼儿的探索，教师和家委会成员提前踩点，确定考察时间及行走路线，教师支持幼儿完成考察计划书，针对自己的问题，分组制订考察计划书。

1）制作考察计划书并实地考察

幼儿分组对自己想考察的问题和小组成员进行记录。幼儿的计划书（图 4-242）包含考察日期、具体时间、考察地点、小组成员、本组的考察问题（我想知道怎样把玩具带回家等）等内容。幼儿们查看近期的天气预报，并最终确定了晴朗的一天为考察

图 4-242　幼儿绘制的小组考察计划书

的日期。有一位幼儿在家长的支持下电话咨询了玩具借阅馆的营业时间并最终确定具体考察时间。

计划书制作好了，教师和家委会成员带着幼儿们出发了。幼儿们拿着自己的考察计划书和笔步行 20 分钟到达了玩具借阅馆。他们有的观察玩具的摆放方式（图 4-243）、回收玩具后的消毒处理方式、玩具的分类，有的询问服务人员借阅玩具的方式和时长，甚至借阅玩具要登记的主要内容（图 4-244）。

图 4-243　幼儿观察玩具的摆放方式

图 4-244　咨询租赁玩具的方法

2）分享考察结果并提出希望在班级开一个玩具借阅馆

考察回来之后，幼儿们将自己的考察结果进行分享，他们组织自己的语言，声情并茂地介绍自己的所见，一个幼儿说："交一些钱成为会员，就可以借走自己喜欢的玩具，过两周后把玩过的玩具送回来重新借一个新的玩具拿回家去玩，这真是太有意思啦。"另一个幼儿说："借走玩具的时候需要登记，以便知道自己借走的日期以及两周之后还回来的日期。"在家长的帮助下（家长带着幼儿看台历），幼儿知道两周是 14 天的时间。还有一位幼儿说："这里的玩具盒上面会有卡片和专属号码，玩具被借走后工作人员在计算机里登记被借出了。别人就知道这个玩具虽然在图册上有，但是通过查计算机知道已经借出，并且知道哪天还回来。这真是太酷了。"

幼儿对借阅这样一个租赁形式产生了兴趣，并期望将自己的玩具在班级中进行轮回借玩。教师发现了他们的兴趣点，并帮助他们提炼自己的想法："你们的意思是想把玩具拿到一起，然后大家相互借这些你们带来的玩具么？"幼儿们开始不太确定，有的点点头似乎明白了，有的不说话只是看着老师。老师请点头表示赞同的幼儿说说自己的理解，一个幼儿说："是的，借玩具，把自己的玩具带到这里来，再借走自己需要的玩具，因为这样大家可以玩更多的玩具，不用请求妈妈再买新玩具了。"这下，幼儿们都兴奋了，纷纷表示对这个意见的一致同意，并跃跃欲试，准备开设自己的玩具借阅馆。

3）理解“交换”及“借阅”概念并收集相关材料

大家提到了“交换”和“借阅”这两个概念，通过讨论，教师发现幼儿们对两个概念还不是很了解，并且一直在相互讨论，于是教师提供了笔和纸鼓励幼儿将自己对“交换”和“借阅”的理解用图画和符号的形式表征出来，教师调动幼儿绘画的经验，幼儿发挥自己的想象力并通过创造符号的形式表达自己的设计思路。一名幼儿说：“交换就是喜欢别人有的东西，然后商量，最后你给我，我给你。”另一名幼儿说：“交换就是和别人换过来。别人的东西到我这，我的东西到别人那儿。”还有的幼儿说：“交换就是他有我的，我有他的。”“借阅就是把我喜欢的玩具借走，过一段时间还回来就可以。”“借阅就是还回来之后还可以借自己喜欢的玩具。”幼儿们听了别人的介绍并结合自己的理解，大胆地设计自己认为可以当作交换、借阅的符号，教师尊重幼儿们的想法，并将设计出来的符号张贴在主题墙中（图 4-245 ～图 4-248）。

图 4-245　幼儿关于交换的理解

图 4-246　幼儿设计的交换符号

图 4-247　幼儿对于借阅的理解

图 4-248　幼儿设计的借阅符号

在讨论、交流和表征中，幼儿们对借阅、交换的概念更加明晰了，并且追溯了租赁的概念。对学前儿童来说，这样的活动形式有助于幼儿了解这些概念，对幼儿后面的学习有很大的帮助。

4）带来自己的玩具并计划创建一家玩具借阅馆

幼儿们回忆自己所考察的玩具借阅馆，他们开始讨论各自的所见所闻，并决定创建一家属于自己的玩具借阅馆，班上每个人带来自己的一个玩具，集中到一起并进行借玩，因为这样就可以玩儿到更多的玩具了。几个幼儿聚集在一起，讨论出了一份创建玩具借阅馆所需要的材料清单（图 4-249）。

家长和教师协助提供幼儿不能自制的材料，剩下的材料幼儿自己制作。

图 4-249　幼儿制作的材料清单

5）整理货架并分类

幼儿带来了很多玩具，有各种汽车、芭比娃娃、魔方、乐高、飞机、美发套装、电动玩具等，幼儿们把带来的玩具放在一起，他们回忆着自己在玩具借阅馆里看到的分类方式，按照自己的意愿将玩具进行分类，起初他们将玩具分为两类，一类是男孩子喜欢的玩具，另一类是女孩子喜欢的玩具，并将这些玩具放在筐里，为这些筐制作标识，以便顾客能很快找到所需要的玩具（图 4-250 和图 4-251）。

图 4-250　将带来的玩具进行分类

图 4-251　将分类好的玩具放到筐里并做标识

玩具分类之后，幼儿发现玩具太多了，玩具柜不够放，于是他们商量着将美发店的一个柜子移动到玩具借阅馆（图 4-252）。他们又发现有一些大型的玩具很难放进柜子里，需要大一些的货架，于是他们在楼道里找到了一些隔层比较高的货架，想用货架作为玩具借阅馆里大型玩具的放置架。教师建议他们找到园长妈妈，向园长妈妈提出自己的需求，并将自己的想法告诉了园长妈妈，园长妈妈同意了，因为在这所幼儿园里幼儿的一切想法都是尽量会得到满足的。于是，两个孩子一起把货架抬到了大二班。把大型的飞机和越野车摆了进去（图 4-253）。

图 4-252　整理美发屋的柜子准备移走

图 4-253　从走廊移过来的货架

6）设计海报并制作

玩具借阅馆初具规模，幼儿制作了简单的招牌并开始运营他们的玩具借阅馆。起初幼儿玩得很开心，因为经常能够玩儿到不同的玩具。过了一段时间，他们发现自己班级玩具已经借得差不多了，没什么新玩具了。为了能让玩具借阅馆有更多的玩具，他们商量着，想让这个活动延伸到其他班级，让更多的小朋友知道我们班的活动并带来更多的玩具，招募其他班幼儿带来自己的玩具，并在这里把自己喜欢的玩具借回家。一个幼儿说："我们可以制作海报，因为我妈妈就是看了乐高海报以后给我报名了乐高课程。"他们发现了海报的价值，却想不起来海报上到底有什么。第二天这个幼儿把海报带来了，通过观察发现海报内容包含时间、具体地点、关于活动的主题以及装饰图案。于是他们分组商量讨论玩具借阅馆的海报内容并开始了设计，最终制作出属于玩具借阅馆的海报，他们把海报张贴到幼儿园的大门口、楼道，并且到其他大班进行现场宣传，这样玩具借阅馆的玩具越来越多了（图 4-254 ～图 4-256）。

图 4-254　幼儿观察乐高海报

图 4-255　幼儿们设计的海报

图 4-256　海报被张贴在幼儿园楼道里

7）设计借阅登记卡

最近一个女孩每天来玩具借阅馆看一圈，寻找她一直想玩的芭比娃娃，可是持续了一周也没有看到芭比娃娃被还回来，女孩儿很失望。在教师的建议下，女孩儿决定在区域评价环节提出这个问题，大家一起讨论。当提出这个问题之后，几个幼儿纷纷表示自己也遇到过这样的问题，于是这个问题被大家关注起来。一个幼儿说："我们参观的玩具借阅馆借出的玩具是要登记的，玩 2 周需要送回来。"幼儿们决定玩具借阅馆需要有登记卡，并且要求玩具在规定时间还回。幼儿们通过投票确定了借走 3 天送回玩具，这样让玩具流动起来，大家才能玩更多的玩具。于是，大家纷纷设计了不同的借玩卡，教师把幼儿们设计的登记卡布置到墙面上，大家可以分析登记卡的可行性，并在使用过程中确定最合理的登记卡（图 4-257 和图 4-258）。

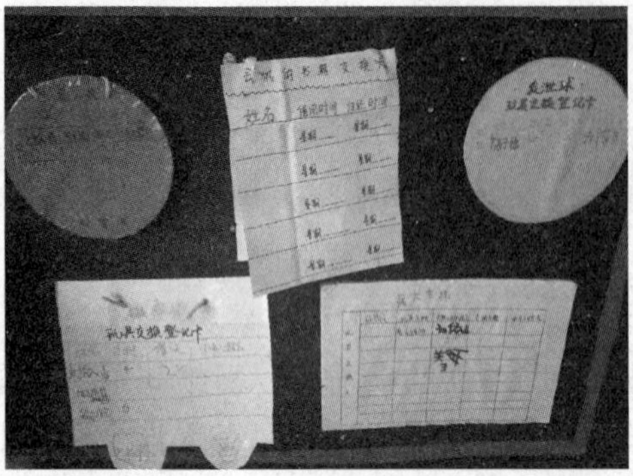

图 4-257　分组设计的登记卡以及最终确定的登记卡

图 4-258　幼儿们在选好玩具后登记

3. 分享与展示阶段

博物馆展示是幼儿园经常开展的活动，因此本班确定了用博物馆展示的形式进行分享。幼儿们将自己的班级设计成为一个博物馆，从人员到环境创设都依靠原有的参观博物馆的经验。人员包含检票员、引导员、服务员等，班级的主题墙就是博物馆的展板，幼儿作为讲解员介绍自己探究的过程，家长可以通过体验到玩具借阅馆借玩具，体验登记、借玩等过程。

在活动开始前幼儿们通过投票确定了工作人员的人选，并根据自己的工作内容有针对性地进行各自的准备。接待员找来了美工区的小印章为家长的票盖章，引导员选合适的地点准备茶歇区，讲解员准备讲解棒。

活动当天幼儿用他们收获的知识和经验向每一位来到大二班参观的家长展示自己从计划到建成玩具借阅馆的过程以及在游戏过程中遇到的问题和解决的办法（图 4-259 和图 4-260）。

图 4-259　接待员盖章

图 4-260　引导员指引茶歇区

（四）家长的反馈

在借阅馆展示后的家长沙龙上，教师介绍了活动的整个过程，对家长的支持表示感谢，在家长分享的环节里，家长们纷纷表达自己的感受。

一位家长说："幼儿园的活动太好了，幼儿园里还可以开展这样的活动。本来以为在幼儿园就是玩儿，没想到还可以这样玩儿。"另一位妈妈说："我看到了幼儿的变化，他们拿着计划书来到借阅馆，他们知道自己要来做什么，然后一直围着服务员提问题，直到他找到了答案。"一位爸爸说："我的孩子更爱提问了，她想知道很多事情的答案，并想办法解决自己的问题。"另一位爸爸说："在刚才的借阅馆活动中，我看到每个幼儿都有自己的岗位，而且在他们的岗位上工作着，这真是太棒了。没想到我的孩子能娓娓道来，这平时在家里是没有过的。"

（五）教师的反思

"玩具借阅馆"开业。幼儿们异常兴奋。他们有序地走进小店，开心又小心地触摸着店内的墙面、玩具，认真看着海报，选择自己喜欢的玩具。从产生兴趣，到提出问题，到借助社区资源进行参观、分享，以及设计搭建属于自己的"玩具借阅馆"，幼儿们在一次一次地观察、讨论、尝试中学习，学习发现问题，学习与他人讨论、协商，学习想办法解决问题。幼儿们用自己的方法获得直接经验，探索和感知身边的世界，在实践中提升自己的能力。

作为教师，我们获得的最大的转变是观念的变化，三位教师从引领者退后成为支持合作者，教师抓住幼儿的兴趣，支持幼儿有研究价值的各种行为。教师采用了实地考察法、问题引发法、材料支持法、回顾问题法等多种方法支持幼儿逐渐完善玩具借阅馆，并支持幼儿运用多种方法推进和解决过程中遇到的问题。此项目实施过程中幼儿的兴趣点还有很多，作为教师要及时抓住幼儿的兴趣点，并用适宜的方式引导幼儿解决问题。需要完善的是关于"交换"和"借阅"的概念的渗透，可以在区域活动中加入相关的活动，促进幼儿多种概念在生活中的实际应用，对幼儿后续学习和认识世界有很大帮助和促进作用。

三、项目三　故宫

北京市朝阳区启明东润双语幼儿园玫瑰分园王金花、侯艳茹。

（一）班级基本情况

幼儿的年龄是 5 ～ 6 岁。班级共有男孩 11 名，女孩 9 名。这 20 名幼儿已经和教师一起做过五个探究式学习项目了，对探究式学习项目课程的实施过程已经非常了解。班级共 3 名教师，两名中文教师和一名外教，均从 2018 年 9 月开始接触探究式学习项目课程。故宫项目从 2019 年 11 月中旬开始，一直持续到 2019 年 12 月底。

（二）项目主题的选择

我们班利用周末进行了一次天津之旅。在旅行中孩子们观察了不同风格的建筑物。回到幼儿园，大家积极地讨论着自己在旅行中看到的不同风格的建筑物。建构区的幼儿用积木陆续地搭建了天津之眼（图 4-261）、天津塔（图 4-262）……看到孩子们对各种建筑物的热情，我们在班级的图书区投放了许多有关建筑物方面的绘本。其中有一本《带你去看故宫》。有几名幼儿在阅读区翻阅这本书时，对它产生了兴趣，边看图边讨论（图 4-263）。

图 4-261　幼儿搭建的天津之眼

图 4-262　幼儿搭建的天津塔

图 4-263　幼儿在一起看《带你去看故宫》的绘本

看到幼儿对《带你去看故宫》这本绘本的浓厚兴趣，我们在过渡环节和所有小朋友一起分享了这本绘本。多数幼儿都说自己曾经去过故宫。故宫坐落在北京，是中国古代最大的皇家建筑物群，代表着中国古代的建筑风格和建筑水平。幼儿在研究故宫中的建筑物时，既能了解中国古代的建筑文化，又能重点发展《3 ～ 6 岁儿童学习与发展指南》科学领域中数学认知中的目标 3 感知图形与形状的关系，这能为大班幼儿在图形方面的学前准备打好坚实的基础。于是，我们决定把故宫作为本班在本学期中的第二个项目。

（三）项目的实施过程

1. 提出问题阶段

当幼儿们一起看绘本《带你去看故宫》相互交流时，教师记录下了幼儿之间对话。通过分析记录下来的对话，教师了解到幼儿关于故宫的已有经验（图 4-264）。

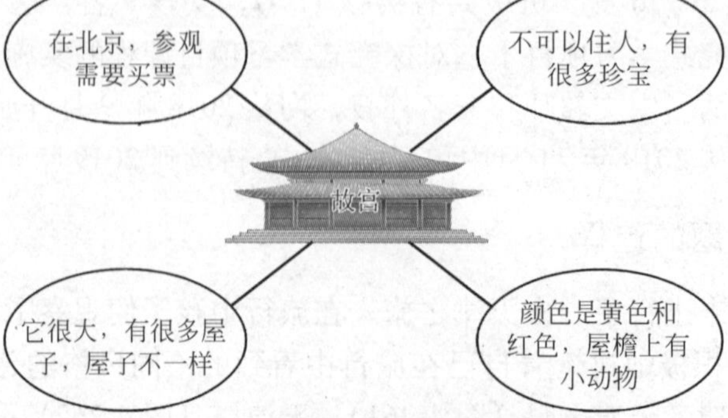

图 4-264　幼儿关于故宫的已有经验

幼儿连续几天反复翻阅这本书，并交流一些书中的信息。在这个过程中，小朋友们提出了很多问题。教师在班级的问题墙上及时进行了记录。

（1）窗户都是什么样的？

（2）屋檐上的花纹装饰是什么样的？

（3）门上金色的钉子是用来做什么的？

（4）为什么屋顶左右都有向两边翘起的尖尖？

（5）全是木头做的，怎么保证它是稳固的？

（6）他们是怎样做到对称的？

（7）柱子是什么做的？用来干什么？

（8）这些房子有名字么？用了多久？是怎么建起来的？

如何找到这些想要深入了解的问题的答案呢？我们通过问题“我们能做些什么来找到这个问题的答案？”来引发幼儿进行思考。在教师的引导下，幼儿制定研究计划并实施所有的研究。教师为实地考察、专业来访、调查和实验等提供支持和材料。

2. 探究与表征阶段

在教师集体备课时，几位教师将幼儿提出的问题进行了梳理。有的问题是事实性问题，邀请专家进行讲解，幼儿就能获得问题的答案，同时能丰富幼儿的词汇；有的问题是探究性问题，需要通过实验、动手操作、调查才能获得问题的答案并理解；有的问题是综合性问题，可以引导幼儿进行深入探究。

1）专家来访

对于“这些房子有名字么？用了多久？柱子是什么做的？”这类事实性问题，我们邀请了幼儿园的马老师来为幼儿讲解（图 4-265）。马老师的家人在故宫工作，因此，她对于故宫有很多了解。她在故宫方面的知识足以回答孩子们的问题。通过马老师的讲述，幼儿知道了：午门向外伸出的房子叫雁翅楼，因为很像大雁的翅膀；故宫里的建筑物主要是用木头做的，木头是从云贵、江浙一带运过来的；故宫以三大殿（太和殿、中和殿和保和殿）为中心，是皇帝登基、工作和更衣的地方。

图 4-265　马老师给幼儿介绍故宫

2）动手操作

什么是榫卯结构？我们给幼儿购买了能体验到榫卯结构特点的益智玩具孔明锁。孔明锁，也叫八卦锁、鲁班锁，是中国古代传统的土木建筑固定结合器。孔明锁不用钉子和绳子，完全靠自身结构的连接支撑。幼儿在反复操作孔明锁的过程中（图 4-266），体验到了榫卯结构的特点。在幼儿充分感知榫卯结构的特点后，教师向幼儿介绍榫卯结构的连接方式，它不但可以承受较大的荷载，而且允许产生一定的变形，在地震荷载下通过变形抵消一定的地震能量，减小地震带来的危害。

3）查阅图书

我们又通过查阅图书进行调查（图 4-267），得到了一些问题的答案。

（1）故宫有 600 多年的历史。

（2）故宫是一个具有悠久历史的建筑，被列为世界文化遗产。

（3）故宫里有宫殿有 980 余座，房屋有 8720 间。

（4）故宫的每一处设计都是有特别的讲究和意义。

（5）故宫的建筑以木结构为主。

图 4-266　幼儿在玩益智玩具孔明锁

图 4-267　幼儿在查阅图书

在查阅图书的过程中，幼儿又一次一次地提出问题。

（1）为什么故宫的门上会有很多黄色的圆圆的东西？有多少个？

（2）为什么很多宫殿的房檐上有很多小动物？这些小动物都是什么？

（3）故宫里的房子真的只是用木头做的吗？

（4）我们能去故宫看一看吗？

4）实地考察故宫

带着幼儿的这些问题，我们准备去故宫进行实地考察。出发前，我们和幼儿一起进行了准备。他们记录下要准备的物品（图 4-268）和进入故宫后的行走路线（图 4-269）。

图 4-268　幼儿记录下来的要带的物品

图 4-269　幼儿在规划实地考察时的行走路线

在午门前，幼儿看到了故宫的大门。他们数起了大门上的门钉。有的小朋友说有72个，有的小朋友说68个……这时，教师提出：“你们数一数，大门上的门钉共有几行？每行几个？”幼儿数完后，都得到了“门钉共有九行，每行有九个”的答案。教师：“大门上到底有多少门钉呢？刚才我们数出来的数量是不一样的。但我们得到了共同的答案，门钉共有九行，每行有九个。这时，我们想要知道大门上共有多少门钉，我们可以用乘法，9乘以9等于81，很快就能算出大门上有多少个门钉了。等你们上了小学后，你们就能学到乘法了，也就能算出来了。”这些门钉有什么作用？幼儿通过讲解员的讲解知道（图4-270），门钉具有装饰的作用，门钉的数量象征着等级，最高的等级就是九行九列。

图4-270 幼儿在故宫的大门前听讲解员的介绍

进了午门后，幼儿边观察边进行记录。他们把看到的、感兴趣的内容都画了下来（图4-271和图4-272）。

图4-271 幼儿在进行记录

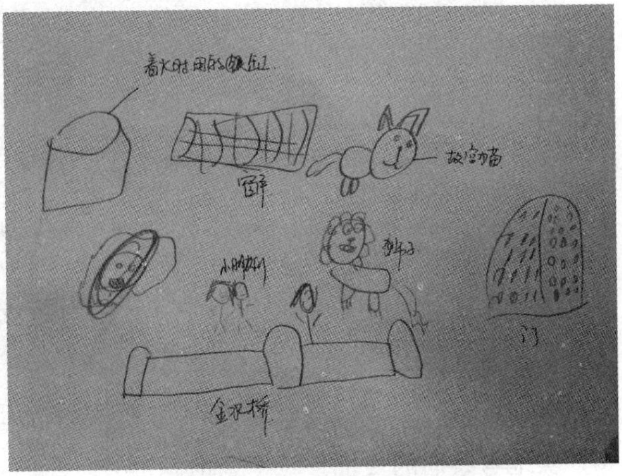

图4-272 幼儿所做的记录

5）实地考察后的分享

考察回来后，孩子们的收获很多，既解答了自己的一些问题，还了解到了一些新的知识。

妞妞：房子的主要颜色是红色和黄色；故宫里面有很多排水的龙；琉璃瓦下面有装饰；屋顶是圆的，地面是方的。

牧牧：皇帝的床；木头柱子；楼梯中间有白龙；中和殿神兽。

阿牛：榫卯结构；屋顶上最前面一个神兽是一个人骑着的；门槛比较高；大水缸；屋顶不一样大，太和殿大。

Kevin：神兽的大小不一样；绿色和黄色的砖；房顶像个裙子；看到很多长方形的建筑。

小小：屋顶上有瓦，房顶有点像梯形。

豆包：窗户是圆形的，两边有狮子。

轩轩：门和现在的不一样；房子有大有小；有城楼。

童童：窗户上有花纹，瓦都是黄色的；古树。

小宇：皇帝的宝座。

盼盼：神兽的数量不同；门钉；柱子；宝座；狮子；窗户上有花纹。

星星：屋檐是弯的；故宫没有玻璃；榫卯结构；火炉。

二宝：天圆地方的亭子；长方形的门匾。

花卷：汉白玉台阶；房子有大有小，琉璃瓦很亮。

美美：房檐下有漂亮的装饰；龙。

萌萌：门口有狮子，可能是钢铁做的；墙面掉漆了。

教师将幼儿的分享用图片、文字、符号等多种书写方式以网络图的形式记录到了大白纸上，并贴在班级的主题墙上（图 4-273）。

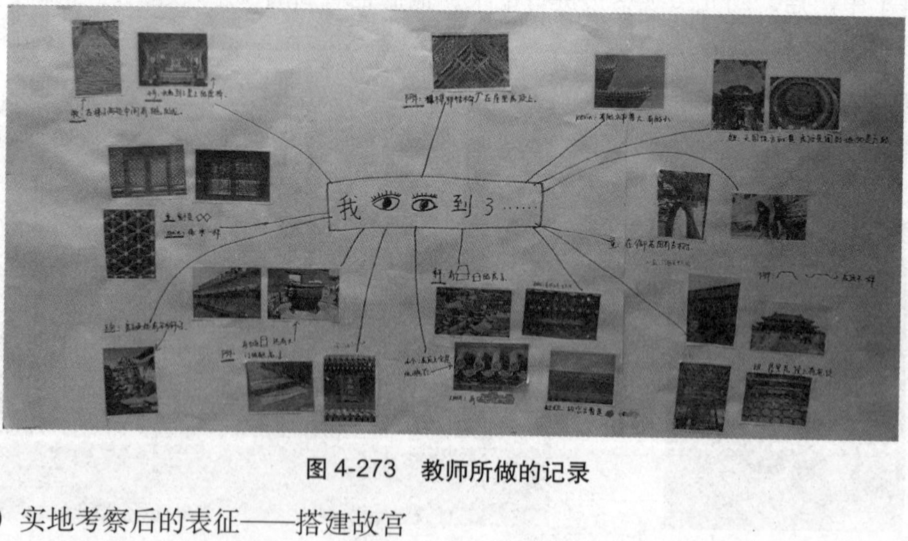

图 4-273　教师所做的记录

6）实地考察后的表征——搭建故宫

参观完故宫，小朋友提议："我们来搭建故宫吧！"在大家的讨论下，我们最终决定搭建 4 个建筑物（万春亭、金水桥、午门、太和殿）。教师将这 4 个建筑物的图片打印出来贴在黑板上，幼儿根据自己的兴趣选择进行分组（图 4-274 和图 4-275），每组选择一名小组长进行分工安排。

图 4-274 幼儿在进行选择

图 4-275 幼儿选择后的分组情况

在搭建万春亭时，幼儿一起回忆了万春亭的特点是“天圆地方”。于是他们想办法用同样高的积木拼成正方形，用圆柱形积木围成一个圆形，再在上面用两个空心半圆围成一个圆。他们觉得亭子上面的尖没有办法搭建出来，于是开始尝试不同的方法（图 4-276）。盼盼发现大的矿泉水瓶上半部分很像亭子的尖，他尝试了一下，发现瓶子太轻了，不够稳固；于是他又尝试用三角形的积木，发现积木也容易倒；后来经过幼儿的商量，他们决定用拼插管拼一个亭子尖（图 4-277），最后麦琪写下“万春亭”三个字。

图 4-276 幼儿在尝试不同的办法

图 4-277 幼儿搭建好的万春亭

其他小朋友也陆续搭建出了午门（图 4-278）、金水桥（图 4-279）、太和殿（图 4-280）。

图 4-278 幼儿搭建好的午门

图 4-279 幼儿搭建好的金水桥

图 4-280 幼儿搭建好的太和殿

第一次搭建完成后，教师和幼儿又一起回顾了实地考察时拍摄回来的照片以及故宫的平面图（图 4-281）。幼儿发现了一些问题。比如：我们搭建了一些建筑，但是建筑上的细节用积木表现不出来；我们搭建的太和殿的位置不对；故宫有个长长的围墙，把所有的建筑都围起来；天安门前应该是天安门广场，广场上还应该有升国旗的旗杆……

发现问题后，我们又进行了集体讨论，决定：重新收集材料，在原来的基础上进行调整和搭建，第二次搭建故宫。

1）收集材料

在搭建的过程中，幼儿发现班里的积木不够用，还差很多。Kevin 说：“我们可以到隔壁班去借一些。”于是，他们自己去进行了借阅。他们把积木借回来后，我问：“还积木的时候，你们知道还多少吗？知道还什么样子的吗？”Kevin 说：“我们可以列个单子，把积木画上去，然后标出数量就好了。”于是 Kevin 开始列出所借阅的积木清单（图 4-282），然后签上自己的名字。

图 4-281　幼儿在观察故宫的照片和平面图

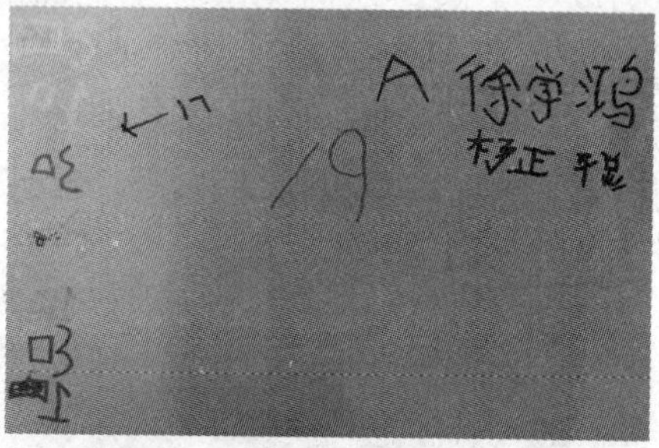

图 4-282　幼儿列出的所借阅积木清单

2）画太和殿的设计图

为了把建筑物的细节表征出来，幼儿决定进行分工。豆包负责画太和殿的设计图（图 4-283 和图 4-284）。她把屋檐的花纹按照大家的想法绘画出来。

图 4-283　幼儿在画太和殿的设计图

图 4-284　幼儿画好的太和殿图

3）调整建筑物的位置

在故宫的平面图上，幼儿发现，故宫内有一条中轴线，天安门—端门—午门—金水桥—太和殿；有的建筑物是对称的。他们现在搭建的午门、金水桥、太和殿所处的位置有些混乱。于是幼儿商量后开始调整位置（图 4-285）。

4）搭建千秋亭

在重新调整建筑物的位置时，幼儿发现，与万春亭相对的还应该有一个千秋亭。于是，他们一起搭建了千秋亭（图 4-286）。

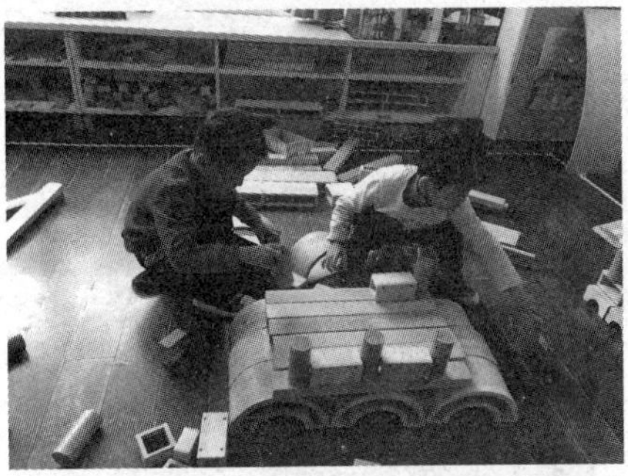

图 4-285　幼儿重新搭建金水桥

图 4-286　幼儿在搭建千秋亭

花卷：我们只搭了一个万春亭，还有一个千秋亭没有搭。

美美：千秋亭和万春亭差不多，都是天圆地方的。

牧牧：是的，那我们也可以按照搭建万春亭的方法再搭建一个千秋亭。

麦琪：那我们赶紧开工吧！中间那个圆形我来做，我记得上次它们是用两个半圆形拼在一起，然后再在纸上画下来。

美美：那我赶紧去用拼插管把亭子的尖顶拼出来。

5）制作红墙和琉璃瓦

在重新观察故宫的图片时，幼儿发现了故宫的红墙和琉璃瓦。于是，一组幼儿开始制作琉璃瓦和红墙（图 4-287 和图 4-288）。

图 4-287　幼儿用咖啡纸杯做琉璃瓦

图 4-288　幼儿给红墙安装琉璃瓦

轩轩：故宫的城墙上还有许多黄色的琉璃瓦，所以我们需要做更多的琉璃瓦。

小小：我们可以用纸杯的一半做。

威廉：我们需要把纸杯涂成黄色的。

美美：我们可以用油画棒。

童童：除了可以用油画棒还可以用水彩笔和颜料涂。

6）制作太和殿的大门

豆包在太和殿的设计图上画出了大门的细节，幼儿开始用塑料泡沫板刻出大门上的镂空（图 4-289），并为大门刷上了“红漆”。大门安装在太和殿上（图 4-290）。

图 4-289 幼儿在刻大门上的镂空

图 4-290 太和殿装上了大门

7）搭建御花园

幼儿边回忆故宫里的御花园里有什么，边寻找合适的材料进行搭建（图 4-291）。

威廉：御花园里有好多小花。

Kevin：乐高里有很多小花，把它们摆在这里就好了。

美美：御花园里还有很多的假山和石头，我们班里有许多小石头。

星星：还有很多条小路，我们可以用美纹纸把小路贴出来。

花卷：圣诞节已经过去了，我们可以把圣诞树当作古树。

图 4-291 幼儿搭建好的御花园

8）拼插故宫内其他的房子

幼儿去考察故宫时发现了里面有好多房子。因此，在搭建完前面的建筑物后，幼儿开始用吸管简单拼插出其他房子的样子（图 4-292）。

图 4-292　幼儿在拼插故宫里的其他房子

9）其他建筑物

幼儿用吸管拼插出了皇帝的轿子（图 4-293），用积木、美工纸、乐高小人搭建出了天安门广场上的国旗和参观国旗的游客（图 4-294）。

图 4-293　幼儿用吸管拼插出的轿子

图 4-294　搭建好的天安门广场上的国旗和游客

在大家共同努力下，故宫终于建成了。故宫搭建好后，幼儿对故宫的兴趣也逐渐平息下来。他们在这个过程中也有很多的感受。

轩轩：我负责了刷墙和琉璃瓦，而且我在做的过程中特别开心，因为我知道了合作是最重要的。

盼盼：我和小朋友们一起搭建了天圆地方，我的感受是很快乐！

慕慕、童童：我们一起涂琉璃瓦，我们一起合作的时候很开心。

阿牛：搭建故宫的时候我参与了搭建金水桥和城墙，城墙和金水桥上面的圆钉是我摆的，上去的台阶也是我搭的。我感觉很开心，一个人搭建比较慢，合作搭建比较快。下次还想一起搭建。

凯文：穿过午门就是金水桥然后就是太和殿，在御花园里有两个亭子，一个是千秋亭，一个是万春亭，穿过神武门就不是故宫了。我觉得很有趣。

霖霖：我参与了做城墙、捏圆钉。和小朋友一起搭建还不错，很开心。

妞妞：我做了午门并且刷了墙，和小朋友们一起搭建我很开心。

花卷：我制作了琉璃瓦和搭建了万春亭，它是天圆地方的建筑物。我觉得团结合作比一个人搭建好多了。

二宝、小宇：合作搭建很快，合作搭建能够想出来很多想法。

星星：我用拼插管和纸做了一个房子，我还涂、粘琉璃瓦。喜欢和小朋友一起搭建。

妞妞、凯文、麦琪：我们一起搭建了一个小亭子名字叫万春亭，我们在搭建的时候出现了一些小矛盾，最后老师辅助我们解决了这个问题。

豆包、美美：我们在美工区刷了琉璃瓦，我还画了设计图。一起搭建很快乐，我们一起想办法。

木木：我捏了泥人，制作了太和门的房顶。合作搭建能更快地完成任务。我和小朋友关系越来越好，都不吵架了。

3. 分享与展示阶段

幼儿们商量后，决定将搭建好的故宫对外开放，邀请家长来参观（图 4-295 和图 4-296）。

图 4-295　从南向北看的故宫建筑群

图 4-296　从北向南看的故宫建筑物群

（四）家长的反馈

家长参观了幼儿搭建的故宫后，也表达出自己的感想。

豆包妈妈：孩子们的故宫项目让我眼前一亮，一开始我很难想象到这么一群孩子对故宫能研究什么，但是过程真的出乎我的意料，我会经常听见孩子回来说一些有关建筑物的知识，讲述关于故宫的屋顶结构……又让我看见孩子们的能力。

幕幕妈妈：从孩子们开始商量如何搭建到搭建完成，我也感到意外。我想过程中是需要教师做很多铺垫才能带着孩子进行这个项目。我从这个项目看到我家孩子有一个特别好的学习品质，就是做事前能有规划。我认为一个好的项目就是这样，它能够给孩子带来发展。

盼盼妈妈：孩子的兴趣很重要，兴趣激发潜能，孩子的能力是无限的。这次探究之旅给他们奠定了很好的学习基础。

（五）教师的反思

1. 班长的反思

搭建“故宫”的过程中，幼儿在与同伴合作方面有了很大的进步。第一次共同搭建“故宫”，幼儿之间出现了很多问题。例如，大家意见不统一时到底听谁的；如何分工大家才能都满意；别人不接受我的意见时该怎么办，等等。几乎在每一天的搭建中都会有争吵发生，面对这些问题该怎么解决呢？我们和幼儿一起坐下来、一起讨论解决的方法，鼓励孩子们把自己的想法说出来，尝试着理解别人的想法、感受他人的情绪。在每一次沟通和交流中，幼儿一点点地学会了表达自己的情绪。慢慢地，我们发现，幼儿开始尝试着去理解别人的想法，感受别人的情绪，也尝试着接受别人的建议。就这样，在大家的努力下，“故宫”竣工了。孩子们表达出自己最真实的感受，也学会了与人交往；通过交往学会合作；有了更多的主动学习的机会，获得了真正的自我发展。

对班长来说，我最大的收获是在过程中我对孩子的兴趣、语言、行为能够进行敏锐的观察，然后给予相应的支持。做到了让家长真正参与到项目中来，让家长看到、了解到每个孩子的成长，更加深刻地了解到“记录”在课程中的重要性。

最后，我们在课程中所投入的热情与精神能让幼儿自身所蕴含的能量及能力迸发出来。

2. 教师的反思

在搭建故宫的过程中，我觉得孩子们的进步非常大，尤其表现在问题解决方面。在项目刚开始时，幼儿在区域活动中出现问题会跑过来询问我该如何解决。我会鼓励他们先想办法尝试自己解决，例如，在搭建故宫时，幼儿遇到不会写的字。于是，参与搭建的幼儿共同想办法。有幼儿说：“我曾经在《带你看故宫》的绘本里见过这个字。”于是，几名幼儿到图书区寻找这本书，并按照书中的字样把它描画出来，粘在相应的建筑物上。就这样，幼儿自己解决了这一问题。慢慢地，幼儿遇到问题后会自己或者共同想办法解决，而不像以前那样依赖教师。我觉得这就是一次很大的成长！

四、项目四　天坛

北京市朝阳区劲松第一幼儿园曹洁、张一帆、李晓曼。

（一）班级基本情况

朝阳区劲松第一幼儿园的大二班共有共 31 名幼儿，男孩 18 名、女孩 13 名。幼儿的年龄在 4 ～ 5 岁，班级幼儿 90% 以上都住在幼儿园附近。班级共有三名教师，曹老师是本班的班长，同时也是本项目的主要负责人，另外两名教师在曹老师开展项目活动期间会辅助其开展相关活动。

（二）项目主题的选择

在上个月《我是故事大王》系列主题活动后，教师们惊奇地发现幼儿对绘本故事《建天坛》这本书爱不释手，总是聚在一起讨论，教师一听才知道，原来很多小朋友就住在天坛附近，对天坛这个名字很熟悉。然而，幼儿们对于天坛了解多少呢？他们是否有强烈的兴趣进行深入研究呢？教师组织幼儿开展了一次讨论会，会上幼儿决定投票选出本次探究式学习项目的主题，而天坛最终以绝对的优势成为本次项目的主题。看到幼儿们的热情，几位教师想到《幼儿园教育指导纲要（试行）》中说过：“要充分利用社会资源引导幼儿实际感受祖国文化的丰富与优秀，萌发幼儿爱祖国、爱家乡、爱集体、爱劳动的情感。”而天坛作为著名的建筑，蕴含了浓浓的传统文化，其中的祈年殿、回音壁、圜丘更是充满了探究意味。

（三）项目的实施过程

1. 提出问题阶段

在过渡环节与幼儿聊天时，教师问幼儿们关于天坛都知道什么，幼儿们的回答各不相同。“离我们很近，但是没有参观过，应该有个大房子……”“天坛就在我家门口那儿。”“天坛公园里有个回音壁！我见过。”“我知道祈年殿！”“我知道天坛公园！”教师们想进一步了解幼儿们对于天坛到底了解多少，便决定对幼儿们开展更进一步的认知大调查。于是，教师扮演“大记者”角色为每一位小朋友发送了一张关于探索天坛的调查问卷（表 4-1），希望借助家长的力量帮助了解幼儿的前期经验，同时激发幼儿们对天坛的兴趣。

表 4-1　幼儿关于天坛的经验调查表

我是小记者　　　　　　　　姓名：

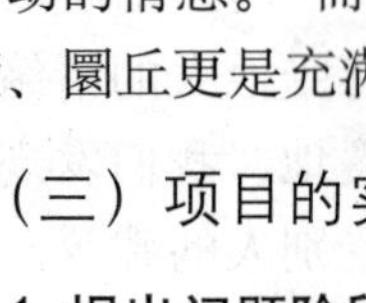 参观过天坛吗？		通过什么方式了解天坛？	

续表

 关于天坛还想知道什么？	
温馨提示：各位家长您好，请您和孩子一起聊一聊，说一说问卷上的内容，跟孩子一起认真完成调查问卷，调查问卷用孩子喜欢和理解的方式进行记录，方便幼儿回到幼儿园与小朋友一起进行分享，感谢您的支持与配合！	

经过对幼儿返回的调查问卷的分析，教师们了解到本班幼儿参观过天坛的仅 3 人，而关于了解天坛的方法，大部分幼儿想要去天坛公园实际考察，有的小朋友希望上网听天坛的故事，还有的小朋友希望家长买一套天坛的玩具。在教师们的鼓励下，幼儿们纷纷去尝试，有的小朋友在家长的帮助下查阅了天坛的相关文字资料，有的小朋友上网搜索了介绍天坛的视频，有的小朋友找到了天坛故事的图画书，有的小朋友专门去了天坛公园，拍摄了照片和视频。回到班里，幼儿纷纷把他们在父母的帮助下认识到的天坛用小海报、照片、绘画、视频讲解等方式进行了表征分享（图 4-297）。

“我跟爸爸一起去了天坛公园，里面有很多宫殿，我们看了圜丘、皇穹宇、丹陛桥、祈年殿和皇乾殿，还有回音壁和三音石，可大了！”

“这是祈年殿，瓦是蓝色的，在一个大圆台子上，有三层，上祈年殿只能走两边的小路，中间有龙，这个里面有很多柱子”

……

图 4-297　幼儿用自己的方式表现眼中的天坛

经过第一轮幼儿们的分享，天坛的样子好像再现在每个小朋友的眼前，同时幼儿们也因此有了更多的问题。

（1）祈年殿是怎么建的，每层都用柱子搭吗？

（2）建筑上有那么多的花纹，为什么都不一样啊？

（3）祈年殿里有多少柱子啊？里面还有什么？

（4）圜丘上的地砖为什么有九块？

（5）回音壁上为什么会有人刻字？

2. 探究与表征阶段

1）确立方向

通过一次班级会谈活动，师幼共同确立了接下来的主要任务，大家一致认为祈年殿、花纹以及天坛建筑的介绍最为重要。而当小朋说“我们肯定还得做个展馆什么的，需要很长时间，我觉得我们可以分组来干”的时候，其他的幼儿纷纷表示赞同，并决定利用接下来的所有区域游戏时间自动分组开展不同的探索。

2）技能准备

为了让幼儿们在接下来的项目探究过程中充分发挥自主性，教师们先同幼儿们一起为探究活动做了相应的技能准备。教师通过集体教学活动展示了如何利用超轻黏土做出屋顶的造型，如何借助泡沫材料创造出更多造型，如何利用尺子画出多边形的图案，如何稳定积木实现垒高，同时教师还为幼儿们提供材料的支持，一人一本《建天坛》，满足幼儿的自主阅读，引导幼儿们了解了斗拱、榫卯、藻井的建筑形式，观察了琉璃瓦和金丝楠木的形态等。有了前期的技能准备，教师们都期待着幼儿们接下来自主解决问题。

3）自主探索

（1）场馆建立

拥有各种问题的幼儿开始了他们的探索，可是他们带回来的资料总是分散在不同的区域。为了方便查找，幼儿们决定建立天坛资料馆，每个月幼儿们都有建立资料馆或者主题区域的经验，于是这次的资料馆分工很快就完成了。幼儿们把书籍、明信片、天坛模型等放在资料馆供大家查阅。还设立了讲解员，每一位资料提供者都为自己带来的资料录制了视频，每当有小朋友需要了解时，总能通过视频资料了解到相关的内容。

随着幼儿们对天坛了解的丰富，幼儿们的经验零散了起来，幼儿们之前提到的问题似乎在资料管理中并没有得到解决，幼儿们都说资料馆的东西太少了，想要制作祈年殿都看不到全貌，于是教师们倡议了一次“走进天坛”的活动，希望幼儿们能够真正走进天坛，浸润式地发现天坛的样貌并进一步丰富资料场馆。

（2）走进天坛

因为疫情之下幼儿园无法组织幼儿开展集体户外参观活动，所以就由家长带着幼儿错峰参观天坛公园，去到了回音壁、祈年殿、三音石等地方。小 A 小朋友家长使用在线导游，清楚地帮助幼儿了解了天坛的历史文化、祈年殿的构建介绍、宫殿花纹的美好寓意等，并将这个好方法分享给了群里其他家长（图 4-298）。幼儿们不光在视觉上感受到了立体的天坛，更是在看的过程中了解到了关于天坛的历史文化故事，更好

图 4-298　家长分享幼儿参观天坛的过程

地理解了祈年殿的特点。

(3) 我看到的天坛

从天坛公园回来后，幼儿的兴趣更加高涨了，他们纷纷用照片和视频的形式介绍了不同视角的天坛，并在建筑区、益智区、美工区等各处自主形成了一股“天坛热”，幼儿们的探索热热闹闹地开始了。

① 天坛搭建馆。幼儿们结合初期对天坛的了解，开始计划搭建，同伴们通过互相讨论、查阅书籍、对照天坛平面图等形式，绘制出了一副很长的搭建图纸。在商讨确定好搭建计划后，开始了长达半个月的搭建活动（图 4-299）。

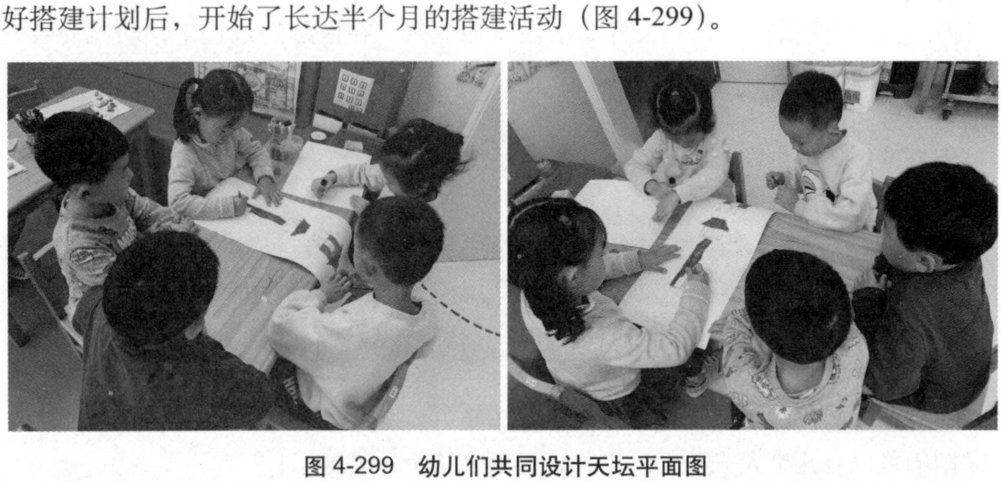

图 4-299　幼儿们共同设计天坛平面图

建筑区的幼儿们把从天坛拍摄回来的照片粘在墙上，兴奋地搬运了好多积木。他们认为搭建天坛需要很多积木，于是最开始建筑区中心堆满了积木，幼儿们甚至无处下脚，大家都开始垒高，随后就开始发生互相碰倒的场面。于是第二天建筑区的幼儿们开始商量选用什么样的积木，选择好后再拿出来，有小朋友提出来说："咱们先搭祈年殿吧，咱们可以搭一个很大的。"其余幼儿们纷纷同意。于是开始不断地拿圆柱积木，幼儿们说祈年殿是圆形的所以要用到圆柱积木，很快圆柱摆好了。孩子们对圆柱的数量开始争论"祈年殿里有 12 根柱子，里面有四根""不对，有 24 根柱子"。幼儿们产生了争论，于是去资料馆，教师们也跟了过去，资料馆的图片中没有完全显示柱子的数量，幼儿们一直在数，被遮挡的部分被遗漏掉，于是教师建议幼儿们利用互联网搜索一下祈年殿的结构图，看看具体柱子的数量，接着三个小朋友在资料馆找到了相关介绍，确定了柱子数量。可是搭柱子的积木不够了，于是幼儿们跑到美工区，用圆柱形的塑料泡沫糊上一层红色的彩泥，替代缺少的柱子。

在搭建的过程中，幼儿们又发现彩泥糊的柱子总是不稳定，于是他们开始用更多的彩泥把塑料柱子整根黏在了地板上，其他幼儿们反映说这样不好看，幼儿们又开始把所有塑料柱子挪到看不到的背面去。第三天，幼儿们开始搭高，起初幼儿们搞不明白屋顶的设计，用三角形的积木表现屋顶发现根本无法固定，于是教师启发说试一试只伸出一根手指，可以让本书稳稳地平放在指尖上吗？如果你伸出三根手指呢？幼儿们意识到盖房子的原理跟这差不多，明白了祈年殿的顶结构复杂，重量大，单靠柱子很难支撑。为了让顶稳稳地搭在额枋与柱子上，工匠们在建造祈年殿时用了一种叫作斗拱的结构，于是幼儿们纷纷开始尝试，最终做成了垒高的样态，幼儿们觉得这就是斗拱了。

后来幼儿们还思考："祈年殿上面的鑻金鼎怎么才能搭建出来呢？"尝试了很多次都没有成功，反而被美工区精美的屋顶形态吸引了，于是幼儿们计划先搭建雏形，后期尝试用彩泥替代。因此第四天的时候，幼儿们用积木简单地拼摆出了他们心目中的祈年殿。

随后，根据图纸，幼儿们又开始搭建其他建筑，在搭建的过程中，幼儿们会发现一些新的问题。

"祈年殿和回音壁中间有一个门吗？"

"回音壁中还有皇穹宇吧？"

"每两个殿之间隔多远呢？有台阶么？"

随着问题的到来，幼儿们陆续到资料馆中寻找答案，自己解决问题，遇到使用建筑区材料拼搭不出来的情况，幼儿们就会利用美工区材料进行完善，到后期的时候幼儿们开始讨论了。

"咱们这个屋顶怎么办？"

"还有路边的树和草丛，是不是装饰一下更好？"

"咱们可以有几个人去美工区制作，再摆在边上，就像了！"

"要不然用圆柱体的积木块代替？"

"不行不行，那不是一个球球吗？要是有一个球体一样的材料能够代替就好了，可是积木块里面没有球体呀？"

“诶，我想到了一个好办法，上周我在美工区看到了一个球体的泡沫，要不用那个试试？”

“嗯嗯，我觉得可以，那我们继续搭皇穹宇，你们两个去试试美工区的球体泡沫能不能用，然后制作点大树和草丛。”

幼儿们每天穿梭于各个区域，讨论、计划、实施、推翻、再尝试，循环往复，利用了将近 20 天的时间搭建了天坛公园的建筑（图 4-300 ～图 4-302）。

图 4-300　幼儿们绘制的天坛平面图

图 4-301　幼儿们搭建的天坛内建筑群

图 4-302　幼儿们搭建的祈年殿

② 天坛创意馆。与此同时，美工区的探索也从未间断，幼儿们在探索前期都感受了天坛建筑设计的对称美、重复美，并且能了解每一种美工工具的作用，每一天都在尝试将心目中建筑的纹路表现出来。最开始，幼儿们会提出：“放大后上面的花纹是什么样子的？”“三交六椀菱花可以画出来吗？”“这些花纹的纹路是对称的吗？”借助资料馆和网络资源，幼儿们经过充分的观察和了解后开始大胆创编属于自己的花纹，如设计祥云、爱心花纹、笑脸花纹等，从观察天坛上的花纹到设计属于自己的花纹。

在利用彩泥造型时，幼儿们不能用手捏出房顶的结构，教师们发现了幼儿们的困难便带着幼儿们一起讨论，生活中有哪些物体的形状类似于房顶的形状，幼儿们没有回应，于是教师跟幼儿们说南方有很多房子是这样斜着的房顶，但不是这种锥形的外观，说到这里幼儿们想到了科学区实验用的小漏斗，幼儿们立刻把彩泥糊到漏斗上，可是漏斗上面有个洞，幼儿们开心地说正好，祈年殿上面有个尖尖的球。于是，幼儿们借助漏斗做出了一个又一个房顶，又通过增加彩泥的面积和抻拉逐渐加大屋顶尺寸，最后攒了小圆球放在屋顶上。幼儿们说，这就是他们心中的祈年殿了。

随后幼儿们利用各色彩泥捏制他们眼中的祈年殿，这时候美工区变成了幼儿们的天坛创意馆，有的用绘画表现建筑的线条感和色彩；有的用彩泥制作建筑的形态和结构；有的用刮画纸打造立体的效果；还有的与同伴合作进行颜料绘制等（图 4-303 和图 4-304）。

图 4-303　幼儿们用超轻黏土捏制的祈年殿

图 4-304　幼儿们设计的不同色彩的祈年殿

③ 天坛博物资料馆。幼儿有了更多的经验后开始选择不同的方式将其表达，也开设不同区域的展览馆，幼儿们和教师共同研究讨论了有关于各个区域游戏的名称、规则、玩法等，幼儿们兴趣很高，大胆表达自己的想法，对天坛越来越了解。

跟幼儿们沟通讨论后，幼儿们决定，每天各个展馆内都会有一个小导游，结合当天的自主游戏情况进行介绍，这就需要对自己所选择的区域非常了解，并能够将当天的游戏情况与天坛的相关知识相结合，清晰地，讲解给小游客听。班级幼儿还讨论出需要有 3 ～ 4 个总导游，要对班级内的天坛旅行区景点熟悉，对各展馆的展示内容了解，清晰游览路线，适时引导各展馆内小导游详细介绍本展馆内容。

当天竞选小主持的活动很火热，有一半小朋友自主申报竞聘总导游，家长们在家也会引导幼儿对天坛的相关内容（重点建筑，班级内各展馆名称：天坛创意馆、天坛资料馆、天坛搭建馆，适时引导小导游等）更加熟悉一些，鼓励幼儿大胆地向小游客介绍。在第二天的竞选活动中，投票选出了三名总导游，未成为总导游的小朋友没有灰心，他们决定在后续的活动中担任展馆小导游。展览馆建立后，三个馆都进行馆与馆之间的投票活动，馆内评选出了最受欢迎的作品，三个馆也评选了最受小朋友喜欢的展馆。

3. 分享与展示阶段

整个项目进行到尾声时，整个教室形成了三处景区，分别是天坛搭建馆、天坛创意馆、天坛博物资料馆，都是在这一个月的时间里幼儿们一点一滴建立和完善起来的。为了回顾幼儿们的经验，加深对天坛的了解，我们开展了“旅行打卡”活动，并邀请家长进行了视频“云参观”。

1）天坛旅行区景点一：天坛搭建馆

由未参与搭建或者较少参与搭建的幼儿进行“打卡”，即说一说：“你看到了什么？”“你觉得搭建得如何？”“你觉得哪些地方可以修改？”“你有哪些疑问？”随后，请天坛搭建馆的小导游为大家介绍馆内的主要建筑，分别是建筑的名称、搭建过程、克服困难的过程。幼儿们通过打卡进一步了解天坛的整体构成以及天坛中最具特色的建筑（图 4-305 和图 4-306）。

图 4-305　幼儿们搭建的回音壁

图 4-306　幼儿们搭建的祈年殿

2）天坛旅行区景点二：天坛创意馆

天坛创意馆融合了彩泥、蜡笔画、水彩画、水粉画、刮花、剪纸等多种形式，小导游们会在创意馆向大家介绍每一幅作品的名称、特点及绘制过程，让其他幼儿了解天坛建筑的对称美、图形美及色彩美（图 4-307 ～图 4-310）。

图 4-307　天坛公园中最常见的门

图 4-308　用简笔画表现的圜丘坛

图 4-309　用刮画形式绘制的祈年殿

图 4-310　用水彩笔绘制的祈年殿

3）天坛旅行区景点三：天坛博物资料馆

天坛博物资料馆内摆放了幼儿们在益智区制作的天坛公园以及祈年殿等建筑模型，更是汇聚了一个月以来幼儿们收集和补充的图书、图片及视频资料。小导游们在资料馆内介绍了资料馆的创建过程，还为每一位小游客介绍馆内的资料，幼儿们不但了解了天坛，更明白了工具的重要性。

（四）家长的反馈

家长看了“云参观”的视频后，纷纷进行了表达。

“原来天坛有这么多我以前都不知道的知识。”

“现在幼儿知道的比我都多了。”

“回家以后特别喜欢说在幼儿园的事情，每天都不一样，我能发觉到教师每天的精心设计。”

“我很愿意支持幼儿查阅资料，这对幼儿了解我们的文化是有帮助的。”

“幼儿问了好多我也不知道的问题。”

“小导游们真厉害，讲得头头是道。”

通过家长的反馈我们看到的不仅仅是幼儿的变化和思考，更是家长的信任和支持，在家园共育的过程中我们又寻求到了更多更好的通道，充分利用家长资源也为我们的探索活动锦上添花。

（五）教师的反思

经过近一个月的系列活动，幼儿们的表现让我很惊讶，哪怕在客观因素受限的情况下，幼儿们依旧有高涨的热情，从最开始参观天坛，到借助材料表征，到幼儿自主分组进行宣讲活动、自制计划表、小组成员制定宣讲内容、需要的材料、宣讲中注意事项等，在探索中看到了幼儿们不断地思考、尝试、敢于否定自己前期的方案并进行新的探索，我们看到了幼儿们解决问题能力的提升。

当然我们仍旧存在很多欠缺之处。很多时候我们更多地考虑幼儿自主探索的体现而忽视了幼儿深度挖掘的契机，我们关注到了幼儿对获得新经验的兴趣却也忽略了对幼儿新经验获得的验证和评价，在这个过程中幼儿们越来越多的探索欲望，比如复杂结构的表征，我们下意识地认为难度较高未能更好地为幼儿提供尝试的契机和更深一步探索的机会，这些能力的提升也是我们教师需要反思和接下来需要进一步提升的。

最后，中国的优秀传统文化就在我们身边，幼儿们只需要借助教师点起的小火苗，就能顺势燃烧出熊熊烈焰，尽管幼儿们的探索不够深入，不够完美，但这是对探究式学习的尝试，对幼儿和教师都是一段宝贵的经历。

参 考 文 献

[1] 教育部 . 幼儿园教育指导纲要（试行）[M]. 北京：北京师范大学出版社，2001.

[2] 教育部 . 3 ～ 6 岁儿童学习与发展指南 [M]. 北京：首都师范大学出版社，2012.

[3] 张俊 . 幼儿园科学领域教育精要——关键经验与活动指导 [M]. 北京：北京教育科学出版社，2015.

[4] 安・列文・贝纳姆 . 早期教育的 12 种绝佳实践：结合瑞吉欧和其他创新方法构建全新早教体系 [M]. 王倩，译 . 北京：机械工业出版社，2016.

[5] 丽莲・凯兹 . 开启孩子的心灵世界——项目教学法 [M]. 胡美华，译 . 南京：南京师范大学出版社，2007.

[6] 赫尔姆・凯兹 . 小小探索家——幼儿教育中的项目课程教学 [M]. 林育玮，译 . 南京：南京师范大学出版社，2004.

[7] 夏雪梅 . 项目化学习设计：学习素养视角下的国际与本土实践 [M]. 北京：教育科学出版社，2018.

[8] 李曼莹，纪艳红 . 幼儿园积木主题建构课程 [M]. 北京：清华大学出版社，2018.

[9] Judy Harris Helm. Becoming young thinkers: deep project work in the classroom [M]. New York: Teachers College Press, 2015.

[10] Lilian G. Katz, Sylvia C. Chard, Yvonne Kogan. Engaging Children's minds: the project approach [M]. Third Edition. Santa Barbara: ABC-CLIO, LLC, 2014.

[11] Sylvia Chard, Yvonne Kogan, Carmen Castillo. Picturing the project approach: creative explorations in early learning [M]. Boston: Gryphon House, Inc., 2017.

[12] Sallee J. Beneke. The project approach for all learners: a hands-on guide for inclusive early childhood classrooms [M]. Baltimore, London: Paul H. Brookes Publishing Co., Inc., 2019.

[13] Helm, Judy Harris. Young investigators: the project approach in the early years[M]. Judy Harris Helm, Lilian G. Katz [M]. 2nd ed. New York: Teachers College Press, 2011.

[14] Judy Harris Helm, Lilian G. Katz. Young investigators: the project approach in the early years [M]. New York: Teachers College Press, 2016.

[15] Judy Harris Helm, Sallee Beneke, Kathy Steinheimer. Windows on learning: documenting young children's work [M]. 2nd ed. New York: Teachers College Press, 2007.

[16] Dayna Laur. Authentic learning experiences: a real-world approach to project-based learning [M]. Oxford: Taylor & Francis Gruop, 2013.

